Fröhlich | Platon

Bettina Fröhlich

Platon

Eine Einführung

Reclam

RECLAMS UNIVERSAL-BIBLIOTHEK Nr. 14414
2023 Philipp Reclam jun. Verlag GmbH,
Siemensstraße 32, 71254 Ditzingen
Gestaltung: Cornelia Feyll, Friedrich Forssman
Umschlagabbildung: Platon. Abguss einer Marmorskulptur.
Museum für Abgüsse Klassischer Bildwerke München, Foto:
Heide Glöckler, Kopf des Platon (Abguss München, Inv. 1172),
Original in Aix-en-Provence, Musée Granet.
Druck und Bindung: EsserDruck Solutions GmbH,
Untere Sonnenstraße 5, 84030 Ergolding
Printed in Germany 2023
RECLAM, UNIVERSAL-BIBLIOTHEK und
RECLAMS UNIVERSAL-BIBLIOTHEK sind eingetragene Marken
der Philipp Reclam jun. GmbH & Co. KG, Stuttgart
ISBN 978-3-15-014414-5

Auch als E-Book erhältlich

www.reclam.de

Inhalt

Platon und seine Interpreten 7

I. Leben und Werk 25

II. Aufstieg zur Erkenntnis des Guten 46
1. Leben in der Höhle 46
2. Umkehr zur Suche nach der Wahrheit 58
3. Aufstieg zur Erkenntnis im Tugenddialog 71
4. Grund und Ziel: Idee des Guten 121
5. Bildung zum Aufstieg 155
6. Der sokratische Weg des Aufstiegs 162

III. Das Gute in Seele, Polis und Kosmos 179
1. Tugend als Ordnung der Seele 183
2. Gerechtigkeit als Ordnung der Polis 198
3. Vernunft als Ordnung des Kosmos 217

IV. Rückstieg: Kritik der Vorsokratik 235
1. Sein: Materie oder Geist? 237
2. Erkenntnis: Wahrnehmung oder Denken? 249
3. Sprache: Konvention oder Natur? 254
4. Gutes Leben: Lust oder Wissen? 258

Platon heute 263

Anmerkungen 271
Literaturhinweise 277
Schlüsselbegriffe 289
Zeittafel 293
Register 294
Zur Autorin 296

Platon und seine Interpreten

Kein Philosoph hat seinen Interpreten größere Rätsel aufgegeben als Platon. Die Debatten über die richtige Deutung seiner Philosophie setzten unmittelbar nach seinem Tod ein und halten bis heute an. Dabei geht es alles andere als gemäßigt zu. Die Meinungsverschiedenheiten werden häufig mit einer derartigen Schärfe und Erbitterung ausgetragen, dass man sich verwundert die Augen reibt. Die Geschichte der Platon-Deutung ist ein einziges Schlachtfeld, auf dem es keine wirklichen Sieger zu geben scheint. Die Frage, worum es Platon eigentlich geht, was im Zentrum seines Philosophierens steht, hat bis heute keine erschöpfende Antwort erfahren, die unangefochten Geltung für sich beanspruchen dürfte. Gegen alle Ansätze sind gewichtige Einwände vorgetragen worden, die die Diskussion stets von neuem angefacht haben.

Es gibt jedoch einige sehr einflussreiche Deutungstraditionen, die das Platon-Bild über Jahrhunderte hinweg maßgeblich bestimmt haben. Dazu gehören insbesondere die aristotelische und die neuplatonische Auslegung. Beide Traditionen konnten sich lange Zeit behaupten und erweisen bis heute ihre Wirkmächtigkeit, obgleich die moderne Forschung deren jeweilige Problematik längst aufgezeigt hat.

Aristoteles

Besondere Wirksamkeit vermochte das aristotelische Platon-Bild zu entfalten. Das liegt nicht zuletzt daran, dass Aristoteles (384–322 v. Chr.) ein langjähriges Mitglied der

Platonischen Akademie und Schüler Platons war. Er trat 17-jährig in die Akademie ein und lernte, forschte und lehrte dort 20 Jahre lang bis zu Platons Tod. Aus seinen Schriften wissen wir, dass er Platon hochgeschätzt hat, gleichwohl aber mit Kritik nicht sparsam war.

Seine Sicht auf Platon entfaltet Aristoteles vor allem in der *Metaphysik* im Zusammenhang mit der Kritik der vorsokratischen Ursachenlehren. Hier findet sich der Keim zu jener Zwei-Welten-Theorie, die bis heute mit seinem Werk verbunden wird. Aristoteles warf Platon eine verhängnisvolle Substantialisierung der Allgemeinbegriffe vor. Der aristotelischen Deutung zufolge hat Sokrates im ethischen Bereich nach dem Allgemeinen gesucht und war auf Wesensdefinitionen ausgerichtet. Platon hingegen habe den Fehler begangen, dem Allgemeinen eine eigenständige Existenz zuzusprechen und es von den sinnlichen Dingen abzusondern (*Metaphysik* 987b).

Mit dieser Deutung war die Grundlage für die später als platonistisch verstandene Zwei-Welten-Theorie gelegt, die von getrennten Gegenstandsbereichen ausgeht, nämlich von der Welt der wahrnehmbaren sinnlichen Dinge und dem Reich der nur denkbaren intelligiblen Ideen, die gegenüber dem veränderlichen Werden das wahre Sein bezeichnen. Nach Aristoteles bildet die Ideentheorie das Zentrum der platonischen Philosophie. Er sah in dieser Theorie Platons eigentümlichen Lösungsansatz hinsichtlich der Frage nach den ersten Ursachen und Prinzipien des Seienden. Platon habe die Idee (*idéa*) als Ursache der sinnlichen Wirklichkeit gesetzt und die Beschaffenheit der Dinge durch Teilhabe (*méthexis*) an den Ideen erklärt (*Metaphysik* 987b).

Gegen die Ideentheorie hat Aristoteles zahlreiche Einwände vorgetragen. Der Kern seiner Kritik besteht in dem Argument, dass die Idee als getrennte Entität und als reines Formprinzip ohne bewegende, hervorbringende Kraft gerade das nicht leisten kann, was sie leisten soll: Sie kann nicht Ursache der sinnlichen Dinge sein. Das Problem der Teilhabe zwischen Idee und Ding bleibe bei Platon ungelöst (*Metaphysik* 991a).

Die aristotelischen Einwände gegen die Ideentheorie sind zweifellos berechtigt. Es fragt sich nur, ob Platon solch eine Theorie überhaupt vertreten hat. In der modernen Platon-Forschung sind diesbezüglich erhebliche Zweifel angemeldet worden. Man hat darauf verwiesen, dass sich in den platonischen Dialogen weder eine ausgearbeitete Ideentheorie noch eine Zwei-Welten-Lehre findet.[1] Die Idee werde nur in relativ wenigen Dialogen und wenn, dann nur äußerst knapp thematisiert. Die zentralen Fragen, die eine Theorie der Ideen eigentlich zu klären hätte, nämlich wie die Teilhabe zu denken ist, von welchen Dingen es Ideen gibt oder wie eine Systematik der Ideen aussehen könnte, fänden bei Platon keine theoretische Aufmerksamkeit.

Es gibt jedoch einen Dialog, in dem sich tatsächlich solch eine Theorie zu finden scheint, wie sie Aristoteles beschreibt. Im *Phaidon*, auf den sich Aristoteles in der *Metaphysik* (991b) ausdrücklich bezieht, wird die Idee als Ursache des So-Seins der sinnlichen Dinge eingeführt und eine Teilhabe des Dings an der Idee angenommen (Phaid. 99d–101e). Platon distanziert sich jedoch deutlich von dieser Theorie, indem er sie als Teil einer autobiographischen Erzählung der Sokrates-Figur darstellt, sie also historisiert, und die Idee als Ursachenhypothese bestimmt, die zu prüfen und zu überschreiten ist, bis man zu einem letzten Grund gelangt (Phaid. 101d/e, 107b). Die Idee ist also keineswegs Platons letzte Antwort auf die Frage nach der Ursache. Das wird nicht zuletzt dadurch bezeugt, dass die Ideentheorie im *Parmenides* (130a–135c) und im *Sophistes* (248e–249a) eine fundamentale Kritik erfährt. Im *Parmenides* werden bereits jene Einwände gegen die Idee vorgetragen, die Aristoteles in der *Metaphysik* anführt. Die Ideenkritik ist also schon eine ureigenste platonische Kritik.

Plotin und der Neuplatonismus

Die zweite wirkmächtige Deutungstradition ist der Neuplatonismus, der auf den Philosophen Plotin (205–270 n. Chr.) zurückgeht. Anders als Aristoteles, der vornehmlich als Platon-Kritiker auftrat, sah sich Plotin als Platon-Verteidiger bzw. Exeget. Seinem Selbstverständnis nach hat er keinen neuen philosophischen Ansatz entwickelt, sondern lediglich Platons Gedanken ausformuliert.

Plotin betrachtete die platonische Philosophie als Metaphysik, die eine dem Sinnlichen übergeordnete rein geistige Welt annimmt. Diese geistige Sphäre besteht nach Plotin aus drei Entitäten, die auseinander hervorgehen: Die höchste Wesenheit ist das transzendente Eine, die Ursache von allem, die nicht durch diskursives Denken, sondern nur durch eine mystische Erfahrung zu erfassen ist. Die zweite Wesenheit ist der Nous, der aus dem Einen ausströmende Geist, der den Ideenkosmos in sich enthält und durch denkenden Bezug auf sich selbst bestimmt ist. Die dritte geistige Entität ist die Seele, die als Weltseele und

Gesamtheit der Einzelseelen in Erscheinung tritt und den Geist mit der Materie verbindet, indem sie die Formen in den Stoff hineinprägt und das Stoffliche damit am Geistigen teilhaben lässt. Nach Plotin gehen diese metaphysischen Grundannahmen auf Platon zurück. Die Leistung, die er selbst erbracht zu haben meinte, besteht in der Entfaltung und klaren Formulierung der entsprechenden Gedanken (*Enneade* V 1,8).

Plotins Selbsteinschätzung als getreuer Exeget ist allerdings in der modernen Forschung auf Kritik gestoßen. Die plotinische Auslegung ist ähnlich problematisch wie die des Aristoteles. In Platons Werk findet sich nirgendwo ein Ansatz zu solch einem metaphysischen System der geistigen Entitäten, wie Plotin es entwirft. In Platons *Politeia* ist zwar vom Guten als Ursache von allem die Rede (rep. 516b/c), und in den späteren Dialogen werden im Rahmen einer Kosmologie der Nous und die Weltseele thematisiert (*Timaios*, *Nomoi* X). Den Entwurf einer abgesonderten Welt von hierarchisch geordneten geistigen Wesenheiten sucht man dort jedoch vergeblich. Insbesondere findet sich im platonischen Werk keine spekulative Philosophie des Einen. Im Dialog *Parmenides* (137c–166c), auf den sich Plotin in besonderem Maß bezieht (*Enneade* V 1,8), entwirft Platon keine metaphysische Philosophie des Einen, sondern präsentiert in kritischer Absicht ein dialektisches Ableitungsverfahren, das auf einer formalen Verstandeslogik basiert und zu paradoxen Resultaten gelangt.[2]

Eine kritische Betrachtung der neuplatonischen Auslegung muss zu dem Ergebnis kommen, dass Plotin weniger die platonischen Gedanken entfaltet als vielmehr seine eigene spekulative Geistphilosophie in Platon hineingelesen hat. So wie Aristoteles' Platon-Bild erkennbar vom eigenen Verständnis der Philosophie im Sinn einer theoretischen Wissenschaft von den ersten Ursachen und Prinzipien des Seienden bestimmt ist, so liegt auch Plotins Auslegung vornehmlich die eigene Metaphysik zugrunde.

Schleiermachers Großtat

Nachdem die platonische Philosophie im Laufe der Jahrhunderte viele Überformungen erfahren hat, ist in der Neuzeit die Forderung laut geworden, sich wieder vorrangig den Originalschriften zuzuwenden, um auf diese Weise Missverständnisse auszuräumen und den wahren Platon zum Vorschein zu bringen. So lautete das Anliegen des Theologen und Philosophen Friedrich Schleiermacher (1768–1834), der Anfang des 19. Jahrhunderts die platonischen Werke ins Deutsche übersetzt und mit Einleitungen und Anmerkungen versehen hatte. Die Idee zu solch einem umfassenden Übersetzungswerk kam von Friedrich Schlegel (1772–1829), der zunächst das Unternehmen gemeinsam mit Schleiermacher durchführen wollte, sich dann aber vom Projekt zurückzog.

Schleiermachers Übersetzung gab den Anstoß zu einer intensiven philologischen und philosophischen Auseinandersetzung mit Platons Werken, die bis heute anhält. Sie bildet sozusagen die Geburtsstunde der modernen Platon-Forschung. Von großer Wirkmächtigkeit waren dabei nicht nur die Übersetzungen, sondern auch die hermeneutischen Überlegungen in der Einleitung.[3] Schleiermacher hat unter anderem darauf verwiesen, dass Form und Inhalt bei Platon unauflöslich miteinander verbunden sind. Die Dialogform sei nicht bloße literarische Einkleidung, sondern habe einen philosophischen Sinn. Philosophische Erkenntnis sei bei Platon an das Gespräch, an die gemeinsame Überlegung und den Wechsel von Frage und Antwort gebunden. Den schriftlichen Dialog deutet Schleiermacher als Nachbildung des lebendigen mündlichen Gesprächs. Platon verfolge damit die Absicht, zur intellektuellen Selbsttätigkeit und zur eigenen Einsicht anzuregen.[4] Folgenreich für die weitere Platon-Forschung war zudem die Annahme, die schriftlichen Werke nähmen eine Vorrangstellung gegenüber den überlieferten mündlichen Lehren ein. Schleiermacher war der Auffassung, dass die gesamte Philosophie Platons im schriftlichen Werk enthalten ist.[5]

Die ›Tübinger Schule‹

Mit diesen Überlegungen waren einige orientierende Pflöcke in die Platon-Deutung eingeschlagen. Allerdings stieß Schleiermachers Ansatz nicht überall auf Zustimmung. In der zweiten Hälfte des 20. Jahrhunderts wurde er scharf kritisiert. Die ›Tübinger Schule‹[6] warf Schlegel und Schleiermacher eine Missdeutung des platonischen Philosophiebegriffs vor. In einer Fundamentalkritik am Platon-Bild der modernen Forschung erhob Hans Joachim Krämer (1929–2015) den Einwand, diese sei vom neuzeitlichen Skeptizismus geprägt.[7] Die neuere Forschung verstehe die platonische Philosophie als ein Fragen ohne letztgültige Antworten, als ein Problematisieren ohne Problemlösungen, als unendliche Annäherung, die nie zum Ziel komme und unvollendet bleibe.[8] Diese Deutung Platons geht, so Krämer, auf Schlegel zurück. Von ihm rührten alle zentralen Kategorien der neueren Platon-Deutung her: der Gedanke der Entwicklung, des Unfertigen, Unvollendbaren und Asystematischen, des agnostisch Undurchsichtigen und Unsagbaren und der Ironie.[9] Krämer sieht darin eine unreflektierte Übertragung des romantischen Philosophiebegriffs auf den Philosophiebegriff antiker Denker. Der wahre Platon ist nach Auffassung der ›Tübinger‹ ein systematischer Ontologe und Metaphysiker, der ein vollständiges Systemgebäude entworfen hat und über eine Theorie vom Seinsaufbau der Welt und den höchsten Seinsprinzipien verfügte.

Die ›Tübinger Schule‹ stützt ihre Platon-Deutung auf die ›ungeschriebene Lehre‹. Dabei handelt es sich um Lehrinhalte, die Platon den Berichten des Aristoteles und den Zeugnissen der Schultradition zufolge im mündlichen, innerakademischen Unterricht dem Schülerkreis mitgeteilt hat. In deutlichem Widerspruch zu Schleiermachers Auffassung sind die ›Tübinger‹ der Ansicht, dass in der ›ungeschriebenen Lehre‹ die eigentliche Philosophie Platons zu finden sei. Das Kernstück des platonischen Denkens, das Platon in keinem seiner schriftlichen Werke entwickelt und nur mündlich mitgeteilt habe, bestehe in einer ontologischen Prinzipienlehre, die alles Seiende auf wenige Wesenheiten zurückführe: auf das ›Eine‹ und die ›unbestimmte Zweiheit‹. Den Grund dafür, dass Platon die Prinzipienlehre nur mündlich mitgeteilt hat, sehen die ›Tübinger‹ in dem Bestreben, eine unsachgemäße Rezeption und Bewertung der Lehre zu verhindern.

Die Platon-Deutung der ›Tübinger Schule‹ hat nicht nur Anhänger gefunden, sondern auch scharfe Kritik erfahren.

Einer der Haupteinwände bezieht sich auf den unkritischen Umgang mit den Zeugnissen. Bei der Rekonstruktion der ›ungeschriebenen Lehre‹ aus dem Quellenmaterial der indirekten Überlieferung stützen sich die ›Tübinger‹ vor allem auf Aristoteles sowie auf antike Autoren, die mündliche Berichte des Aristoteles oder dessen Nachschriften der Lehrgespräche wiedergeben. Die Möglichkeit, dass die aristotelischen Berichte ihrerseits Missverständnisse enthalten könnten oder auf einer Rezeptionsweise basieren, die die platonische Intention verfehlt,[10] wird von den ›Tübingern‹ dabei völlig außer Acht gelassen. Der 20-jährige Aufenthalt des Aristoteles in der Platonischen Akademie bietet ja keineswegs Gewähr für die Richtigkeit seines Platon-Verständnisses. Dass Schüler ihre Lehrer auch grundsätzlich missverstehen können, ist eine Binsenweisheit.

Ein weiterer Kritikpunkt besteht in der einseitigen Auslegung und Vereinnahmung von Platons Kritik an Schriftlichkeit. Bei ihrer Begründung, warum Platon die Prinzipienlehre nicht schriftlich niedergelegt hat, beziehen sich die ›Tübinger‹ auf dessen kritische Äußerungen zur Schriftlichkeit im *Phaidros* (274b ff.) und im *Siebten Brief* (341b–342a). An den besagten Stellen werden jedoch keineswegs nur die Grenzen und Gefahren der schriftlichen, sondern auch die Gefahren der mündlichen Darstellung aufgezeigt. Der mündliche Lehrvortrag ist ebenso wie die Schrift Missverständnissen ausgesetzt. Platon wertet hier nicht die Mündlichkeit als solche gegenüber der Schriftlichkeit, sondern den Dialog gegenüber dem Monolog auf.[11]

Häufig kritisiert wurde zudem die Formalität und Inhaltsarmut der Prinzipientheorie, die deren Leistungsfähigkeit begrenze und den behaupteten Stellenwert als Kernstück der platonischen Philosophie mehr als fragwürdig erscheinen lasse.

Wielands Kritik

Einer der schärfsten Kritiker der ›Tübinger‹ Platon-Deutung ist Wolfgang Wieland (1933–2015). Nach Meinung Wielands sind die schriftlichen Dialoge weitaus gehaltvoller und inhaltlich bedeutsamer als die rekonstruierte ungeschriebene Lehre. Jeder Dialog enthalte mehr philosophische Substanz als die Prinzipientheorie.[12] Aus der Problematik der dogmatischen Deutungen zog Wieland die Konsequenz, dass es Platon gar nicht um ein theoretisches Wissen von Gegenständen, sondern um eine ganz andere Art des Wissens, nämlich um ein Gebrauchswissen geht, das sich im sachgerechten Umgang mit Dingen und Inhalten bewährt.[13] Platons Interesse richte sich auf drei Arten des Gebrauchswissens:

1. auf das technische Wissen, das sich darauf versteht, Werkzeuge und Stoffe zu gebrauchen und das allgemeine Fachwissen anzuwenden,
2. auf das praktische Wissen, das die technischen Fertigkeiten in Gebrauch zu nehmen und allgemeine Regeln in der konkreten Situation richtig anzuwenden vermag, und
3. auf die Dialektik, die mit Begriffen und Meinungen sachgerecht und dem Kontext gemäß umzugehen weiß.

Die Dialektik werde, so Wieland, von Platon zwar auch thematisiert, vor allem aber werde sie gezeigt und vorgeführt. Dies geschehe vornehmlich in den Frühdialogen. In den Tugenddialogen trete in der Gestalt des Sokrates ein erfahrener Dialektiker auf, der über praktische Vertrautheit im Umgang mit Menschen und Reden verfügt, der mit den Behauptungen seiner Partner richtig umzugehen vermag und die Ansprüche auf Wissen zu prüfen fähig ist.[14] In der dialektischen Kompetenz sieht Wieland den eigentlichen Gehalt der Tugenddialoge.

Auch wenn Wieland das Verdienst zukommt, den von den dogmatischen Auslegungen weitgehend ignorierten sokratischen Dialog wieder stärker beachtet zu haben, ist seine Deutung nicht minder anfechtbar als die der vorangegangenen Interpreten. Das Problem besteht in der aporetischen Deutung der Dialektik. Nach Wieland ist die sokratische Dialektik nicht ausschließlich Selbstzweck. Sie ziele auf die Entlarvung von Selbsttäuschungen und die Einsicht in das Nichtwissen. Damit sei die Erkenntnis gemeint, über das praktische Wissen nicht wirklich zu verfügen.[15] Hierbei geht es zuletzt um die fehlende Erkenntnis des Guten, da das praktische Wissen, so Wieland, bei Platon durch die Einsicht in das Wertprinzip des Guten konstituiert wird. In seiner Interpretation der Gleichnisse der *Politeia* führt Wieland zwar aus, dass Platon die Dialektik als Weg zu eben dieser Einsicht bestimmt. Seiner Meinung nach ist es jedoch fraglich, ob Platon hier tatsächlich eine erreichbare Erkenntnis vor Augen hat oder ob der im Höhlengleichnis dargestellte Aufstieg zur Idee des Guten nicht vielmehr als Konzeption eines vom Menschen nicht erreichbaren Wissens aufzufassen ist, die die Funktion einer

Grenzbestimmung oder eines Ideals erfüllt. Eindeutig ist für Wieland nur, dass der durch die Person des Sokrates verkörperte Dialektiker genau diese Einsicht nicht besitzt.[16] Daraus folgt in letzter Konsequenz eine rein aporetische Dialektik, die ungerechtfertigte Wissensansprüche aufzudecken vermag, jedoch keine Einsicht in das Gute gewinnt.

Die Debatte über das richtige Platon-Verständnis scheint damit nach vielen Umwegen dort wieder angekommen zu sein, wo sie schon einmal war. Nachdem die Akademie nach Platons Tod zunächst von metaphysisch-ontologischen Theorien und Systembildungen bestimmt worden war, erfolgte mit Arkesilaos eine Wende vom Dogmatismus zum Skeptizismus. Arkesilaos (315–240 v. Chr.) erinnerte an das aporetische Moment der platonischen Dialoge und führte eine skeptische, widerlegende Methode der Gesprächsführung ein, die sich auf das Vorbild des platonischen Sokrates berief.

Die Geschichte der Platon-Deutung scheint durch einen Wechsel von Dogmatismus und Skeptizismus bestimmt zu sein. Aufgrund ihrer je eigenen Problematik schlagen die beiden Positionen immer wieder ineinander um. Das Problem der dogmatischen Auslegungen besteht darin, dass bei Platon gar kein metaphysisch-ontologisches System zu finden ist. Die skeptischen Deutungen hingegen sehen sich dem Einwand ausgesetzt, dass Platon in seinen Dialogen unablässig zum Aufstieg zur Erkenntnis motiviert und folglich von der Möglichkeit der Erkenntnis des Guten ausgeht. Das Dilemma der Platon-Deutung besteht also darin, eine positive Erkenntnis bei Platon annehmen zu müssen, aber diese gleichzeitig nicht annehmen zu können, weil eine solche in keinem System und keiner wissenschaftlichen Theorie mitgeteilt wird.

Vorsokratische Denktraditionen

Ein Ausweg aus diesem Dilemma ist möglicherweise dadurch zu gewinnen, dass man den geistesgeschichtlichen Kontext stärker beachtet und von dorther den Zugang zu einem Verständnis der platonischen Philosophie sucht. Platon konnte auf eine lange Tradition des philosophischen Nachdenkens zurückblicken, die durch verschiedene Lösungsansätze bestimmt worden war. Seine eigene Philosophie knüpft einerseits an die vorsokratischen Überlegungen an. Andererseits gelangt er durch Umwandlung und Verbindung der vorherigen Ansätze zu einer ganz neuen Art des Denkens, für das Sokrates das Vorbild war.

Das griechische Denken beginnt mit den Naturphilosophen. Diese alten Weisen suchten nach der *arché*, dem Anfang oder Grund, der die ganze Wirklichkeit durchzieht und das Sein ausmacht, aus dem die Dinge hervorgehen. Die Ursache wurde zunächst im Stofflichen gesucht. Thales von Milet (wahrscheinlich um 624/23 – zwischen 548 und 544 v. Chr.) gelangte zu dem Schluss, dass alle Dinge im Wasser ihren Anfang haben und dies der Urstoff von allem sei. Anaximenes (um 585 – zwischen 528 und 524 v. Chr.) hingegen bestimmte die Luft als *arché*: Dieser Stoff durchziehe, umfasse und belebe die ganze Wirklichkeit. Andere Denker unternahmen den Versuch, alle Grundstoffe in einer Theorie über die Ursachen zu verbinden.

Die Suche nach einem Urstoff als Prinzip der Dinge wurde jedoch schon bald als ungenügend erkannt. Das Stoffliche vermochte keine Erklärung von Sinn, Zweck und Ordnung der physikalischen Wirklichkeit zu bieten. Die Lösung bestand darin, ein geistiges Prinzip anzunehmen, das in der Natur wirksam ist und alles Geschehen lenkt.

Xenophanes (um 580/570 – ins frühe 5. Jahrhundert v. Chr.) entwickelte in Abgrenzung von der anthropomorphen Polis-Religion das Konzept eines gestaltlosen, vollkommenen göttlichen Wesens, das durch sein Bewusstsein alles steuert.

Nach Auffassung des Anaxagoras (um 499–428 v. Chr.) ist der Nous – der Geist – Ursache aller Dinge. Die physikalische Welt wurde hier von einem geistigen Grund her gedacht, der das Stoffliche bewegt und ordnet.

Besondere Wirkmächtigkeit hat die Theorie des Parmenides (um 520/515 – um 460/455 v. Chr.) erlangt. Dieser Philosoph entwickelte eine Lehre vom Sein, die oft als Beginn des metaphysischen Denkens interpretiert wird. Er bestimmte das Sein als unteilbares, in sich gleichartiges Ganzes, dessen Vollkommenheit einer Kugel gleicht. Dem Sein kämen die Prädikate der Unvergänglichkeit und Unveränderlichkeit, der Ruhe und der Raum- und Zeitlosigkeit zu, vor allem aber das Merkmal der alleinigen Existenz. Nur das Sein ist, das Nichtseiende und damit das Werden in seiner ganzen Vielfalt und Veränderlichkeit ist nicht. Damit wurden Sein und Werden, Denken und empirische Anschauung scharf voneinander abgegrenzt. Erkenntnis gibt es nach Parmenides nur vom unwandelbaren Sein; die Sinneserfahrung hingegen, die eine veränderliche Realität widerspiegelt, ist trügerisch und dem Schein verfallen.

Die parmenideische Lehre vom Sein, die so schwer mit unserer Erfahrungswirklichkeit zu vereinbaren ist, hat viel Widerspruch erfahren. Ein radikaler Zweifel ist von der Sophistik artikuliert worden. Gegen die Annahme eines unbeweglichen, unveränderlichen Seins hat Gorgias (zwischen 490/485 – frühestens 396 v. Chr.), einer der Hauptvertreter dieser kritischen Aufklärungsbewegung, eingewendet, dass nichts existiert. Sollte doch etwas existieren, so sei es nicht erkennbar, und selbst wenn es erkennbar wäre, so wäre es doch unsagbar und nicht mitteilbar.

Die Sophistik übte scharfe Kritik an der gesamten religiösen und philosophischen Tradition. Religion, Geisttheorie und Seinslehre wurden als Fiktionen und Entwürfe des Menschen entlarvt, die keine Objektivität besäßen. Nach Auffassung der Sophisten gibt es keine objektiven Sachverhalte und keine ewigen, vom Menschen unabhängigen Maßstäbe. Religion, Recht, Moral und Sprache basieren, so die Meinung der Sophisten, auf menschlichen Konventionen, Setzungen und Bedürfnissen. Diese skeptisch-relativistische Sichtweise wird in dem berühmten *Homo-mensura*-Satz des Protagoras (um 490 – um 411 v. Chr.) prägnant auf den Punkt gebracht: »Der Mensch ist das Maß aller Dinge«.[17]

Mit der sophistischen Kritik an der Tradition war eine Verlagerung des Schwerpunkts des philosophischen Nachdenkens von der Naturbetrachtung zur menschlichen Lebenswelt verbunden. Ins Zentrum der Reflexion rückten jetzt die Tugend, Staat und Recht, Verfassungslehre, Sprache und Rhetorik.

Wurden die philosophischen Kontroversen in der älteren griechischen Philosophie innerhalb der Naturphilosophie ausgetragen, so bildeten sich mit dem Auftritt der Sophisten zwei große Lager, nämlich die dogmatische Geisttheorie und Spekulation um das Wesen des Seins auf der einen Seite und die skeptische Philosophie des Menschenmaßes auf der anderen Seite. Dogmatismus und Skepsis standen einander im Streit gegenüber. Die Skeptiker konnten den Dogmatikern vorwerfen, dass sie sich in leeren und abstrakten Spekulationen verlieren und Wirklichkeiten konstruieren, die empirisch nicht nachprüfbar sind. Die Dogmatiker hingegen konnten den Skeptikern vorhalten, dass ihr relativistisches und kritisches Denken zu einer Auflösung der Erkenntnisgegenstände und der sittlichen Normen führt, was einen Verfall von Vernunft, Moral und Gesellschaft zur Folge hat.

Platons Lösung

Platon ordnet sich selbst keinem der beiden Lager zu. Er geht weder in der einen noch in der anderen Position auf, sondern beschreitet – indem er seinem Lehrer Sokrates folgt – ganz neue Wege. Die platonische Philosophie greift zentrale Annahmen sowohl der Naturphilosophie als auch der Sophistik auf, deutet diese aber in völlig anderer Weise. Platon knüpft zum einen an den naturphilosophischen Gedanken eines übergeordneten Vernunftprinzips an. Zum anderen aber folgt er der von der Sophistik vollzogenen Wendung zum Menschen hin.

Beide Anknüpfungspunkte erfahren im platonischen Denken eine Umwandlung und Neuausrichtung. Die geistige Ursache wird bei Platon nicht nur verstandesmäßig erschlossen und gedacht, sondern als Wirklichkeit gesucht. Und der Mensch wird im Gegensatz zur Sophistik nicht als Maß aller Dinge gesetzt, sondern auf einen Maßstab bezogen.

Aus der Verbindung dieser beiden Ansätze ist eine Philosophie entstanden, die im Unterschied zur vorsokratischen Naturphilosophie beim Menschen ansetzt und über die Untersuchung des menschlichen Seins den Zugang zur Erkenntnis der *arché* zu gewinnen trachtet. Platon entwickelte ein Konzept vom Aufstieg, das von der Leitidee getragen ist, dass der Weg zum Urprinzip der Wirklichkeit über die Prüfung der Vorstellungen vom menschlichen Gutsein und die Einsicht in die Tugend führt. In der Erkenntnis des Guten als Ursache der menschlichen Bestheit wird, so Platons Gedanke, die Ursache des Ganzen berührt. Dem liegt die Annahme zugrunde, dass Bestheit, Schönheit und Ordnung sowie deren Wirkursache im menschlichen und physikalischen Bereich durch eine Wesensähnlichkeit bestimmt sind. In der Ursache der menschlichen Tugend ist dementsprechend das Prinzip enthalten, das auch in der Ursache der physikalischen Ordnung wirksam ist.

Die Prüfung der Wertvorstellungen und die darin vollzogene Suche nach dem Guten führt Platon in den Frühdialogen vor. Dem sokratischen Dialog kommt somit in der platonischen Philosophie eine herausragende Bedeutung zu: Sokrates ist sozusagen der Schlüssel zum Verständnis des Platonismus. In der Geschichte der Platon-Deutung wurde der platonische Sokrates meist unterschätzt, und zwar sowohl von den Dogmatikern, die ihn gänzlich ignoriert oder als unvollkommenen Anfang des Philosophierens gedeutet haben, als auch von den Skeptikern, die im sokratischen Gespräch nur den aporetischen Dialog, der zu keinem positiven Resultat gelangt, zu sehen vermochten. Für Platon hingegen ist Sokrates die Vollendung der Weisheit und der Inbegriff einer erfolgreichen philosophischen Suche nach Erkenntnis.

Jede Platon-Interpretation sieht sich der Gefahr ausgesetzt, auf jene Positionen zurückzufallen, die Platon selbst längst hinter sich gelassen hatte. Je nachdem, welches Philosophieverständnis dem eigenen Denken zugrunde liegt, wird Platon entweder als Konstrukteur eines Systemgebäudes oder als aporetischer Denker verstanden. Platon hat jedoch weder ein spekulatives metaphysisches System der Ideen oder ersten Seinsprinzipien entworfen, noch geht er in einer rein problemorientierten skeptischen Philosophie auf, die Irrtümer und Widersprüche aufzeigt, ohne zu eigenen Lösungen zu gelangen.

In den platonischen Dialogen finden sich viele theoretische Überlegungen zu Tugend, Seele, Sein, Nous und Kosmos, die jedoch hinsichtlich der Erkenntnismethode und der Wissensform stets eingeschränkt werden und daher nicht als Zentrum des platonischen Denkens betrachtet werden können. Es scheint so, als ob jeder Ansatz, der Platon über eine Theorie oder Lehre zu fassen sucht, unabhängig davon, ob diese im schriftlichen Werk oder in der mündlichen Überlieferung gesucht wird, zum Scheitern verurteilt ist.

Die platonische Philosophie lässt sich am ehesten als Wegphilosophie verstehen. Platon bietet uns keine Theorie des Guten, aber er zeigt einen Weg auf, wie das Gute zu erreichen ist. Die ganze platonische Philosophie ist von der Intention bestimmt, zum Aufstieg und zur Ausbildung der Tugenden zu motivieren. Das Werk Platons besteht also weniger in der Mitteilung eines aufgefundenen Wissens als vielmehr im Appell, selbst tätig zu werden.

1. Leben und Werk

Biographie

Eine wichtige Quelle zu Platons Biographie ist Diogenes Laertios, ein Philosophiehistoriker aus dem 3. Jahrhundert n. Chr., dessen Sammlung *φιλοσόφων βίων καὶ δογμάτων συναγωγή* (›Zusammenstellung über Leben und Lehren der Philosophen‹) viele Angaben und Anekdoten enthält. Überliefert sind zudem zahlreiche Legenden, die nach Platons Tod entstanden sind. Eine der sichersten und zuverlässigsten Quellen ist für uns der *Siebte Brief* aus der Sammlung der 13 Briefe, die unter Platons Namen überliefert sind.

Platon wurde 428/27 v. Chr. in Athen geboren, das damals als kulturelles Zentrum Griechenlands galt.[1] Sein Vater Ariston und seine Mutter Periktione stammten aus vornehmen Familien. Platon hatte zwei Brüder – Glaukon und Adeimantos, die in der *Politeia* als Gesprächspartner des Sokrates auftreten, sowie eine Schwester – Potone – und einen Halbbruder namens Antiphon, der im Dialog *Parmenides* erwähnt wird. Platon genoss in Kindheit und Jugend eine musisch-gymnastische Ausbildung, wie sie in aristokratischen Familien üblich war. Wir können davon ausgehen, dass er mit allen wichtigen Werken der griechischen Dichtung und Philosophie von Jugend an bestens vertraut war. Im Alter von 20 Jahren begegnete Platon jenem Philosophen, der für sein ganzes weiteres Leben und Wirken maßgeblich wurde: Sokrates (469–399 v. Chr.). Er schloss sich dem Kreis um Sokrates an und war bis zu dessen Hinrichtung einer seiner engsten Schüler. Wie prägend diese

Begegnung war, wird nicht zuletzt daran ersichtlich, dass Platon sein ganzes Werk am philosophischen Gespräch des Sokrates ausgerichtet hat und diesen in fast allen Dialogen als Gesprächsführer auftreten lässt.

Als Spross einer vornehmen Familie lag es nahe, dass Platon die politische Laufbahn einschlug. Der *Siebte Brief* berichtet davon, dass Platon die Absicht hatte, als Politiker in Athen zu wirken (epist. VII 324b). Die politischen Entwicklungen führten jedoch dazu, dass er sich von diesen Ambitionen zunehmend distanzierte. Nach der Niederlage Athens im Peloponnesischen Krieg (431–404 v. Chr.) übernahm 404 v. Chr. eine Gruppe von Oligarchen die Macht in Athen. Die ›Herrschaft der Dreißig‹ wurde von Platon wie von vielen anderen zunächst begrüßt (epist. VII 324d). Die Oligarchen traten mit dem Anspruch auf, die von Unruhen und moralischen Verfallserscheinungen erschütterte Polis wieder in eine gesetzliche Ordnung zu führen und die Bürger zur Tugend anzuleiten. Es stellte sich jedoch schnell heraus, dass die ›Dreißig‹ eine Herrschaft der Gewalt und Willkür errichteten. Alle Kritiker und politischen Gegner wurden skrupellos ermordet. Als Gipfelpunkt des Unrechts wurde von Platon und vielen anderen der Versuch empfunden, unschuldige Bürger in die grausamen Taten zu verstricken. Entsprechend versuchten die ›Dreißig‹, auch Sokrates mitschuldig zu machen, indem sie ihm und anderen Bürgern befahlen, Leon aus Salamis, einen verdienstvollen Mann, der offenbar eine prodemokratische Gesinnung hatte und damit den Oligarchen ein Dorn im Auge war, zu entführen, damit er getötet werden konnte. Sokrates weigerte sich, den Befehl auszuführen, und ging nach Hause. Dieses tapfere Festhalten am Recht hätte Sokrates vermutlich das Leben gekostet, wenn nicht kurze Zeit später die ›Dreißig‹ unter Führung des Thrasybulos (um 440–388 v. Chr.) gestürzt worden wären.

Die Wiederherstellung der attischen Demokratie war für Platon zunächst mit der Hoffnung verbunden, seine politischen Ambitionen doch noch verwirklichen zu können. Diese Hoffnung wurde jedoch durch neues Unrecht zunichte gemacht: Im Rahmen der Asebieprozesse wurde Sokrates von Athener Bürgern angeklagt. Man warf ihm Gottlosigkeit und Jugendverderb vor und verurteilte ihn 399 v. Chr. zum Tod. Die Verurteilung und Hinrichtung jenes Mannes, der im *Siebten Brief* als der »Gerechteste seiner Zeit« (epist. VII 324e) bezeichnet wird, muss für Platon der Inbegriff des Unrechts gewesen sein. Ein politisches Wirken in seiner Heimatstadt Athen war für ihn unter diesen Umständen nicht denkbar.

Nach dem Tod des Sokrates reiste Platon mit anderen aus dem Schülerkreis nach Megara, wo Eukleides, ebenfalls ein Schüler des Sokrates, lebte. In dieser Zeit begann Platon mit der Abfassung philosophischer Werke. In den ersten zehn Jahren nach Sokrates' Tod verfasste er Dialoge nach dem Vorbild jener sokratischen Tugendgespräche, die er in den Jahren seiner Schülerschaft intensiv kennengelernt und studiert hatte.

Im Alter von 40 Jahren (um 389–387 v. Chr.) unternahm Platon eine Reise nach Unteritalien und Sizilien. Im griechisch besiedelten Unteritalien traf er Pythagoreer, Anhänger einer philosophischen Schule, die von Pythagoras von Samos (um 570 – nach 510 v. Chr.) gegründet worden war. Dort hatte er auch Kontakt mit Archytas von Tarent (zwischen 435 und 410 – zwischen 355 und 350 v. Chr.), einem pythagoreischen Philosophen, der sich mit Mathematik, Musik und Physik beschäftigte. Wie der *Siebte Brief* bezeugt (epist. VII 339e, 350a), war Platon mit Archytas freundschaftlich verbunden.

In Sizilien begegnete Platon Dionysios I. (um 430–367 v. Chr.), dem tyrannischen Herrscher von Syrakus, der von Machtstreben durchdrungen war und auf Größe und militärische Stärke zielte. Der *Siebte Brief* beschreibt Verhältnisse in Syrakus, die weit von einer gerechten Ordnung entfernt waren. In der Stadt herrschten Sinnenlust, Sittenverfall und Vernunftfeindlichkeit (epist. VII 326b–d). Ein prägendes Erlebnis war für Platon die Bekanntschaft mit Dion (409–354 v. Chr.), einem Verwandten von Dionysios. Dion zeigte großes Interesse an der Philosophie und begeisterte sich für die Ideen einer gerechten staatlichen Ordnung und einer vernunftorientierten Politik. Zwischen Dion und Platon entwickelte sich eine Freundschaft, die weitere folgenreiche Besuche in Sizilien nach sich ziehen sollte.

Nach seiner Rückkehr in die Heimatstadt kaufte Platon ein Grundstück am Stadtrand von Athen und gründete dort eine Schule – die Akademie. Der Name stammt vom Heros Akademos ab, einer griechischen Heldenfigur, der das Grundstück geweiht war. Die Akademie war neben der Schule des Rhetoriklehrers Isokrates (436–338 v. Chr.) die erste höhere Bildungseinrichtung in Griechenland. Platons Schule gewann rasch hohes Ansehen und zog viele junge Leute an. Einer der berühmtesten Schüler war Aristoteles, der 20 Jahre lang in der Akademie lernte und lehrte und einige Jahre nach Platons Tod eine eigene Schule in Athen gründete, die später Peripatos (aus dem Altgriechischen für

›Wandelhalle‹, ›Säulengang‹, also jenen Ort, an dem die Lehrgespräche stattfanden) genannt wurde.

Die Akademie verstand sich als Gemeinschaft von Lehrenden und Lernenden. Die Ausrichtung auf das philosophische Bildungs- und Erkenntnisziel begründete eine Verbundenheit, die sich in gemeinsamen Mahlzeiten, Symposien (gesellige Treffen) und Festen widerspiegelte. Das Studium in der Akademie war unentgeltlich und stand jedem frei, der Begabung und Eignung mitbrachte. Auch Frauen waren offenbar zugelassen. Abstammung, Herkunft und Geschlecht spielten allem Anschein nach weder bei der Aufnahme noch bei der Strukturierung des Lehr- und Lernbetriebs eine Rolle. Fortgeschrittene Schüler übernahmen Lehr- und Forschungsaufgaben. Hier bestanden den Zeugnissen zufolge viele Freiheiten. In der Akademie konnten gegensätzliche Auffassungen und Lehrmeinungen vertreten und diskutiert werden. Eine Dogmatik der Lehrinhalte lag Platon fern. Ihm ging es weniger um dogmatische Wissensvermittlung als vielmehr um eine Schulung des philosophischen Denkens, die mit einer entsprechenden Persönlichkeitsbildung verbunden war.

Leider sind uns kaum Angaben dazu überliefert, wie der Unterricht ablief und welches die konkreten Inhalte waren. Einige Anhaltspunkte bietet das schriftliche Werk Platons: In der *Politeia* wird ein Bildungsprogramm entworfen, das der Einübung des philosophischen Denkens diente. Die Beschäftigung mit den theoretischen Wissenschaften – Arithmetik, Geometrie, Stereometrie, Astronomie, Harmonik – sollte die Vernunft schulen und die Dialektik vorbereiten (rep. 521c–531c). Vermutlich entspricht dieses Programm einem Teil des akademischen Unterrichts. Daneben werden alle Gegenstände eine Rolle gespielt haben, die auch in den schriftlichen Dialogen erörtert werden: Sprache, Erkenntnis, Kritik an Sophistik und Rhetorik, Seelenlehre, Ethik, Verfassungslehre, Kosmologie, Theologie. Das eigentliche Zentrum der akademischen Lehre und Forschung dürften jedoch dialektische Untersuchungen zur Tugend und zum Guten gewesen sein: Wie Platon in der *Politeia* deutlich macht, ist die Erkenntnis des Guten nicht nur Voraussetzung für eine gelingende Praxis, sondern auch Grundlage von theoretischen Erörterungen (rep. 511b–d, 517c).

Neben der Lehrtätigkeit hat Platon philosophische Schriften in Dialogform verfasst. In den ersten zwei Jahrzehnten nach der Akademiegründung sind die Dialoge *Phaidon*, *Symposion*, *Phaidros* und die *Politeia* entstanden. *Der Staat* (gr. *Politeia*) gilt als Platons Hauptwerk.

Im Alter von etwa 60 Jahren unternahm Platon eine zweite Reise nach Sizilien (367/6 oder 366/5). Anlass war ein Machtwechsel in Syrakus. Dionysios II. (um 396 – nach 337 v. Chr.) übernahm nach dem Tod seines Vaters die Herrschaft. Dion hatte den Eindruck, dass sich der neue Herrscher für die Philosophie gewinnen lasse und die Umsetzung der Idee einer gerechten politischen Ordnung greifbar nahe sei. Der Bitte Dions, ihm bei der philosophischen Bildung des jungen Herrschers Beistand zu leisten, kam Platon schließlich nach. Er fühlte sich dem Freund und der Sache verpflichtet und trat, wenn auch nicht ohne Bedenken, die Reise an. Doch der Aufenthalt verlief alles andere als erfolgreich. Dion wurde bei Dionysios II. wegen angeblicher Umsturzpläne denunziert und von diesem verbannt. Dionysios II. nötigte Platon zum Bleiben, obgleich er kaum

Ambitionen zeigte, sich auf die Philosophie einzulassen. Nachdem Platon den Tyrannen schließlich überzeugen konnte, ihn ziehen zu lassen, kehrte er nach Athen zurück.

Fünf Jahre später (361 v. Chr.) erfolgte eine dritte Reise nach Syrakus. Aus Sizilien kam die Nachricht, dass sich Dionysios II. nun doch verstärkt mit Philosophie beschäftige und von großem Eifer für die Sache ergriffen sei. Dionysios II. schickte mehrere Einladungen an Platon, die von dem Versprechen begleitet waren, sich mit Dion auszusöhnen. Nachdem auch Dion und die pythagoreischen Freunde aus Tarent unter Verweis auf Dionysios' Fortschritte in der Philosophie Platon zur Reise drängten, entschloss sich dieser, wenngleich mit größter Skepsis, ein drittes Mal nach Syrakus zu fahren. Es zeigte sich schnell, dass die Zweifel sehr berechtigt waren. Der Tyrann hatte kein tieferes Interesse an der Philosophie. Er war von Ehrgeiz und Renommiersucht getrieben. Nachdem Dionysios II. Platon unter Vorgabe falscher Versprechungen genötigt hatte, seinen Aufenthalt zu verlängern, geriet dieser zunehmend in Gefahr und konnte nur mit Hilfe seines Freundes Archytas von Tarent nach Athen zurückkehren.

Einige Jahre später (357 v. Chr.) unternahm Dion trotz Platons Einspruch den Versuch, Dionysios II. mit Gewalt zu stürzen. Es gelang ihm, den Tyrannen zu vertreiben. Dion wurde jedoch schon bald Opfer eines Attentats, so dass er seine Vorstellungen einer gerechten Ordnung nicht verwirklichen konnte.

Die letzten Jahre bis zu seinem Tod verbrachte Platon in Athen. In dieser Zeit entstanden der Dialog *Philebos* und die großen Alterswerke *Timaios* sowie die *Gesetze* (gr. *Nomoi*), die von Platons Schüler postum herausgegeben worden sind. Platon starb 80-jährig im Jahr 348/7 v. Chr. als ein Philosoph, der in der Öffentlichkeit großes Ansehen genoss.

Nach Platons Tod übernahm zunächst sein Neffe Speusippos (um 348/7–339 v. Chr.) und später Xenokrates von Chalkedon (396/395–314/313 v. Chr.) die Leitung der Akademie. Die Akademie hatte eine sehr wechselvolle Geschichte, erwies sich aber als überaus langlebige Institution. Sie wurde erst im Jahr 529 n. Chr. von Kaiser Justinian I. (um 482–565 n. Chr.) geschlossen. Platons Akademie lebt bis heute als Vorbild der modernen europäischen Universität fort.

Die Schriften Platons (*Corpus Platonicum*)

Von vielen antiken Philosophen sind uns nur Fragmente überliefert. Bei Platon ist jedoch das gesamte Werk vollständig erhalten. Das grenzt fast an ein Wunder, wenn man bedenkt, wie zahlreich Brände, Zerstörungen, Kriege im Laufe der Jahrhunderte waren und wie viele wertvolle Kulturgüter dem zum Opfer gefallen sind. Für das Phänomen gibt es jedoch eine Erklärung: Im Vergleich zu anderen Autoren der Antike ist Platon viel intensiver und umfangreicher überliefert bzw. tradiert worden. Das wiederum ist darin begründet, dass man offenbar schon früh die Bedeutung seiner Philosophie erkannt hat.

Die Überlieferung erfolgte zunächst auf Papyri. Im Mittelalter wurden die Texte in aufwändig angefertigten Handschriften tradiert. Nach der Erfindung des Buchdrucks in der Neuzeit wurden schließlich Druckausgaben hergestellt. Die ältesten Papyri stammen aus dem 4. bzw. 3. Jahrhundert v. Chr. Die meisten der zahlreichen Handschriften des Mittelalters gehen auf Vorlagen des 9. Jahrhunderts n. Chr. zurück.[2] Die erhaltenen Papyri und Handschriften haben ganze Forschergenerationen beschäftigt. Das Problem besteht darin, dass unterschiedliche Überlieferungsstränge existieren und die Handschriften zum Teil voneinander abweichen.[3]

Zudem herrscht Unsicherheit darüber, ob einige Dialoge tatsächlich echt sind. Das *Corpus Platonicum* umfasst 43 Schriften, die zwar alle unter Platons Namen überliefert sind, die jedoch nicht alle von Platon stammen. Einige Dialoge sind bereits in der Antike als unecht erkannt worden. Die Authentizität anderer Texte wurde erst von der modernen Forschung angezweifelt.

In der Antike hat man eine sogenannte Tetralogien-Ordnung der platonischen Schriften erstellt, an der sich die mittelalterlichen Handschriften orientiert haben, die aber auch für moderne Editionen noch maßgeblich ist. In diesem Standard-Corpus sind 36 Dialoge zu neun Vierergruppen geordnet. Darin sind etliche Dialoge enthalten, die heute in ihrer Echtheit umstritten sind. Dazu zählen

Alkibiades I, *Alkibiades II*, *Anterastai*, *Epinomis*, *Hipparchos*, *Hippias I*, *Kleitophon*, *Minos* und *Theages*.

Der *Alkibiades I*, ein Dialog über das Problem der Selbsterkenntnis, galt in der Spätantike als Einführungslektüre in das Studium der platonischen Schriften und wurde von den Neuplatonikern besonders geschätzt. Es gab keinerlei Zweifel daran, dass Platon der Verfasser des Textes ist. Erst Friedrich Schleiermacher (1809) hat Bedenken gegen die

Annahme der Echtheit angemeldet. In der jüngeren Platon-Forschung zeichnet sich jedoch eine deutliche Tendenz ab, den Dialog wieder als echt anzusehen.[4]

Bei den als unecht geltenden oder umstrittenen Schriften handelt es sich keineswegs um Fälschungen, sondern um Texte, die im Umkreis der Platonischen Akademie entstanden sind und die Auffassungen und Überlegungen der Schultradition widerspiegeln. In diesen Schriften ist also durchaus platonisches Gedankengut enthalten.

Die folgenden 26 Dialoge werden heute als echt bezeichnet:

Apologie, Charmides, Euthydemos, Euthyphron, Gorgias, Hippias II, Ion, Kratylos, Kritias, Kriton, Laches, Lysis, Menexenos, Menon, Nomoi, Parmenides, Phaidon, Phaidros, Philebos, Politeia, Politikos, Protagoras, Sophistes, Symposion, Theaitetos und *Timaios*.

Neben den dialogischen Schriften sind 13 Briefe unter Platons Namen überliefert. Die meisten von diesen gelten heute als unecht. Die Authentizität einiger Briefe ist umstritten. Dazu gehört der inhaltlich bedeutsame *Siebte Brief*, in dem Aussagen über die philosophische Einsicht und den Stufenweg der Erkenntnis getroffen werden. Ähnlich wie beim *Alkibiades I* verteidigen inzwischen viele Forscher dessen Echtheit.[5]

Im *Corpus Platonicum* überliefert ist zudem eine Sammlung von 300 Definitionen (gr. *hóroi*), die von der modernen Forschung jedoch als unecht eingeschätzt werden.

Einer der maßgeblichen Herausgeber der platonischen Werke in der Moderne ist John Burnet (1863–1928). Die sogenannte Oxforder Ausgabe ist zu Beginn des 20. Jahrhunderts erschienen (1900–1907, [2]1905–1913, 5 Bände) und gilt noch heute als Standard-Ausgabe. Gegenwärtig wird an einer neuen kritischen Oxforder Gesamtausgabe gearbeitet, die die erhaltenen Handschriften, die Papyrus-Funde, aber auch die Zitationen bei antiken Autoren und die Resultate der bisherigen Textkritik berücksichtigt.

Grundlegend für die Zitierweise der platonischen Werke ist noch heute die 1578 in Genf erschienene Ausgabe von Henricus Stephanus (um 1460–1520). Die Angaben zu den Seiten und Abschnitten dieser Ausgabe, die sogenannte Stephanus-Paginierung, findet sich in den modernen Ausgaben jeweils am Rand der Seiten. Durch die einheitliche Zitierweise ist es möglich, mit ganz verschiedenen Ausgaben und Übersetzungen parallel zu arbeiten.

Unter den Übersetzern hat der Theologe, Altphilologe und Philosoph Friedrich Schleiermacher eine besondere Bedeutung erlangt. Er übersetzte zu Beginn des 19. Jahrhunderts das gesamte Werk Platons ins Deutsche (*Sämtliche Werke*, Berlin 1804–1828). Nachdem zuvor lediglich Übersetzungen von einzelnen Dialogen existierten, lag damit erstmals eine Gesamtausgabe in deutscher Sprache vor.

Chronologie

Von Platon sind uns keine Angaben zur Abfassungszeit der Dialoge überliefert. Auch in den sonstigen antiken Zeugnissen lassen sich kaum Informationen finden. An chronologischen Fragen scheint die Antike nicht sonderlich interessiert gewesen zu sein. Erst in der Moderne ist das Interesse an diesen Fragen erwacht. Die moderne Platon-Forschung unternahm den Versuch, mit Hilfe von aufwändigen sprachstatistischen Untersuchungen und stilistischen Analysen die chronologische Reihenfolge der Dialoge herauszufinden. Das Verfahren hat jedoch seine Grenzen: Man gelangte mit dieser Methode nur zu einer groben Einteilung in eine frühe, mittlere und späte Gruppe (relative Chronologie). Über die chronologische Anordnung der einzelnen Texte innerhalb der drei Gruppen (absolute Chronologie) lassen sich jedoch kaum sichere Aussagen treffen.

Von den meisten Forschern wird folgende Gruppeneinteilung anerkannt:

- Erste Gruppe (nach 399 v. Chr. bis in die ersten Jahre nach der ersten Sizilienreise): *Apologie*, *Charmides*, *Euthydemos*, *Euthyphron*, *Hippias II*, *Gorgias*, *Ion*, *Kratylos*, *Kriton*, *Laches*, *Lysis*, *Menexenos*, *Menon*, *Phaidon*, *Protagoras* und *Symposion*.
- Zweite Gruppe (nach 387 v. Chr.): *Politeia*, *Phaidros*, *Parmenides*, *Theaitetos*.
- Dritte Gruppe (entstanden in der Zeit nach der zweiten sizilischen Reise, also 367/6 v. Chr.): *Sophistes*, *Politikos*, *Philebos*, *Timaios*, *Kritias* und *Nomoi*.

Werkübersicht

Eine inhaltliche Ordnung der Dialoge muss die Frage beantworten, worin das Zentrum des platonischen Philosophierens besteht. In der Platon-Forschung sind auf diese Frage höchst unterschiedliche Antworten gegeben worden.

Entsprechend vielfältig sind die Deutungen des Gesamtwerks.

Eine der wirkmächtigsten Deutungsversuche der modernen Forschung ist die entwicklungsgeschichtliche Lesart.[6] Hier wird die gängige Auffassung von der Ideentheorie als Zentrum des Platonismus mit der Annahme verknüpft, dass die platonischen Dialoge die Entwicklung dieser Theorie widerspiegeln. Nach dieser Deutung war Platon in der ersten Werkphase ganz von Sokrates beeinflusst und hat aporetische Tugenddialoge verfasst. Im mittleren Werk habe er sich von seinem Lehrer emanzipiert und eine eigene Theorie – die Ideenlehre – entwickelt. Die späte Werkphase schließlich wird als kritische Reflexion dieser Lehre sowie als Entwurf einer modifizierten Ideenauffassung gedeutet.

Diese Theorie ist in den letzten Jahrzehnten vielfach kritisiert worden.[7] Heute herrschen eher Lesarten vor, die die Kontinuität und Einheit des platonischen Werks stärker betonen. Infolge der Abwendung vom entwicklungsgeschichtlichen Paradigma wird das sokratische Moment im platonischen Werk wieder mehr beachtet. Im Gegensatz zur früheren Deutung, die bei Platon eine Wandlung vom Sokratiker zum Platoniker zu erkennen glaubte und zwischen einer sokratischen und einer postsokratischen Phase unterschied, wird heute zunehmend die These vertreten, dass Platon bis zum Ende seines Lebens Sokratiker geblieben ist[8] und die Figur des Sokrates der verschiedenen Werkphasen eine große Kontinuität aufweist.

Nimmt man die These von Platon als Sokratiker ernst, so ergibt sich eine ganz neue Sichtweise auf das platonische Werk: Eine besondere Bedeutung kommt dann jenen Dialogen zu, die das sokratische Gespräch mit seiner spezifischen Methodik und Thematik nachbilden. Das sind vor allem die frühen Dialoge, in denen Sokrates als Dialektiker auftritt, der das Wissen seiner Partner untersucht. Für Platon ist Sokrates der Weise *par excellence*, der zu Einsichten gelangt ist, die das praktische Handeln und das theoretische Wissen auf ein ganz neues Fundament stellen. Folgt man den Hinweisen Platons auf den sokratischen Dialog als Inbegriff des philosophischen Denkens (rep. 514a–518b, 539a–d, symp. 221d–222a, Tht. 175b–e), so ergibt sich folgende Gliederung des Gesamtwerks:

Die inhaltlich erste Gruppe bilden die Tugenddialoge. Diese Dialoge sind durch die sokratische Prüfung von Tugendansprüchen und eine dialektische Suche nach Erkenntnis ausgezeichnet. Innerhalb dieser Gruppe gibt es einen inneren Kern, die Tugenddialoge im engeren Sinn, die auf die Kardinaltugenden der Gerechtigkeit, Besonnenheit, Tapferkeit und Frömmigkeit zielen. Die Dialoge schildern am Anfang Alltagssituationen, in denen es zu Meinungsverschiedenheiten über ethische Fragen kommt. Im weiteren Verlauf der Gespräche nimmt Sokrates den Zwist zum Anlass, die Frage nach der Tugend selbst zu stellen und in der Prüfung der Meinungen eine Suche nach Erkenntnis zu verwirklichen, die von den sinnlichen Erscheinungsweisen über das Wesen der Tugend bis zu deren Ursache führt. Zu dieser Gruppe zählen:

Laches, *Charmides*, *Thrasymachos* (*Politeia I*) und *Euthyphron*.[9]

Eine zweite Untergruppe bilden jene Tugenddialoge, in denen Sokrates die Methoden und Auffassungen der Sophisten untersucht, die der Darstellung Platons zufolge mit einem hohen Erkenntnisanspruch auftraten und sich als Lehrer der Tugend anpriesen. Zu dieser Gruppe zählen:

Euthydemos, Hippias II, Gorgias, Ion, Menon, Protagoras, Menexenos.

Zu den Tugenddialogen gehören außerdem der *Lysis*, der sich mit dem Thema der Freundschaft beschäftigt, und jene zwei Dialoge, die um den Prozess des Sokrates kreisen: *Kriton* und *Apologie*.

Die inhaltlich gesehen zweite Gruppe bilden die Dialoge über den Aufstieg:

Phaidon, Symposion, Phaidros, Alkibiades I, Politeia.

In diesen Dialogen beschreibt Platon einen Bildungsweg, der vom Sinnlichen zum Geistigen führt: von hedonistischer Lebensorientierung und der Fixierung auf das sinnlich Wahrnehmbare zur Ausrichtung auf Vernunftprinzipien und geistige Ursachen. Die Schilderung des Aufstiegs, die das Zentrum der Dialoge bildet, erfolgt in Form von Gleichnissen, mythischen Erzählungen oder autobiographischen Berichten. Eingebettet sind die Darstellungen des Aufstiegs in Gespräche über existentielle und politische Gegenstände: Eros, Tod, Selbstsorge, gemeinschaftlicher Zusammenhalt. Diese Dialoge haben eine hinführende Funktion. Sie wollen zu einer philosophischen Suche nach Erkenntnis motivieren, die in der Erkenntnis der Tugend und des Guten kulminiert.

Die inhaltlich dritte Gruppe umfasst Orientierungsdialoge, die überwiegend der späten Werkphase angehören.

Auf der Grundlage des Aufstiegs setzt sich Platon hier zum einen kritisch mit den zentralen Theorien und Debatten der Vorsokratik auseinander und ermöglicht damit eine Orientierung in der vorsokratischen Philosophiegeschichte. So werden zum Beispiel im *Parmenides* und *Theaitetos* die Konzeptionen des Seins und der Erkenntnis kritisch reflektiert. Der *Kratylos*, der zu den frühen Dialogen zählt, aber sachlich der dritten Gruppe zuzuordnen ist, diskutiert verschiedene Auffassungen bezüglich der Sprachtheorie. Vorsokratische Positionen und Debatten werden auch im *Sophistes* und *Philebos* erörtert.

Zum anderen bietet Platon in den späten Dialogen Orientierung hinsichtlich eines tugendgemäßen und vernunftgeleiteten Lebens. Im *Sophistes* und *Politikos* wird das Ideal des Weisen, der bei Platon mit dem Philosophen identisch ist, durch Klärung des Verhältnisses zum Sophisten und Politiker thematisch eingekreist. In den Dialogen *Philebos*, *Timaios* und den *Nomoi* finden sich positive Entwürfe des maßvollen Lebens, der Ordnung der Natur und einer auf Gesetzen basierenden Verfassung, die als Muster eines vernunftorientierten Lebens dienen sollen. Am Ende seines Wirkens unternahm Platon den Versuch, groß angelegte Panoramen des Guten zu schaffen, um bei der Gestaltung des individuellen und politischen Lebens Hilfe und Unterstützung zu bieten. Zu diesen großen Entwürfen des Guten gehört bereits die *Politeia*, die eine auf Weisheit und Vernunfteinsicht gründende politische Ordnung beschreibt. Die *Nomoi* bezeichnen demgegenüber den Versuch, eine politische Verfassung zu entwerfen, die auch ohne Verwirklichung der höchsten Einsicht zu Maß, Tugend und Stabilität gelangt.

Dialogform

Platon hat keine wissenschaftlichen Traktate, sondern Dialoge verfasst. Diese Form birgt besondere Schwierigkeiten der Interpretation in sich. Die Aussagen und Positionen, die Platon seinen Dialogfiguren in den Mund legt, sind nicht vorbehaltlos mit dessen eigener Auffassung zu identifizieren. In vielen Texten werden Sophisten, Politiker sowie Athener Bürger als Gesprächspartner des Sokrates dargestellt. Diese Figuren haben meist historische Vorbilder und sind häufig auch namentlich bezeugt. Sie repräsentieren zeitgenössische Auffassungen zu politischen und ethischen Fragen, sind also kein Sprachrohr platonischer Überzeugungen.

Doch sind auch die Aussagen des Sokrates nicht ohne weiteres als genuin platonische Sichtweise einzustufen. Platon lässt Sokrates an vielen Stellen fremde Positionen aus Tradition und zeitgenössischer Philosophie vortragen, um aus einer Ratlosigkeit oder Sackgasse herauszuführen und auf diese Weise die Untersuchung voranzubringen. Häufig nimmt Sokrates auch die Rolle des *Advocatus Diaboli* ein, bringt also Gegenargumente in die Diskussion ein, die er selbst gar nicht vertritt, um den Partner zur Begründung seiner Thesen herauszufordern.

Angesichts der Schwierigkeiten, die die Dialogform für den Interpreten mit sich bringt, stellt sich die Frage, warum Platon diese Form der wissenschaftlichen Abhandlung vorgezogen hat. Welchen Sinn hat das Verfassen von Dialogen?

Häufig hat man die Dialogform als bloße literarische Einkleidung von philosophischen Thesen gedeutet. Damit wird jedoch die herausragende Bedeutung des Dialogs für das platonische Philosophieren übersehen. Der Dialog ist bei Platon *das* Instrument des Erkennens. Das unmittelbare Gespräch zwischen Personen ist hier Voraussetzung für den Erkenntnisgewinn. Im Wechselspiel von Frage und Antwort, Rede und Gegenrede, im gemeinsamen Problematisieren, Untersuchen, Erwägen, Überlegen wird philosophisches Denken verwirklicht und Einsicht gewonnen. Platon hat dabei immer auch das Selbstgespräch im Auge, also die Unterredung, die eine Person mit sich selbst führt. Im *Theaitetos* verweist er auf den inneren Dialog als Urform des philosophischen Gesprächs (Tht. 189e/190a).

Das Vorbild dieses dialogorientierten Philosophieverständnisses ist Sokrates. Der historische Sokrates hat der Überlieferung zufolge auf dem Athener Marktplatz und in den Gymnasien Athens philosophische Gespräche geführt, die um die Tugend, die Gerechtigkeit, das Gute kreisten. In seinen Schriften ahmt Platon das Gespräch mit den Mitteln der literarischen Gestaltung nach, um den Dialog als philosophische Methode lebendig zu halten und den Lesern die Möglichkeit zu bieten, im Nachvollzug von Rede und Gegenrede, Frage und Antwort selbst Einsichten zu gewinnen. Platon geht es in seinen Schriften stets darum, den Leser zur intellektuellen Selbsttätigkeit und zur eigenen Suche nach Erkenntnis anzuregen. Diese Intention ist in dem Bewusstsein begründet, dass nur die eigene Einsicht Wirkkraft besitzt.

Vielfalt der Methoden

Die platonischen Dialoge zeichnen sich durch eine ungewöhnliche Vielfalt der Methoden und Formen aus. Platon arbeitet mit Mythen, Gleichnissen, Analogien, bildhaften Erzählungen sowie mit diskursiven Argumentationsverfahren und verschiedenen Arten der Dialektik.

Die Vielfalt der Darstellungsformen hat mehrere Gründe. Von Bedeutung sind hier vor allem zwei Faktoren, nämlich der Adressatenkreis und der Gegenstand der Untersuchung. Platon wählt die Darstellungsform häufig in Hinsicht auf die Leser aus, die angesprochen werden sollen. So bedient er sich zum Beispiel im *Phaidros* mythischer Erzählungen und anschaulicher Bilder, um Personen einen Zugang zur Philosophie zu ermöglichen, die an religiös-dichterischen Vorstellungsmustern orientiert sind. Im *Phaidon* hingegen, einem Gespräch, das Sokrates mit rational geschulten Pythagoreern führt, werden vor allem Beweise und Argumente angeführt.

Zum anderen spielt auch der Gegenstand der Gespräche eine Rolle: Bei Gegenständen, die nach Platons Auffassung nicht zum Erkennbaren, sondern in den Bereich des Meinens, Vorstellens und Glaubens gehören, werden häufig bildliche Darstellungsformen und Mythen gebraucht. So bedient sich Platon im *Timaios* bei den Ausführungen zur Entstehung des Kosmos und des Menschen der Demiurg- bzw. Weltenschöpfer-Analogie. Bei den Jenseitsdarstellungen und den Erörterungen über das Schicksal der Seele nach dem Tod greift er hingegen auf mythische Erzählungen zurück (rep. 614a ff., Phaid. 107d ff., Gorg. 523a ff.).

Eine Vielfalt besteht bei Platon auch hinsichtlich der dialektischen Methode. Im Frühwerk kommt vor allem das elenktische Verfahren zur Anwendung. Der griechische Ausdruck *elénchein* bedeutet ›untersuchen‹, ›prüfen‹, ›überführen‹. Die Elenktik ist ein Erkenntnisverfahren, das durch kritische Untersuchung von Meinungen zu Einsichten gelangt. Ziel der Elenktik ist die Vernunfteinsicht (*noûs, epistéme*), die bei Platon die höchste Erkenntnisform darstellt.

In den späteren Dialogen führt Platon ein klassifikatorisches Verfahren ein,[10] das in der Forschung als dihairetische Methode bezeichnet wird. Der Name ist von dem griechischen Ausdruck *dihaíresis* abgeleitet, was so viel wie ›Trennung‹, ›Unterscheidung‹, ›Einteilung‹ bedeutet. Die Dihairesis ist bei Platon eine wissenschaftliche Methode zur systematischen Ordnung und definitorischen Bestimmung von Gegenständen. Die Systematik wird durch hierarchische Einteilung in Gattungen, Arten und Unterarten hergestellt. Die definitorische Bestimmung eines Gegenstandes gewinnt das Verfahren durch Zuordnung zu einer bestimmten Gattung sowie durch Spezifizierung über die Arten und Unterarten. So wird zum Beispiel im *Phaidros* (237d–238c) die Wollust als eine Art der Begierde bestimmt, die durch Lust an der Schönheit der Leiber charakterisiert ist. Im *Sophistes* und *Politikos* wird ein dihairetisches Verfahren angewendet, das den gesuchten Gegenstand zunächst unter einen Gattungsbegriff subsumiert und diesen so lange in jeweils zwei Artbegriffe unterteilt, bis die untersten Arten und das spezifische Merkmal der Sache gefunden ist.

Das dihairetische Verfahren ist oftmals als Inbegriff der platonischen Dialektik gedeutet worden. Dieses Urteil lässt sich jedoch durch einen Vergleich mit der elenktischen Methode korrigieren. Während die Elenktik auf eine Vernunfteinsicht (*noûs, nóesis, epistéme*) zielt, ist das erklärte Ziel der Dihairesis eine definitorische Erklärung (*lógos*) (polit. 286a, soph. 218c, Phaidr. 265d). Die beiden Wissensformen Logos und Nous werden bei Platon nicht nur voneinander unterschieden, sondern auch einander untergeordnet. Der *lógos* nimmt in der platonischen Erkenntnistheorie nicht den ersten Rang ein, sondern wird hinsichtlich seines Erkenntniswertes dem *noûs* nachgeordnet (epist. VII 342d). Das Wissen in Form von sprachlich verfassten Aussagen und Erklärungen weist nach Platon strukturelle Defizite auf und bedarf der Vernunfteinsicht, die Begründungsleistungen erfüllt. Obwohl das dihairetische Verfahren im Spätwerk thematisch viel präsenter ist, hat die Elenktik insofern auch hier eine vorrangige Bedeutung.

II. Aufstieg zur Erkenntnis des Guten

1. Leben in der Höhle

Das Höhlengleichnis als Bild des Aufstiegs

Der Aufstieg zur Erkenntnis des Guten bildet das innerste Zentrum der platonischen Philosophie. Platon spricht dem Aufstieg keine geringere Leistung zu als die Begründung des theoretischen Wissens und des praktischen Handelns. Die Erkenntnis des Guten bezeichnet bei Platon die Erfüllung des Menschseins überhaupt. Es vermag von daher kaum zu überraschen, dass die Thematik des Aufstiegs in allen Werkphasen präsent ist. Sämtliche Fragestellungen und Erörterungen der frühen, mittleren und späten Dialoge sind in direkter oder indirekter Weise darauf bezogen und können über diesen zentralen Punkt in ihrem Zusammenhang erschlossen werden. In vielen Dialogen finden sich Darstellungen des Aufstiegs, die in höchst unterschiedlicher Form auf Voraussetzungen, Methodik und Gegenstandsbereich des Erkenntnisprozesses verweisen. Platon zieht hier alle Register seiner literarischen und didaktischen Kunst. Er präsentiert uns die lebendige Erkenntnissuche im sokratischen Dialog, erfindet einprägsame Bilder und Gleichnisse, arbeitet mit Kommentaren und Erläuterungen und greift zuletzt auf mythische Erzählungen zurück.

Das Höhlengleichnis

Eine besonders eindrucksvolle bildliche Gestaltung des Aufstiegs findet sich in dem berühmten und häufig zitierten Höhlengleichnis in der *Politeia* (514a–518b). Im Rückgriff auf archetypische Vorstellungsmuster von Wachstums- und Entwicklungsprozessen, die an physische Geburtsvorgänge angelehnt sind, schildert Platon hier einen Erkenntnisweg, der aus der Gefangenheit in Irrtum und Täuschung zur Selbsterkenntnis und Einsicht führt. Platon vergleicht zunächst in wenig schmeichelhafter Weise unseren faktischen Erkenntniszustand mit dem Aufenthalt in einer dunklen Höhle. In unseren Wahrnehmungen und Urteilen gleichen wir Höhlenbewohnern, die unbeweglich und festgebunden vor einer Höhlenwand sitzen und lediglich die Schatten von Gegenständen sehen, die im Höhleninneren im Rücken der Gefesselten von Personen vorbeigetragen und von einem Feuer an die Wand projiziert werden (rep. 514a–515b). Das wesentliche Merkmal dieses Daseins besteht in einer grundsätzlichen Verkennung der Wirklichkeit. Da die Höhleninsassen nie einen Blick in den Innenraum ihrer Behausung geworfen haben und erst recht keine Kenntnis von der Welt außerhalb der Höhle besitzen, halten sie die Schatten an der Wand für die Wirklichkeit schlechthin (rep. 515c).

Die Befreiung aus diesem bedauernswürdigen Zustand beginnt mit einem Perspektivenwechsel, der als Entfesselung beschrieben wird (rep. 515c). Das Lösen der Fesseln an Hals und Schenkeln ermöglicht die Wendung des Blicks in das vom Feuer erleuchtete Höhleninnere. Diese Umwendung markiert den Beginn eines mühsamen Aufstiegs, der zunächst zu jenen Gegenständen gelangt, von denen der

Entfesselte vorher lediglich die Schatten sah (rep. 515d), anschließend das Feuer erreicht (rep. 515e) und zuletzt über einen steilen, engen Aufgang ins Freie hinaufführt (rep. 515e–516a). Der ganze Weg ist der Darstellung zufolge mit immensen Schwierigkeiten verbunden: Es kommt zu Blendungen, Wahrnehmungsproblemen und Augenschmerzen wegen der plötzlichen ungewohnten Helligkeit. Auch von Verwirrung und inneren Widerständen ist die Rede – ein Hinweis darauf, dass der Aufstieg eine besondere Herausforderung darstellt. Die größte Schwierigkeit besteht augenscheinlich darin, sich von der Fixierung auf die Schattenwelt zu lösen und eine andere Sicht auf die Wirklichkeit zu gewinnen.

Das Erreichen des Höhlenausgangs ist keineswegs das Ende des Weges, so wie Platon im Gleichnis nahelegt. Hier beginnt nach einer Phase der Gewöhnung (*synétheia*) erst der eigentliche Aufstieg zur Erkenntnis, der von den Schatten und Wasserbildern der natürlichen Dinge zu diesen Dingen selbst führt, dann zur Betrachtung der Gestirne des Nachthimmels fortschreitet und schließlich mit dem Blick in die Sonne endet (rep. 516a/b). Das direkte Hineinsehen in die Quelle des Lichts soll das Ziel des Aufstiegs – die Erkenntnis des Guten – versinnbildlichen. In seinen Erläuterungen zum Gleichnis stellt Platon klar, dass es sich dabei um eine Erkenntnis des Urprinzips der Wirklichkeit handelt. Das zu erkennende Gute ist Ursache von Richtigkeit, Schönheit und Ordnung – sowohl im menschlichen als auch im kosmischen Bereich (rep. 516b/c, 517c).

Das Gleichnis endet mit der Schilderung eines Abstiegs in die Höhle zurück zu jenem Ort, wo die gefesselten Höhlenbewohner sitzen und über die Schatten an der Wand debattieren (rep. 516e–517a). Dieser Abstieg ist zum einen aufgrund des Übergangs von der Helligkeit des Sonnenlichts in die Dunkelheit der Höhle mit erheblichen Wahrnehmungsschwierigkeiten verbunden. Zum anderen aber ist der Abgestiegene den Anfeindungen der Höhleninsassen ausgesetzt, die ihm höhnisch vorhalten, dass er mit verdorbenen Augen von oben zurückgekommen sei, und die deshalb den Schluss ziehen, dass der Aufstieg nach oben nicht lohne und man jeden umbringen müsse, der sie von den Fesseln lösen und hinaufführen wolle (rep. 517a) – ein deutlicher Hinweis auf Sokrates, der die Athener unermüdlich zur Selbsterkenntnis und Suche nach der Wahrheit aufgefordert hat und von diesen schließlich zum Tod durch den Schierlingsbecher verurteilt wurde.

Das gesamte Gleichnis ist überreich an Bedeutung und Sinngehalt: Platon verweist mit Hilfe dieser eindrucksvollen Erzählung auf die immensen Bildungsmöglichkeiten des Menschen. Er entwirft das großartige Panorama eines Erkenntnisprozesses, der aus der Enge der eigenen Vorurteile und der Verstrickung in Selbsttäuschung, Illusionen und Verblendung befreit und zu einer Erkenntnis der Dinge jenseits der festgefahrenen Vorstellungsmuster führt. Dabei wird insbesondere die existentielle Dimension dieses Prozesses betont: Hier ist von großen Schmerzen, von inneren Widerständen, von enormer Anstrengung und sogar von Abbruchtendenzen und Flucht die Rede. Diese Beschreibung verweist darauf, dass es beim Aufstieg um weit mehr als um eine Suche nach theoretischem Wissen geht. Platon hat einen umfassenden Bildungsprozess im Auge, der den ganzen Menschen mit all seinen Vermögen und Antrieben ergreift und alle Beziehungsebenen neu begründet: das Verhältnis zu sich selbst, das Verhältnis zur Welt und das Verhältnis zu einem letzten Seinsgrund.

Das Gleichnis ist jedoch im Detail alles andere als einfach zu verstehen. Dieses kleine Textstück hat den Interpreten von jeher besondere Schwierigkeiten bereitet. Viele Elemente in dem Bild sind rätselhaft und mehrdeutig. Was bedeuten die verschiedenen Etappen des Weges innerhalb der Höhle (Schatten, von Menschen erzeugte Gegenstände, Feuer) und die Stufen außerhalb der Höhle (gespiegelte Bilder auf der Wasseroberfläche, Schatten, natürliche Gegenstände, Nachthimmel, Sonne)? Wie lassen sich die Ähnlichkeit zwischen den Stufen einerseits und ihre Differenz andererseits deuten? Worauf verweist die Unterscheidung zwischen einer dunklen Höhlenwelt und einer lichtdurchfluteten Außenwelt? Und schließlich: Warum ist der Aufstieg innerhalb der Höhle mit Schmerzen, Nötigung und Fluchttendenzen verbunden, während der Weg im Freien schmerzfrei und scheinbar müheloser ist?

Platon macht es dem verständnissuchenden Leser keineswegs leicht. Zwar fügt er an verschiedenen Stellen Erläuterungen ein (rep. 517b, 532a–c). Diese Kommentare sind jedoch häufig ebenso uneindeutig und rätselhaft wie das Kommentierte selbst. Das Ganze wirkt wie der Spruch eines Orakels, wie einer der pythischen Sprüche des berühmten delphischen Heiligtums. Wie schwierig ein Verständnis des Gleichnisses ist, bezeugen nicht zuletzt die anhaltenden kontroversen Debatten und die gegensätzlichen Interpretationsansätze.[1] Unumstritten ist jedoch, dass dem Text herausragende Bedeutung zukommt. Es scheint so, als ob das Gleichnis mitten in das Herzstück des platonischen Denkens hineinführen würde.

Leben in der Höhle: Zustand der Unbildung

Um das Höhlengleichnis in seinem Gehalt zu erschließen und ein Verständnis des gemeinten Erkenntnisweges zu gewinnen, ist es sinnvoll, zum Anfang der Erzählung zurückzukehren. Die Geschichte beginnt mit der Schilderung eines höchst misslichen Zustands der Bewegungslosigkeit und Gefangenheit. Platon bestimmt diesen Ausgangszustand als Unbildung (*apaideusía*) (rep. 514a2). Damit ist keineswegs ein Mangel an Allgemeinbildung, an theoretischem Wissen oder Fachkompetenzen gemeint. Die Unbildung bezieht sich vielmehr auf die unreflektierte Urteilspraxis, die unseren Alltag bestimmt. Wir treffen tagtäglich eine große Zahl von Urteilen über Ereignisse, Personen, eigene und fremde Handlungen, die in der Regel Werturteile sind. Wir nehmen die Dinge nicht nur wahr, sondern bewerten sie als gut oder schlecht, richtig oder falsch, schön oder hässlich, gerecht oder ungerecht. Diese Wertung entspringt dem menschlichen Grundbedürfnis, sich in der Wirklichkeit zu orientieren, um sich aktiv zu den Dingen verhalten zu können. Wertungen besitzen insofern einen guten Sinn.

Problematisch ist jedoch, dass die Grundlagen der besonderen Urteile meist unreflektiert und ungeprüft bleiben. Der Mangel an Bildung besteht nach Platon darin, dass wir in der Regel kein klares Bewusstsein von unseren allgemeinen Wertüberzeugungen haben und erst recht nicht in der Lage sind, diese Überzeugungen vor uns selbst und anderen als begründet auszuweisen. Wir beurteilen politische Entscheidungen, gesetzliche Regelungen oder Anweisungen von Vorgesetzten als gerecht oder ungerecht, ohne zu wissen, welche Vorstellung von Gerechtigkeit wir dabei zugrunde legen und wie es um deren Wahrheitsstatus bestellt ist, ob diese Vorstellung richtig oder falsch ist.

Die eigentliche Unbildung besteht jedoch darin, dass wir uns über diesen Mangel an Reflexion nicht im Klaren sind. Wir sind uns häufig gar nicht bewusst, dass wir unsere Wertüberzeugungen nicht klar benennen und begründen können. Hier liegt also ein potenziertes Nichtwissen bzw. ein Nichtwissen des Nichtwissens vor. Besonders problematisch ist dabei, dass dieser Zustand meist mit dem Anspruch, die Wahrheit zu kennen, einhergeht. Wir unterstellen, dass unsere Urteile richtig sind. Wir sind davon überzeugt, dass wir recht haben und die Gegenseite falsch liegt. Da die Gegenseite genauso denkt, kommt es zum Meinungsstreit, der umso erbitterter geführt wird, je bedeutsamer die Gegenstände für die Streitparteien sind. Der Zwist entbrennt insbesondere dann, wenn es um die Verteilung von Geldern, die Vergabe von Ämtern, Posten, Auszeichnungen, um die Einschränkung von Rechten und die Einführung von Pflichten oder um den Erhalt von Privilegien geht.

Das Höhlengleichnis beschreibt den Zustand der Unbildung in eindrucksvoller Weise. Das Bild von den gefesselten Höhlenbewohnern spiegelt die Gefangenheit in den eigenen Überzeugungsmustern wider. So wie die Höhleninsassen auf die Schatten an der Höhlenwand fixiert sind, so ist unser Blick auf die sichtbaren Phänomene gerichtet: auf die wahrnehmbaren Lebensäußerungen und die Verhaltensweisen von Personen in unserem sozialen und gesellschaftlichen Umfeld. Die Wertvorstellungen, die unseren Wahrnehmungen und unseren Urteilen zugrunde liegen, sind bildlich gesprochen die Gegenstände hinter unserem Rücken (rep. 514a/b), von denen wir ausgehen, deren Wahrheit wir voraussetzen.

Doch woher kommen diese ›Gegenstände‹? Wie gelangen wir zu unseren ethischen Überzeugungen? In den Tugenddialogen des Frühwerks zeigt Platon anhand der Äußerungen der Dialogpartner auf, dass unsere Handlungs- und Urteilspraxis auf Meinungen und Wertesystemen basiert, die zum einen durch Erziehung, Gesellschaft, Kultur, soziales Milieu und zum anderen durch individuelle Charakteranlagen, Vorlieben und Neigungen geprägt sind. Die Grundlage für unsere Urteile bilden also internalisierte gesellschaftliche Normen und subjektive Meinungen, die unseren natürlichen Charaktereigenschaften entspringen.

In den sokratischen Dialogen macht Platon darüber hinaus deutlich, dass hinter den Tugendvorstellungen häufig ganz profane Interessen am Werk sind. Die Forderung nach Gerechtigkeit zielt oft auf Besitzstandswahrung oder Besitzvermehrung – auf Gleich-Haben oder Mehr-Haben. Tapferkeit, Einsatzfreude, Risikobereitschaft sind in vielen Fällen an das Streben nach sozialer Anerkennung, Ehre und Auszeichnung geknüpft. Die Tugend der Mäßigung basiert meist auf einer Lust-Unlust-Kalkulation und zielt auf die Vermeidung von Unlust. Selbst der Tugend der Frömmigkeit liegen häufig ganz diesseitige Interessen zugrunde: An kultische Handlungen und Ehrungen der Götter wird die Erwartung geknüpft, dass die Bitten an die göttlichen Mächte erhört und Misserfolge, Krankheiten, Naturkatastrophen oder Kriege abgewendet werden.

Oftmals geht es also gar nicht um die Tugend selbst, sondern um die Lebensgüter, die mit deren Hilfe erworben werden sollen. Die Tugenden werden im Alltag in der Regel instrumentell verstanden. Sie dienen als Mittel, um materielle, soziale oder politische Ziele zu erreichen. Das Leben in der Höhle, um im Bild des Gleichnisses zu bleiben, wird von menschlich-allzumenschlichen Vorstellungen bestimmt.

Höhlenbewohner im Tugenddialog

Die Tugenddialoge des platonischen Frühwerks sind thematisch auf das Engste mit dem Höhlengleichnis verbunden. Der im Gleichnis bildlich dargestellte Aufstieg lässt sich im Dialog wiederfinden und wird hier allererst verstehbar und in seiner Wirklichkeit erfahrbar. Platon präsentiert in den Tugenddialogen Gespräche zwischen Athener Bürgern und Sokrates, der jeweils als erfahrener Dialektiker und Philosoph auftritt. Durch seine prüfenden Fragen versucht er, die Fesseln der Gesprächspartner zu lösen und sie aus der ›Höhle‹ hinauszuführen. Anders als im Gleichnis, das Höhlenbewohner darstellt, die relativ abstrakt und gesichtslos bleiben, führt Platon in den Dialogen individuelle Persönlichkeiten auf, die aus verschiedenen sozialen Milieus stammen und ganz unterschiedliche Charaktere und Auffassungen besitzen. Das Gleichnis gewinnt insofern erst im Rückgriff auf die Tugenddialoge an Lebendigkeit und Wirklichkeitsnähe. Auch die im Gleichnis geschilderte Ausgangssituation wird erst durch die Dialoge konkret und nachvollziehbar. Jeder sokratische Dialog enthält eine Darstellung jener unreflektierten Urteilspraxis, die im Höhlengleichnis als Meinungsstreit über die Schatten an der Höhlenwand beschrieben wird (rep. 516c/d, 517d/e).

So beginnt zum Beispiel der Dialog *Laches* mit einem Streitgespräch über die Frage nach der geeigneten Ausbildung für junge Leute (Lach. 180a). In dieser Unterredung treffen die Strategen Laches und Nikias Urteile über die Erziehung zur Tugend (*areté*), ohne eine begründete Meinung über die Tugend zu besitzen. Laches gerät in große Unsicherheit, als er von Sokrates aufgefordert wird, die allgemeine Vorstellung von Tapferkeit zu formulieren, die seinem Urteil über die Jugenderziehung zugrunde liegt (Lach. 190eff.). Die Sicherheit, mit der Laches im Streitgespräch über die Erziehung zur Tapferkeit (*andreía*) geurteilt hat, offenbart sich im sokratischen Gespräch als Scheinsicherheit. Sein Kollege Nikias ist zwar in der Lage, seine eigene Auffassung von Tapferkeit zu benennen, doch vermag er ebenso wenig wie Laches, eine Begründung anzuführen (Lach. 194c ff.).

Im ersten Buch der *Politeia*, jenem großartigen Dialog über die Frage der Gerechtigkeit, stellt Platon die Urteilspraxis des Alltags in ganz ähnlicher Weise dar. Kephalos, ein Geschäftsmann, der aufgrund seines hohen Alters nicht mehr aktiv am Erwerbsleben teilnimmt und nun über sein vergangenes Leben sowie über die noch kommenden Dinge sinniert, berichtet von Gesprächen mit seinen Altersgenossen (rep. 329a–d). Diese würden darüber klagen, dass das Alter mühsam, voller Leid und Entbehrungen sei, während sie in der Jugend vergnügt und angenehm gelebt hätten. Kephalos hingegen hat eine ganz andere Wahrnehmung. Die Einschätzung seiner Altersgenossen vermag er nicht zu teilen. Daraus schließt er, dass nicht das Alter Ursache des Leids ist, sondern die eigene Einstellung. Es kommt auf die richtige Lebensweise an: Lebt man maßvoll und besonnen, sind sowohl Jugend als auch Alter angenehm und gut zu ertragen. Lebt man hingegen zügellos und unbeherrscht, ist beides beschwerlich (rep. 329b–d). Mit dieser Aussage trifft Kephalos nicht nur ein kritisches Urteil über seine Altersgenossen, sondern zugleich ein positives Urteil über sich: Er selbst hat die richtige Lebensweise verwirklicht. Dieser Lebensrückblick in Form einer Selbstzuschreibung von Tugend mündet in die Aussage, dass er als Geschäftsmann niemanden übervorteilt oder hintergangen und insofern ein gerechtes Leben geführt hat. Deswegen ist er auch guter Hoffnung, dass ihn nach dem Tod kein Übel erwartet (rep. 330d–331b). Ähnlich wie im *Laches* werden hier Urteile über die Tugend gefällt, die, wie sich im nachfolgenden Gespräch herausstellt, einer Reflexion und Begründung ermangeln. Auf Sokrates' Frage, was die Gerechtigkeit (*dikaiosýne*) selbst ist, die er im Leben verwirklicht zu haben vermeint, vermag Kephalos kaum eine Antwort zu geben. Über die vertragskonformen Verhaltensweisen hinaus, die ihm aus dem Geschäftsbereich vertraut sind, kann er keine allgemeine Bestimmung der Gerechtigkeit geben (rep. 331c). Mit dieser Unsicherheit konfrontiert, bricht Kephalos schnell das Gespräch ab und übergibt die Unterredung seinem Sohn Polemarchos.

Während Platon im *Laches*, *Thrasymachos*, *Charmides* und im *Euthyphron* Personen darstellt, die besondere Urteile über jene ethischen Tugenden treffen, die ihrem Selbstverständnis und ihrem Berufsfeld entsprechen, führt er in anderen Dialogen Gesprächspartner auf, die sich in ihren Urteilen nach dem Augenschein oder der Meinung der anderen richten und Qualitäten benennen, die sie selbst gern besäßen.

Der Dialog *Protagoras* zum Beispiel beginnt mit dem Auftritt des jungen Hippokrates (Prot. 310a/b), der früh am Morgen aufgeregt zu Sokrates läuft, um diesem die Ankunft des Sophisten Protagoras in der Stadt zu verkünden. Er möchte, dass Sokrates ihn dem berühmten Gelehrten vorstellt, denn, so seine Begründung: Protagoras sei weise (*sophós*), und er, Hippokrates, wolle die Weisheit von diesem Mann erwerben. Wie das nachfolgende Gespräch mit Sokrates zeigt (Prot. 311b–314c), hat sich Hippokrates bei dieser Einschätzung ganz von der Meinung der Athener Bildungselite und vom Glanz des Ruhmes des Protagoras leiten lassen. Er hat kaum eine Vorstellung davon, was Protagoras eigentlich lehrt, und noch weniger vermag er zu beurteilen, ob dieses Wissen wirklich nützlich und förderlich oder vielleicht eher schädlich ist.

Im Dialog *Gorgias* bietet Platon ein anderes Beispiel für ein Urteilen, das sich am Augenschein orientiert. Polos, einer der Gesprächspartner in diesem Dialog, will Sokrates beweisen, dass Unrechttun glücklich macht. Er führt als Beispiel Archelaos I. (413 – 399 v. Chr.), den Herrscher von Makedonien, an, der auf skrupellose Weise durch Morde an Verwandten an die Macht gelangt ist (Gorg. 470d). Polos lässt sich bei seinem Urteil über den glücklichen Zustand des makedonischen Herrschers ganz von dessen Machtfülle und Reichtum leiten: Es ist für ihn schier unvorstellbar, dass ein Mensch, der mit diesen Gütern ausgestattet ist, unglücklich und elend lebt. Umso mehr verblüfft es ihn, dass Sokrates große Zurückhaltung im Urteil übt. Seine Enthaltsamkeit begründet Sokrates mit dem Argument, dass er erst im direkten Umgang mit Archelaos herausfinden könne, wie es um dessen Zustand wirklich bestellt sei (Gorg. 470d/e).

Diese kurze Dialogpassage ist von einiger Bedeutung, scheint doch hier eine Urteilspraxis auf, die von Unbedenklichkeit und Leichtfertigkeit weit entfernt ist. Sokrates verhält sich in deutlich anderer Weise zu den Phänomenen, zu den ›Schatten an der Höhlenwand‹, als seine Gesprächspartner, die auf der Grundlage der eigenen ungeprüften Wertüberzeugungen mit großer Selbstverständlichkeit Urteile treffen und für diese Urteile in Anspruch nehmen, dass sie wahr sind. Sokrates erscheint bei Platon als Beispiel für eine gelungene Befreiung aus den Fesseln der Vorurteile. Es ist also möglich, so will uns Platon sagen, den Platz an der Höhlenwand zu verlassen. Doch welches ist der Weg, der zu einer Befreiung führt? Wie überwindet man den Zustand der Unbildung? Und was zeichnet wahre Bildung (*paideía*) aus?

2. Umkehr zur Suche nach der Wahrheit

Umwendung zur Selbstreflexion

Die Befreiung aus dem Zustand der Unbildung beschreibt Platon im Höhlengleichnis als Änderung der Blickrichtung (rep. 515c). Nach der Lösung der Fesseln an Hals und Beinen erhebt sich der Höhlenbewohner von seinem Sitz, wendet sein Gesicht von der Wand zum Höhleninneren und beginnt – mit Unterstützung einer wegkundigen Person – zu gehen, zunächst zu den Gegenständen, von denen er vorher die Schatten sah, dann zum dahinterliegenden Feuer und schließlich durch den steilen Aufgang hinauf zum Sonnenlicht (rep. 515c–516a).

Das entscheidende Moment in diesem Geschehen ist die Wendung des Blicks und die Betrachtung jener Gegenstände, die in der vorherigen, gefesselten Position für den Bewohner gar nicht sichtbar waren, weil sie sich hinter seinem Rücken befanden. Das ist eine Wendung um 180°! Platon stellt hier bildlich eine geistige Bewegung dar, die von fundamentaler Bedeutung ist und eine kleine Revolution des Denkens bezeichnet, nämlich die Hinwendung zur Reflexion der Grundlagen des eigenen Urteilens und Handelns. Der Prozess der Selbstreflexion deckt stufenweise die Voraussetzungen der Urteils- und Handlungspraxis des Alltags auf: die Tugendvorstellungen, das Vermögen der praktischen Vernunft und die letzten Handlungszwecke.

Auslöser dieser Reflexion der Grundlagen können Meinungsverschiedenheiten und Widersprüche sein, die auf der Ebene der besonderen Urteile nicht aufzulösen sind und die Frage provozieren, von welchen Prämissen die Streitparteien eigentlich ausgehen. Auch die Widersprüche im eigenen Denken und Handeln können unter der Voraussetzung, dass wir sie überhaupt wahrnehmen, einen Reflexionsprozess auslösen.

Der entscheidende Impuls kann auch von außen kommen: So wird im Höhlengleichnis eine helfende Person eingeführt, die die Höhlenbewohner von den Fesseln befreit und nach oben führt. Platon verweist hier auf Sokrates, der im prüfenden Gespräch durch Fragen die Selbstreflexion seiner Partner auslöst und weiter vorantreibt.

Umkehr zur Suche nach der Wahrheit

Die Wendung zur Selbstreflexion bildet jedoch nur den ersten Schritt im Prozess des Aufstiegs. Mit ihr ist noch längst nicht die Umkehr zur Wahrheitssuche vollzogen, die den eigentlichen Aufstieg zur Erkenntnis begründet. Im Höhlengleichnis wird gezeigt, dass viele innere Widerstände zu überwinden sind, bis diese Stufe erreicht wird. Die Schwierigkeit besteht zunächst darin, sich von der gewohnten Perspektive zu lösen und nicht mehr ausschließlich die sinnlich wahrnehmbaren Erscheinungen mit der Wirklichkeit zu identifizieren. Platon beschreibt dieses Problem im Gleichnis in anschaulicher Weise durch die Schilderung von Wahrnehmungsstörungen und Verwirrungen: Der Aufsteigende ist geblendet, kann die Gegenstände und das Feuer aufgrund des Flimmerns vor den Augen kaum erkennen und hält an der Perspektive auf die Schatten fest (rep. 515d/e). Das eigentliche Problem besteht jedoch darin, dass der Aufsteigende kaum bereit ist, seine Vorstellungen vom Wesen der Tugend und vom Guten in Frage zu stellen und zu prüfen. Er ist allenfalls dazu gewillt, seine Wertüberzeugungen aufzudecken und begrifflich zu artikulieren. Der Anspruch auf Wahrheit bleibt dabei unangetastet. Der Aufstieg in der Höhle ist eine reine Selbstreflexion ohne Selbstkritik. Das unkritische Festhalten an der Wahrheit der eigenen Überzeugungen hat negative Folgen für den Erkenntnisgewinn. Eine Erkenntnis, die nicht gesucht wird, kann auch nicht gefunden werden.

Um Erkenntnis von Wahrheit zu erlangen, bedarf es nach Platon einer ganz anderen Art von Umwendung. Gefordert ist nicht nur eine Abkehr vom unreflektierten Dasein und eine Hinwendung zur Selbstreflexion, sondern darüber hinaus eine Umkehr von der Voraussetzung der Erkenntnis der Wahrheit zur Suche nach ihr. Für den Erfolg des Aufstiegs ist das die alles entscheidende geistige Bewegung. Darin besteht die wahre Revolution des Denkens. Die Einsicht in die eigenen Erkenntnisdefizite begründet die Suche nach Wahrheit und richtet das Denken auf die Wirklichkeit des Guten jenseits der eigenen Vorstellungen von ihr aus.

Widerstände gegen die Umkehr

Platon macht in vielen Dialogen deutlich, dass diese Umkehr der schwierigste Teil im gesamten Aufstieg ist und viel Zeit und Mühe erfordert.

Dies wird auch im Höhlengleichnis angedeutet: Die Höhlenbewohner wehren sich durch Fluchtversuche (rep. 515e), lassen sich nur ungern den steilen Aufgang hinaufschleppen, und sollten sie es endlich geschafft haben, aus dem Höhlenausgang hinauszutreten und in das helle Licht zu schauen, so bedarf es der Gewöhnung (*synétheia*), um das Obere zu sehen, so heißt es im Gleichnis (rep. 516a4). Mit anderen Worten: Es braucht viel Zeit und Anstrengung, um die ganz andere Ausrichtung des Denkens einzuüben und zu habitualisieren.

In besonders anschaulicher Weise wird die Schwierigkeit der Umkehr zur Wahrheitssuche in den Tugenddialogen herausgestellt. Häufig gestehen die Gesprächspartner im Verlauf der Untersuchung ihre Erkenntnisdefizite zwar ein. Dabei wird jedoch die eigene Widersprüchlichkeit nur zähneknirschend hingenommen. Das tiefere Selbstverständnis bleibt davon unberührt. Auch nachdem Sokrates die Meinungen seiner Partner widerlegt hat, halten diese daran fest, vermeintlich die Wahrheit zu kennen und die entsprechende Tugend zu besitzen.

Im bereits erwähnten Dialog *Laches* zeigt Platon diese Art von Beharrung exemplarisch an den Dialogfiguren Nikias und Laches auf. Die beiden Gesprächsteilnehmer werden als Praktiker dargestellt, die hochrangige Ämter im militärischen Bereich bekleiden. In ihrem Wertekanon nimmt die Tugend der Tapferkeit einen besonderen Platz ein. Als Strategen mit langjähriger Berufserfahrung und vielen erfolgreich bestandenen Kriegseinsätzen sprechen sich Laches und Nikias die Tapferkeit in besonderem Maß selbst zu (Lach. 181eff.). Vor diesem Hintergrund ist es verständlich, dass beide Militärs größte Schwierigkeiten damit haben, Zweifel an der Richtigkeit ihrer Auffassung von Tugend zuzulassen und Defizite ihres Verständnisses von Tapferkeit einzugestehen.

Platon führt am Beispiel der beiden Dialogfiguren vor, welche Schachzüge zuweilen unternommen werden, um das eigene Selbstverständnis zu retten. Laches versucht der tieferen Einsicht dadurch zu entgehen, dass er den in der Prüfung offenbar gewordenen Mangel als eigenes Unvermögen interpretiert, die Tapferkeit begrifflich zu artikulieren. Ihm fehle die Übung in dieser Art der Unterredung, so erklärt er (Lach. 194a/b). Nikias versucht sich in ganz ähnlicher Weise der Umkehr zur Wahrheitssuche zu entziehen: Nachdem seine Bestimmung gescheitert ist, betont er, dass er eigentlich schon ziemlich angemessen über die Dinge gesprochen habe. Es fehlten nur noch einige Argumente sowie begriffliche Differenzierungen (Lach. 200b). Das vorangegangene Gespräch mit Sokrates hatte jedoch gezeigt, dass es Nikias keineswegs an Argumenten, sondern am Verständnis und der Wirklichkeit jener Vernunft mangelt, die er als Wesen der Tapferkeit bestimmt hat (Lach. 194d).

Den Widerstand gegen die Umkehr zur Wahrheitssuche führt Platon auch in anderen Tugenddialogen des Frühwerks vor. In den Dialogen *Euthyphron* und *Thrasymachos* stellt er Personen dar, die sich in ihrem Selbstverständnis und ihrem Wertesystem auf die Autorität der Tradition stützen und darin ein sicheres Fundament zu besitzen vermeinen. Die Figuren des greisen Kephalos und des Sehers Euthyphron veranschaulichen den Typus des wertorientierten Traditionalisten, der sich im festen Glauben an die alten Überlieferungen eingerichtet hat.

Platon schildert mit größter Anschaulichkeit, welche immensen Schwierigkeiten solch ein traditionsgebundenes Denken mit einem prüfenden Gespräch hat, das auf die Grundlagen zielt und – wie im *Euthyphron* – selbst noch die letzten Glaubensüberzeugungen zum Gegenstand der Untersuchung macht. Kephalos ergreift die erste sich bietende Gelegenheit, um sich aus dem Gespräch zurückzuziehen: Nachdem die Problematik seines an äußeren Handlungsmustern orientierten Gerechtigkeitsverständnisses offenbar geworden ist, entfernt er sich mit dem Verweis auf dringend zu erledigende Opferhandlungen (rep. 331d). In ähnlicher Weise tritt auch Euthyphron die Flucht an: Er vertröstet Sokrates auf ein anderes Mal und läuft eilig davon, als dieser nach dem Scheitern von Euthyphrons Bestimmungen der Frömmigkeit die Frage noch einmal neu stellt, was das Fromme eigentlich ist (Euthyphr. 15c–e).

Neben den Repräsentanten des bürgerlichen Lebens und den Traditionalisten stellt Platon in den Tugenddialogen noch einen ganz anderen Typus dar, nämlich den sophistisch und rhetorisch geschulten Ideologen, der die Werte der bürgerlich-liberalen Gesellschaft negiert und offen für das Recht des Stärkeren eintritt. Anhand der Figuren des Thrasymachos und Kallikles wird eine Form des machtorientierten Denkens dargestellt, das sich durch das sokratische Gespräch in besonderer Weise bedroht fühlt und den prüfenden Sokrates massiv angreift. Während Nikias, Laches und Kephalos zwar innere Widerstände gegen eine Infragestellung ihrer Wertüberzeugungen haben, gegenüber Sokrates jedoch freundschaftliches Wohlwollen bewahren, reagieren Thrasymaschos und Kallikles auf die sokratische Prüfung mit aggressiven Beschimpfungen, Beleidigungen und sogar Drohungen (rep. 336b–d, 343a, Gorg. 482c–486d). Die Aufforderung zur Wahrheitssuche ist für das ideologische Denken das Böse schlechthin.

Kallikles erklärt im *Gorgias* in aller Offenheit, dass die Wahrheitssuche die Durchsetzungskraft im politisch-gesellschaftlichen Leben beeinträchtige und nichts anderes als ›Possenspiel‹ und ›leeres Geschwätz‹ sei (Gorg. 486c). Das sind deutliche Worte, die eine versteckte Drohung enthalten: Jemand wie Sokrates, der die Wahrheitssuche im öffentlichen Raum durchführt und nicht müde wird, andere zur Umkehr zu ermahnen, muss aus Sicht des Ideologen in letzter Konsequenz bekämpft und vernichtet werden. Was im Höhlengleichnis in erzählerischer Form angedeutet wird, nämlich dass die ›Höhlenbewohner‹ jeden umzubringen suchen, der sie von den Fesseln lösen und hinaufführen will (rep. 517a), gewinnt durch die Figuren im Tugenddialog an Konkretion und wird schließlich in der *Apologie*, der von Platon gestalteten Verteidigungsrede des Sokrates vor Gericht, als Realität sichtbar gemacht.

Die angeführten Beispiele aus den Tugenddialogen veranschaulichen, wie schwierig die von Platon geforderte Umkehr zur Wahrheitssuche ist. Dafür gibt es verschiedene Gründe:

Ein Problem besteht darin, dass die Erkenntnis der eigenen Defizite zunächst zu Verunsicherung und Desorientierung führt. Eine Einsicht in die Unbegründetheit der basalen Wertvorstellungen hebt die Selbstverständlichkeit des Lebensvollzugs auf. Alles gerät ins Wanken. Entscheidungen, Urteile und Handlungsziele werden plötzlich fragwürdig und problematisch.

Die andere Schwierigkeit hängt mit unserem Selbstverhältnis zusammen: Die Infragestellung unserer Überzeugung, im Besitz von Einsicht und Tugend zu sein, verstößt gegen eine bestimmte Art der Selbstliebe, die zu einem verklärten und idealisierten Selbstbild tendiert. Wir halten uns häufig für klüger, attraktiver, kompetenter, vernünftiger als wir tatsächlich sind. Wir sind erfindungsreiche Baumeister unserer selbst. Wir konstruieren ein positives Bild von uns selbst, das wir ständig neu ausschmücken und gegen Kritik und Anfechtungen zu verteidigen suchen. Diesen fehlenden Realismus in der Selbsteinschätzung, der bis zur Vermessenheit oder Hybris reichen kann, führt Platon auf die sogenannte ›übermäßige Selbstliebe‹ (*sphódra heautoû philía*) zurück (leg. 731e4). Gemeint ist damit eine Einstellung, die blind gegenüber den eigenen Schwächen ist. Diese Form der Selbstliebe stellt, so Platon, das größte

Übel dar: Alle Verfehlungen im Urteilen und Handeln haben darin ihren Ursprung (leg. 731e).

Eine Einschränkung dieser Selbstliebe ist schmerzhaft, aber für die Bildung der Vernunft unerlässlich. Platon verwendet in diesem Zusammenhang häufig die Arzt-Analogie. So wie für die Herstellung von körperlicher Gesundheit oft unangenehme Prozeduren notwendig sind, so führt auch der Weg zur ›seelischen Gesundheit‹ über äußerst schmerzhafte und bittere Erfahrungen (Gorg. 521d–522c). Die Bildung der Seele erfordert eine Auseinandersetzung mit sich selbst, eine unmittelbare Begegnung mit den eigenen Illusionen, Selbsttäuschungen und Irrtümern, die in der Regel als leidvoll erlebt wird. Die Begegnung mit sich selbst stellt vermutlich die größte Herausforderung im Prozess des Aufstiegs dar.

Sokratische Umkehr

Platon beschreibt jedoch nicht nur die Schwierigkeiten der Umkehr, sondern bietet mit der Sokrates-Figur auch das Beispiel eines erfolgreich absolvierten Bildungsweges. Sokrates erscheint in den platonischen Dialogen gleichsam als Paradigma der Umkehr. Dabei werden insbesondere zwei Merkmale hervorgehoben, nämlich Frage (*erótema*) und Suche (*zétesis*), die zentralen Manifestationen der Umwendung. Deren Deutung ist allerdings mit einigen Schwierigkeiten verbunden. Das liegt nicht zuletzt daran, dass das sokratische Philosophieren etliche Besonderheiten aufweist und mit dem herkömmlichen Begriff des Strebens nach Wissen kaum zu fassen ist. Mit anderen Worten: Das sokratische Fragen und Suchen unterscheidet sich ganz erheblich von der Frage des Alltags und der ethischen Wissenschaft.

Der Alltag fragt nach dem ›Wie‹, nicht nach dem ›Was‹. Es werden die richtigen Mittel zu bestimmten Handlungszwecken gesucht. Die Zwecke bleiben in der Regel unreflektiert und ungeprüft. So fragen zum Beispiel die Bürger Lysimachos und Melesias im Eingangsgespräch des *Laches*, welche Lehrinhalte und Lehrer geeignet sind, um ihre Söhne zur Tugend zu erziehen (Lach. 180a). Die Tugend als Zweck und Ziel der Erziehung wird dabei als bekannt vorausgesetzt.

Die Wissenschaft des ethischen Handelns fragt zwar nach dem ›Was‹ der Tugend. Diese Frage und Suche bezieht sich jedoch lediglich auf ein begriffliches Wissen von jenen ethischen Qualitäten und Handlungsprinzipien, die im Alltag zur Anwendung kommen. Es handelt sich um eine Suche, die das Gesuchte auf einer tieferen Wissensebene bereits zu kennen vermeint, die also letztlich auf einem Anspruch, Wissen bereits zu haben, basiert.

Sokrates' Suche ist von ganz anderer Art. Er sucht nicht nach dem Begriff einer als Tugend gesetzten Lebenswirklichkeit, sondern nach der Wirklichkeit und dem Verständnis der Tugend jenseits der eigenen Setzungen. Da die Tugend als Begründung immer eines letzten Wertprinzips bedarf, zielt das sokratische Philosophieren zuletzt auf das Gute (*tò agathón*). Die Frage und Suche des Sokrates können wie folgt bestimmt werden: Es handelt sich um eine Frage, die auf das Gute als Ursache der menschlichen Bestheit ausgerichtet ist. Und es geht um eine Suche, die das Gesuchte nicht auf einer tieferen Wissensebene voraussetzt, die also insofern voraussetzungslos ist.

Die sokratische Umkehr gewinnt in den Tugenddialogen des Frühwerks an Konkretion und Anschaulichkeit. In den kunstvoll gestalteten Gesprächen zwischen Sokrates und den jeweiligen Protagonisten aus dem bürgerlichen und intellektuellen Leben macht Platon deutlich, dass die Umkehr 1) in ganz anderer Weise als der Alltag mit Meinungen umgeht und dass sie 2) konsequent und unbeirrt die Sache selbst zum Gegenstand der Frage erhebt.

In allen Tugenddialogen werden zu Beginn Situationen des Lebensalltags dargestellt, die von einem Streit der Meinungen bestimmt sind. Im *Thrasymachos* findet sich, wie schon erwähnt, am Anfang des Dialogs ein Disput zwischen dem greisen Kephalos und seinen Altersgenossen über die Frage der richtigen Bewertung des Alters (rep. 329a–d). Im *Laches* wird zu Beginn der Unterredung ein Streit zwischen den Strategen Nikias und Laches über die Frage ausgetragen, ob die Hoplomachie, also die Kunst, in schweren Waffen zu kämpfen, zur Ausbildung von Tugend beiträgt (Lach. 181d–184d). Der *Euthyphron* beginnt mit der Darstellung eines Zwistes zwischen dem Seher Euthyphron und seinen Angehörigen: Während Euthyphron eine Klage gegen seinen Vater wegen vernachlässigender Behandlung eines Angestellten, der sich des Totschlags schuldig gemacht hat, als richtiges und frommes Verhalten betrachtet, halten es die Angehörigen für frevelhaft, den eigenen Vater anzuklagen (Euthyphr. 4b–e). Auch im *Charmides* findet sich ein Pro und Kontra der Meinungen (Charm. 155b–158c).

Charakteristisch für die sokratische Umkehr ist der besondere Umgang mit diesen Meinungsverschiedenheiten. Sokrates beteiligt sich nicht am Zwist. Weder stimmt er einer der beiden Meinungen zu, noch negiert er sie oder bringt eine dritte Auffassung ins Gespräch ein. Selbst wenn Sokrates aufgefordert wird, seine Meinung zu äußern oder zur Schlichtung des Streits einen Schiedsspruch abzugeben (Lach. 184d), widersteht er der Versuchung und bleibt bezüglich eines Urteils zugunsten der einen oder anderen Seite zurückhaltend. Dieser Verzicht auf Meinungsäußerungen ist in der vertieften Einsicht in das eigene Nichtwissen begründet. Eine Beteiligung am Streit würde jene Erkenntnis der Tugend voraussetzen, die doch gerade Ziel der Suche ist.

Im Unterschied zu seinen Gesprächspartnern nimmt Sokrates den Meinungsstreit zum Anlass, dem Gespräch eine ganz neue Ausrichtung zu geben und den Kampf der Meinungen gegeneinander in eine gemeinsame Suche nach Erkenntnis umzulenken. Die Wendung des Gesprächs führt Sokrates durch die Frage nach der Tugend selbst herbei. In allen Tugenddialogen markiert diese Frage den Wechsel vom Alltagsgespräch zur philosophischen Untersuchung: Im *Laches* stellt Sokrates nach dem ergebnislosen Streitgespräch über die Waffenkunst die Frage nach der Tapferkeit (*andreía*), deren Kenntnis beide Feldherren mit ihren Urteilen über den Erziehungswert dieser Kunst für sich beansprucht haben (Lach. 190d/e). Im *Thrasymachos* fragt Sokrates nach der Gerechtigkeit (*dikaiosýne*), die Kephalos in seinen Lebensreflexionen und der Begründung seiner Jenseitshoffnung stillschweigend vorausgesetzt hatte (rep. 331c). In ähnlicher Weise geben auch im *Euthyphron* und im *Charmides* die Meinungsverschiedenheit und der Wissensanspruch der Protagonisten für Sokrates Anlass, die Frage nach der Tugend, in diesem Fall: nach der Frömmigkeit (*eu-*

sébeia) und der Besonnenheit (*sophrosýne*), ausdrücklich zu stellen.

Sokrates' Frage nach der Tugend, die in der Forschung als ›Was-ist-Frage‹ bezeichnet wird, hat zu vielen Missverständnissen geführt. Der häufigste Irrtum besteht darin, sie als Suche nach einer Definition zu deuten, die die besonderen Urteile in ein allgemeines Wissen zu überführen versucht.[2] Die sokratische Frage wird hier im Sinn einer ethischen Wissenschaft verstanden, die die Praxis zur Theorie hin überschreitet.

Diese Lesart verkennt jedoch das zentrale Merkmal der sokratischen Umkehr. Sokrates leitet mit seiner Frage nicht nur eine Vertiefung der Reflexion vom Besonderen zum Allgemeinen ein, sondern ändert in sehr grundsätzlicher Weise die Richtung des Gesprächs. Ist das Alltagsgespräch auf die Beurteilung der konkreten Phänomene bezogen und setzt dabei die Tugend voraus, so sucht Sokrates im Ausgang von den Phänomenen voraussetzungslos nach dem Verständnis von Tugend. Für Sokrates ist, wie bereits angedeutet, gerade jene Wirklichkeit Gegenstand des Fragens und Suchens, die von Praxis und Theorie als gegeben unterstellt wird. Diese besondere Fragerichtung macht das Spezifische der sokratischen Umkehr aus. Man kann hier von einem radikalen Suchen sprechen, weil das Gesuchte nicht in irgendeiner Weise vorgestellt, also nicht mit den Phänomenen der Alltagswirklichkeit identifiziert wird.

Die sokratische Umkehr mit ihren beiden zentralen Merkmalen der Frage und Suche wird in den platonischen Dialogen vielfach reflektiert. Im *Protagoras* erklärt Sokrates gegenüber dem berühmten Sophisten, der die Untersuchung als eristische Widerlegung, also als Streitgespräch missversteht, dass es im Gespräch in erster Linie darum gehe, »die Wahrheit und uns selbst zu erforschen« (Prot. 348a). In ähnlicher Weise betont Sokrates gegenüber Thrasymachos, dass das Gespräch von der Suche (*zétesis*) nach der Gerechtigkeit bestimmt sei und das von dem Sophisten scharf kritisierte Gesprächsverfahren dem Ziel diene, die Sache selbst (*prâgma*) zu erforschen (rep. 336e).[3]

3. Aufstieg zur Erkenntnis im Tugenddialog

Aufstieg und Rückstieg im Höhlengleichnis

Im Höhlengleichnis der *Politeia* weist Platon darauf hin, dass die Umkehr zur Suche nach Wahrheit einen erfolgreichen Aufstieg begründet. Im Gleichnis wird der Weg wie folgt beschrieben: Nachdem der Aufsteigende aus der Höhle herausgetreten ist, erfasst er stufenweise die Wirklichkeit außerhalb der Höhlenwelt: Zuerst erkennt er Schatten, dann Bilder von Menschen und natürlichen Dingen gespiegelt im Wasser, dann diese Dinge selbst, im weiteren Verlauf betrachtet er den Nachthimmel und sieht in das Mond- und Sternenlicht, und am Ende schaut er direkt in die Sonne und erkennt diese als Ursache von allem (rep. 516a–c).

Wie Platon in den Kommentaren deutlich macht (rep. 517b/c), ist mit dem direkten Blick in die Sonne die Erkenntnis des Guten gemeint. Der ganze Weg wird als zunehmende Gewöhnung der Augen an die Helligkeit außerhalb der Höhle beschrieben (rep. 516a4). Der Aufsteigende ist nicht in der Lage, sofort in das Licht der Sonne zu sehen. Er muss seinen Sehsinn langsam und stufenweise an die Helligkeit gewöhnen. Das ist ein Hinweis darauf, dass nicht nur die Erkenntnis, sondern auch die Erkenntnisfähigkeit erst zu erwerben ist. Gegeben ist lediglich das Erkenntnisorgan (*órganon*), mit dem wir etwas begreifen und verstehen (rep. 518c).

Im Gegensatz zum Aufstieg innerhalb der Höhle, der durch Schmerzen und Tendenzen zur Rückkehr gekennzeichnet ist, verläuft der Aufstieg außerhalb der Höhle trotz aller Anstrengungen sehr viel leichter. Von Fluchtbestrebungen und Nötigung ist hier nicht mehr die Rede. Das lässt sich damit erklären, dass dem Aufstieg zur Erkenntnis eine innere Einsicht zugrunde liegt, die die ganze Bewegung trägt und motiviert. Die Einsicht in die Erkenntnis- und Tugenddefizite löst die inneren Widerstände auf und schafft eine Eigendynamik, die Anstöße von außen verzichtbar macht. Im *Siebten Brief* erklärt Platon, dass die innere Einsicht plötzlich wie ein Feuer in der Seele entsteht, »das von einem übergesprungenen Funken entfacht wurde [...] und sich dann schon aus sich heraus weiter [nährt]« (epist. VII 341d).

Aus dem Gedanken einer sich selbst tragenden Erkenntnisbewegung ist freilich nicht zu schließen, dass Platon einen einsamen Aufstieg vor Augen hatte. Philosophie ist im platonischen Verständnis immer an den lebendigen Dialog gebunden, vollzieht sich also im Gespräch mit sich selbst und anderen.

Das Höhlengleichnis beschreibt nicht nur einen Aufstieg, sondern auch einen Rückstieg (rep. 516c–517a). Nach erfolgreich absolviertem Erkenntnisweg kehrt die Person in die Höhle zurück. Diese Rückkehr hat, so Platon, eine gewisse Notwendigkeit. Die im Aufstieg erreichte Weisheit muss im sozialen Raum mitgeteilt werden (rep. 540a/b, 519d–521b).

Die Mitteilung vollzieht sich vor allem in Form des lehrenden oder prüfenden Dialogs, der andere zur eigenen Selbsterkenntnis und Wahrheitssuche zu führen sucht (rep. 517a). Der Dialog nach dem Rückstieg ist jedoch nicht nur Mitteilung und Hinführung, sondern zugleich Bewährung und stetiger Neuvollzug der eigenen Suche nach Erkenntnis in der Auseinandersetzung mit dem Anspruch auf Wahrheit, den die Höhlenbewohner erheben. Am Anspruch in seiner radikalsten Ausprägung – am tyrannischen Denken, wie es die Figuren des Thrasymachos und Kallikles verkörpern – zeigt sich erst die ganze Kraft und Wirklichkeit der Vernunfteinsicht. Bleibt man in der Lichtmetaphorik des Gleichnisses, so ist der Dialog nach dem Rückstieg die Verwirklichung der ›Lichtwelt‹ in der Auseinandersetzung mit der ›Höhlenwelt‹.

Auf den Rückstieg wird bereits am Anfang des Gleichnisses verwiesen. Platon schildert dort einen Dialog zwischen einem Höhlenbewohner und einer ihn führenden Person, die diesen ›entfesselt‹ und durch Fragen nach den Grundlagen seiner Schattenurteile bis hinauf zum Höhlenausgang treibt (rep. 515c–516a). Diese führende Person ist zweifellos ein Rückkehrer ›von oben‹, würde sie doch sonst den Weg nicht kennen und vom Licht am Höhlenausgang genauso geblendet sein wie der Höhlenbewohner.

Aufstieg im Tugenddialog

Platon verweist im Höhlengleichnis deutlich auf die sokratischen Tugenddialoge. Auf die Ähnlichkeiten zwischen den im Gleichnis beschriebenen Höhlenbewohnern und den Gesprächspartnern des Sokrates ist oben bereits hingewiesen worden. Auffällig sind jedoch auch die Übereinstimmungen zwischen der zum Höhlenausgang führenden Person und der Figur des Sokrates. Das Gleichnis schildert eine Person, die beharrlich im Fragen ist, die konsequent die Was-ist-Frage (rep. 515d6) stellt und nicht eher lockerlässt, bis der Höhlenausgang erreicht ist. Das erinnert alles stark an den Sokrates des Tugenddialogs. Auch die behandelten Gegenstände stimmen mit den entsprechend dort verhandelten Dingen überein. Im Kontext der Gleichnisse weist Platon unermüdlich darauf hin, dass es im Aufstieg zur Erkenntnis um nichts anderes als um das Gute, Schöne, Gerechte geht, also um die höchsten ethischen Qualitäten und Wertprinzipen.[4] Und schließlich ist die von Platon am Ende des Gleichnisses geschilderte Intention der Höhlenbewohner, denjenigen umzubringen, der sie von ihren Fesseln befreien und nach oben bringen will (rep. 517a), ein deutlicher Verweis auf Prozess und Hinrichtung des Sokrates.

Platon zeichnet mit der Sokrates-Figur das Bild eines Philosophen, der einen erfolgreichen Aufstieg zur Erkenntnis absolviert hat und seine Einsicht in der Auseinandersetzung mit den Vorstellungen aus der Höhlenwelt bewährt und neu vollzieht. Durch die Darstellung der sokratischen Wahrheitssuche im Frühwerk wird dem Leser die Möglichkeit geboten, den Aufstieg in seiner Methode, seiner besonderen Form der Erkenntnis und dem sachlichen Gehalt zu erschließen.

Auf den ersten Blick erscheint es freilich wenig plausibel, dass im sokratischen Dialog solch eine ambitionierte Erkenntnisbewegung vollzogen wird, wie sie im Höhlengleichnis unter Rückgriff auf eine überschwängliche Lichtmetaphorik dargestellt wird. Die dialektische Untersuchung in den Tugenddialogen wirkt zunächst rein negativ und wenig lichtvoll. Alle Bestimmungsversuche der Tugend werden widerlegt. Die Gespräche enden in der Aporie.

Das hat viele Interpreten zu der Meinung veranlasst, dass die sokratischen Dialoge einen ausschließlich reinigenden, kathartischen Charakter besitzen. Die sokratischen Untersuchungen würden lediglich vom Scheinwissen befreien und damit die Voraussetzung für einen Wissenserwerb schaffen, aber nicht selbst Wissen hervorbringen. Das positive Wissen finde sich erst in den mittleren und späten platonischen Dialogen. Kurz gefasst: Sokrates sei der Nichtwissende, Platon der Wissende.

Gegen diese Deutung spricht jedoch alles, was uns Platon über Sokrates mitteilt. In vielen Dialogen wird auf eine erfolgreiche sokratische Suche nach Wahrheit verwiesen. Die Alkibiades-Rede des *Symposions* vergleicht Sokrates mit einem Silen, der äußerlich eine hässliche Gestalt aufweist und bedürftig und unwissend erscheint, aber innen voller Schönheit, Weisheit und Besonnenheit ist (symp. 216d). Seine Reden wirkten zunächst lächerlich und nichtig, bei genauerer Betrachtung zeige sich jedoch, dass sie voller Vernunft sind und »die schönsten Götterbilder der Tugend in sich enthalten« (symp. 221d–222a).[5] Platon gibt uns damit zu verstehen, dass wir uns bei Sokrates nicht auf den Augenschein verlassen dürfen. Die Tugenddialoge mögen vielleicht auf den ersten Blick philosophisch dürftig und wenig gehaltvoll erscheinen. Taucht man jedoch tiefer in die Untersuchungen ein, so zeigt sich der ganze Reichtum, der in ihnen verborgen liegt.

Die auffälligsten äußeren Merkmale der sokratischen Gespräche sind Widerlegung und Aporie. In der Prüfung zeigt sich stets, dass die Gesprächspartner ihre Tugendbestimmungen nicht zu halten vermögen und in Widerspruch geraten. Die Widerlegung ist jedoch keineswegs das Ziel der sokratischen Dialektik, sondern ein Effekt der Wahrheitssuche. An der suchenden Bezugnahme auf den Gegenstand wird die unbegründete Meinung in ihrer Widersprüchlichkeit offenbar. Hinter der scheinbaren Negativität der Widerlegung steht die positive Kraft der Suche. Darauf wird in den Frühdialogen vielfach verwiesen. So erklärt Sokrates im *Gorgias*, dass er den berühmten Sophisten und Rhetoriker nicht aus eristischen Motiven widerlegen (*elénchein*) und ihm die Widersprüchlichkeit seiner Rede aufzeigen wolle, sondern »im Eifer auf die Sache, dass sie uns offenbar werde« (Gorg. 457e–458a).

In der *Politeia* unterscheidet Platon zwischen einer destruktiven Dialektik, die auf Widerlegung zielt, und einer konstruktiven Dialektik, die nach Wahrheit sucht (rep. 537e–539d). Die destruktive Dialektik, die hier mit der Sophistik assoziiert wird (rep. 537e), ist von Wahrheitsskepsis getragen. Sie zersetzt alle herkömmlichen Wertüberzeugungen und führt im Resultat zu einer geistigen Orientierungslosigkeit sowie zu einer Lebensweise, die von Willkür, Maßlosigkeit und Gesetzwidrigkeit bestimmt ist (rep. 538c–539a). Die konstruktive Dialektik hingegen untersucht die ethischen Überzeugungen mit dem Ziel, »die Wahrheit ans Licht [zu] bringen« (rep. 539c) und zu einem Verständnis der Sache zu gelangen. Beide bedienen sich eines kritischen Verfahrens (*élenchos*), aber zu völlig unterschiedlichen Zwecken. Geht es der Skepsis um die Negation von objektiven Wertmaßstäben, so zielt die Suche nach der Wahrheit auf die Begründung von objektiven Werten.

Die *Politeia*-Stelle ist für das Verständnis der Methodik des Aufstiegs äußerst aufschlussreich: Der Aufstieg, so wird hier angedeutet, ist an ein prüfendes, kritisches Verfahren gebunden. Wahrheit wird über Kritik erschlossen. Der Elenchos, der auch in den Tugenddialogen zur Anwendung kommt, ist ein konstruktives Erkenntnisverfahren. Warum aber gibt es in den Dialogen kein positives Resultat an Wissen? Warum enden die Dialoge in der Aporie?

Zunächst ist hier auf die besondere Form des Wissens zu verweisen. Die Gespräche enden nicht zuletzt deswegen ohne sichtbares Wissensergebnis, weil im Dialog nicht nach Wissen im Sinn einer aussageförmigen Erklärung (*lógos*), sondern nach dem Verständnis (*noûs*) der Bedeutungsgehalte der allgemeinen Wertbegriffe gesucht wird. Die Wesensdefinition, nach der Sokrates zu Beginn der Untersuchung fragt, dient dazu, das Verständnis der Sache zu erforschen.

Der aporetische Ausgang der Gespräche hingegen ist in dem Unvermögen der Gesprächspartner begründet, den für ihre Tugendvorstellungen erhobenen Anspruch auf Wahrheit auch tatsächlich auszuweisen. Es sind die Partner, die am Ende verwirrt, ratlos, ausweglos sind, die sich ihrer Sache zunächst sicher waren und im Verlauf der Unterredungen erkennen mussten, dass sie keine ihrer Tugendbestimmungen aufrechtzuerhalten vermögen. Die von Sokrates häufig getroffene Aussage, dass auch er ratlos sei (Charm. 175b, Lach. 200e, rep. 354b/c), ist nicht als Hinweis auf dessen eigene Aporetik anzusehen, sondern als Ausdruck seiner didaktischen Intention. Sokrates tritt in den Dialogen als erfahrener Dialektiker auf, der den unzulänglichen Zustand der anderen spiegelt, sie mit ihrem Versagen konfrontiert, um auf diese Weise zur Selbsterkenntnis und Suche nach der Wahrheit anzuregen.

Der Aufstieg zur Erkenntnis, so haben die bisherigen Ausführungen gezeigt, ist also durch ein besonderes Verfahren und eine besondere Erkenntnisform ausgezeichnet. Diese beiden Aspekte gilt es genauer zu bestimmen, bevor der Aufstieg am Beispiel von ausgewählten Tugenddialogen in seinem Stufenaufbau und seinem philosophischen Gehalt dargestellt werden kann.

Methode des Aufstiegs: Dialektik

Die Methode des Aufstiegs bestimmt Platon in der *Politeia* als Dialektik (*dialektiké*) (rep. 531d–534e). Die Ausführungen an dieser Stelle sind allerdings recht sparsam. Platon konzentriert sich auf Überlegungen zur Bedeutung der Dialektik als Kulminationspunkt der philosophischen Bildung sowie auf deren Gegenstände und Leistungen. So wird zum Beispiel erklärt, dass der Dialektiker aufgrund seiner erworbenen Vernunfteinsicht (*noûs*) in der Lage ist, eine Erklärung (*lógos*) vom Guten und den anderen Gegenständen zu geben (rep. 534b/c). Er vermag seine Einsicht im argumentativen Diskurs begrifflich zu erläutern und gegen Angriffe zu verteidigen (vgl. leg. 966b1–2).

Eine präzisere Bestimmung des dialektischen Verfahrens lässt sich auf der Grundlage der Tugenddialoge gewinnen, auf die Platon nicht nur im Höhlengleichnis sehr deutlich verweist, sondern auch in den Ausführungen zur Vermittlung der Dialektik in *Politeia* 539b–d, wo das prüfende, elenktische Moment hervorgehoben wird. Das im Tugenddialog angewendete Verfahren besteht aus dialogischen, kritischen und hermeneutischen Elementen. Dialektik wird hier als Einheit von 1. Dialogik, 2. Elenktik und 3. Maieutik verstanden.

1) Dialogik

Das dialogische Moment ist bereits im Begriff der Dialektik enthalten. Das altgriechische Wort *dialektiké* bedeutet ›Unterredung‹ oder auch ›Kunst der Unterredung‹. Das Wort stammt von der Verbform *dialégesthai*, ›sich unterreden‹, ›ein Gespräch führen‹, ab. Die Wortbedeutung verweist auf ein ganz zentrales Merkmal des Erkenntnisverfahrens: Die dialektische Methode der Wahrheitsfindung basiert auf dem Gespräch zwischen Personen bzw. auf dem Gespräch, das eine Person mit sich selbst führt. Sie ist also an ein Gegenüber gebunden, mit dem eine sprachliche Interaktion stattfindet. Platon beschreibt die philosophische Unterredung häufig als Wechselspiel von Frage und Antwort, Rede und Gegenrede (epist. VII 344b6–7, Krat. 390c). In diesem Wechselspiel findet ein Problematisieren, Untersuchen, Erwägen, Überlegen statt. Im *Theaitetos* verweist Platon auf den inneren Dialog als Urform des philosophischen Gesprächs: Denken ist

> eine Rede (*lógos*), welche die Seele bei sich selbst durchgeht über dasjenige, was sie erforschen will. [...] Denn so schwebt sie [sc. die Seele] mir vor, dass, solange sie denkt, sie nichts anderes tut als sich unterreden, indem sie sich selbst antwortet, bejaht und verneint. (Tht. 189e/190a)

Der Dialog bildet das spezifische Formelement der platonischen Philosophie. Platon sieht in ihm die wesentliche Ausdrucksform der geistigen Tätigkeit. In der Philosophiegeschichte hat der philosophische Dialog jedoch wenig Nachfolger gefunden (mit Ausnahmen wie etwa Boethius' (um 480/485–524) *Consolatio philosophiae*, George Berkeleys (1685–1753) *Three Dialogues between Hylas and Philonous* von 1713 oder David Humes (1711–1776) *Dialogues Concerning Natural Religion* von 1779). Weithin durchgesetzt hat sich der Monolog, die wissenschaftliche Abhandlung.

2) Elenktik

Die im Tugenddialog angewendete Dialektik ist ein argumentatives Gesprächsverfahren, das prüfenden Charakter hat. Platon gebraucht zur Bezeichnung dieses kritischen Moments den Ausdruck *elénchein*, für ›untersuchen‹, ›prüfen‹, ›überführen‹. Wie schon erwähnt, kennt Platon auch einen sophistischen Elenchos, der jedoch rein destruktiv ist und immer negativ bleibt (rep. 537e–539a, soph. 230b–231b). Der philosophische Elenchos hingegen besitzt konstruktiven Charakter. Er gelangt zu positiven Einsichten, weil er von der Suche nach der Wahrheit (*zétesis*) geleitet ist, also von jener Kraft, die in der kritischen Untersuchung von Meinungen wirksam ist. Im prüfenden Dialog eröffnet das kritische Argument eine ganz neue Sicht auf die untersuchte Sache. Die neue Perspektive offenbart die Einseitigkeit oder Mangelhaftigkeit einer Meinung. Das Unwahre wird insofern vom Wahren her erkannt. Die Einsicht in das Richtige lässt das Falsche und Unzulängliche als solches erst sichtbar werden.

Der Elenchos wird an den Vorstellungen von der Tugend und dem Guten vollzogen. Das können eigene oder fremde Vorstellungen sein. Wenn die Partner nach einer Widerlegung ratlos sind und die Untersuchung ins Stocken zu geraten droht, bringt Sokrates, damit die Unterredung fortschreitet, mitunter Meinungen ein, die den gängigen Alltagsauffassungen entsprechen oder Positionen der zeitgenössischen und traditionellen Philosophie, Dichtung und Religion widerspiegeln.

Für die Verbindlichkeit der Prüfung ist es jedoch von erheblicher Bedeutung, dass die je eigenen Überzeugungen untersucht werden, also jene Vorstellungen, mit denen sich eine Person identifiziert. Im sokratischen Dialog geht es nämlich zuletzt um die Prüfung der Person, die sich in ihren Wertvorstellungen objektiviert. Geprüft wird die Person in all ihren Bezügen – in ihrem sozialen Verhältnis, ihrem Selbstverhältnis und dem Verhältnis zum Guten. Aufgrund dieser existentiellen Dimension kann der sokratische Dialog auch als Gewissensprüfung oder Gewissensdialog bezeichnet werden.

Anhand welcher Kriterien wird diese Prüfung aber durchgeführt? Woran werden die Wertüberzeugungen gemessen? Das Besondere der sokratischen Elenktik besteht darin, dass keine externen Wahrheitskriterien und Maßstäbe angewendet werden. Sokrates misst die Meinungen an den formalen Strukturmerkmalen, die im Wahrheitsanspruch der Dialogpartner eingeschlossen sind. Der Anspruch auf Erkenntnis und Sein der Tugend schließt die Annahmen ein, dass die Tugend etwas und nicht nichts ist, dass sie etwas Bestimmtes ist, also eine spezifische Qualität hat, und dass sie etwas Gutes, Nützliches, Förderliches ist. Diese Annahmen werden in der Prüfung als Maßstab gebraucht. Die sokratische Elenktik ist also ein immanentes Verfahren: Die Dialogpartner geraten mit ihren eigenen Überzeugungen in Widerspruch.

Als Beispiel sei hier die Widerlegung der zweiten Definition im Dialog *Laches* angeführt. Der Militär Laches bestimmt die Tapferkeit im zweiten Anlauf als Qualität der Beharrlichkeit (Lach. 192b/c). Die Beharrlichkeit kann jedoch auch schlecht und schädlich sein, nämlich dann, wenn sie ohne Sinn und Verstand ist. Die Tapferkeit ist jedoch etwas Gutes und Schönes. Also kann die Beharrlichkeit als solche nicht identisch mit der Tapferkeit sein (Lach. 192b–d). Die als Wahrheitskriterium gebrauchte Annahme, dass die Tapferkeit etwas Gutes und Schönes ist, wird am Anfang der Untersuchung als die Prämisse kenntlich gemacht, von der Laches ausgeht (Lach. 192c5–7).

Neben den Strukturmerkmalen der Tugend gebraucht Sokrates auch inhaltliche Annahmen der Gesprächsteilnehmer als Prüfungskriterien. Die Bestimmungen der Tugend werden zunächst in ihrem Bedeutungsgehalt, ihren Implikationen und Konsequenzen offengelegt und dann an einzelnen Aussagen gemessen, die die Partner im Gespräch getroffen haben, bzw. an Annahmen, die den Bestimmungen zugrunde liegen.

In der Prüfung bedient sich Sokrates der logischen Grundprinzipien, nämlich der Sätze vom Widerspruch, vom ausgeschlossenen Dritten und vom zureichenden Grund.

Der Satz des Widerspruchs besagt, dass zwei einander kontradiktorisch entgegengesetzte Urteile nicht zugleich, im selben Sinn und in derselben Beziehung von der gleichen Sache gelten können. Anders formuliert: Zwei einander in derselben Hinsicht widersprechende Aussagen können nicht zugleich wahr sein.

Das Gesetz des Widerspruchs wird bei Platon unterschiedlich formuliert: Es wird sowohl auf die Denkakte als auch auf die Objekte des Denkens bezogen, also als logisches und als ontologisches Prinzip verstanden. Im *Sophistes* zum Beispiel findet sich eine Formulierung des Satzes als logisches Denkgesetz: Zwei Meinungen können nicht zugleich wahr sein, wenn »sie einander über dieselben Gegenstände, in denselben Beziehungen, nach demselben Sinne widersprechen« (soph. 230b). In der *Politeia* hingegen wird der Satz auf die seienden Dinge bezogen: »Offenbar ist doch, dass dasselbe nie zu gleicher Zeit Entgegengesetztes tun und leiden wird, wenigstens nicht in demselben Sinn genommen und in Beziehung auf eines und dasselbe« (rep. 436b).

Der Satz vom ausgeschlossenen Dritten besagt, dass für eine beliebige Aussage nur die Aussage selbst oder ihr Gegenteil gelten kann, also für jede Aussage p entweder p oder nicht p wahr ist. Ein Drittes, also etwas dazwischen oder ein Mittleres, kann es nicht geben.

Der Satz vom zureichenden Grund schließlich ist ein Denkgesetz, welches für jede Aussage und jedes Urteil einen Grund, d. h. einen gültigen Satz fordert, durch den die Notwendigkeit des fraglichen Urteils gerechtfertigt wird. Dieses Gesetz bezieht sich auf den Zusammenhang und die Folgerichtigkeit der Denkakte. Es drückt die Forderung unseres logischen Denkens aus, dass nichts unbegründet behauptet werden darf.[6]

Die Beweisformen und Argumentationsmuster, die Sokrates in den Untersuchungen anwendet, sind häufig ganz ähnlich aufgebaut. So wird zum Beispiel sehr oft das Argument des Gegenbeispiels angewendet. In den ersten

Bestimmungsversuchen identifizieren die Partner die gesuchte Tugend meist mit einem besonderen Verhaltensmuster. Sokrates reagiert darauf in der Regel mit dem Argument, dass auch das entgegengesetzte Verhalten tugendhaft sein kann (Lach. 191a/b, Charm. 159c–160d, rep. 331c).

Man hat Sokrates häufig vorgeworfen, dass er sophistische Tricks anwendet und mit Fehlschlüssen arbeitet. Sorgfältige Analysen der logischen Argumentationsstruktur der Dialoge konnten diesen Einwand jedoch überzeugend zurückweisen.[7] Gleichwohl bestehen natürlich gewisse Ähnlichkeiten zwischen dem sokratischen und dem sophistischen oder eristischen Elenchos, der sich formal mitunter derselben Beweisformen bedient, aber eine völlig andere Intention verfolgt.

Das wird im Dialog *Laches* anschaulich vorgeführt: Platon lässt den Militär Laches in dessen Disput mit seinem Kollegen Nikias dieselben Argumente verwenden, die Sokrates zuvor bei der Untersuchung von Laches' Tapferkeitsbestimmung angeführt hatte (Lach. 195a–196b, 197a–c). Während Sokrates jedoch auf die Erschließung der Sache zielte, setzt Laches das Argument zu dem eristischen Zweck ein, die Vorstellung des Nikias zu widerlegen und sein eigenes Verständnis von Tapferkeit durchzusetzen. Die von Platon inszenierte Gegenüberstellung von philosophischer und eristischer Argumentation verweist darauf, dass nicht das Argument oder die Beweisform entscheidend für den sachlichen Ertrag der Dialektik ist, sondern die Intention der Beweisführung und der Gebrauch der Argumente und logischen Formen. Wird ein bestimmtes Argument eristisch verwendet, verliert es seine sacherschließende Kraft und wird zur bloßen Waffe im Kampf um soziale Überlegenheit, Sieg und Selbstbehauptung.

3) Maieutik

In die Elenktik ist ein hermeneutisches Element eingeschlossen. Die Prüfung setzt nicht nur die begriffliche Artikulation einer Wertvorstellung voraus, sondern erfordert zudem ein Verständnis dessen, was eine Person mit bestimmten Begriffen und sprachlichen Formulierungen meint, welche Bedeutungsinhalte sie mit ihrer Aussage verbindet. Diese Form der Hermeneutik ist unverzichtbar, besteht doch ansonsten die Gefahr, die Erklärung des Gesprächspartners auf der Basis der eigenen Verständnismuster auszulegen.

Im *Theaitetos* (148e–151d) gebraucht Platon für die Fähigkeit der Entfaltung und Auslegung von Meinungen den Begriff *Maieutik*, ›Hebammenkunst‹. Der Begriff ist von der modernen Didaktik vielfach aufgegriffen worden. Im aktuellen Diskurs versteht man darunter ein didaktisches Verfahren, bei dem Lernende durch bestimmte Fragetechniken dazu gebracht werden, Wissensinhalte aus sich selbst heraus zu entwickeln. Es ist eine Methode, bei der die Lehrperson von der klassischen Belehrung in Form einer direkten Wissensvermittlung zurücktritt und die intellektuelle Eigenständigkeit und Selbsttätigkeit der Schüler fördert.

Bei Platon ist die *Maieutik* ein Verfahren, das der Prüfung und Wahrheitssuche dient. Die Prüfung kann erst einsetzen, wenn ein Wissen ›geboren‹ ist. So wie die Hebamme Wehen einleiten und Geburtshilfe zu leisten vermag, so kann der Dialektiker durch gezielte Fragen eine Person zur klaren, begrifflichen Fixierung ihrer Vorstellung führen.

In der *Theaitetos*-Passage lässt Platon Sokrates die Aussage treffen, dass er nur Geburtshilfe leistet, selbst jedoch keine Weisheit (*sophía*) gebiert (Tht. 150c). Hier scheint Sokrates ein Erkenntnisgewinn abgesprochen zu werden. Dieses Missverständnis lässt sich jedoch durch eine genauere Betrachtung des Wortgebrauchs von *sophía* an dieser Stelle leicht auflösen. Der Ausdruck *sophía* wird hier auf das Meinungswissen, die Vorstellung (*dóxa*) angewendet. In Bezug auf dieses Wissen ist Sokrates im prüfenden Dialog zurückhaltend bzw. enthaltsam. Wenn er in der Untersuchung Meinungen äußert, dann handelt es sich meist um fremde Auffassungen (Tht. 157c/d), die als solche auch kenntlich gemacht werden. Die spezifisch sokratische Erkenntnis hingegen, die in der Prüfung gewonnen wird, ist eine Vernunfteinsicht (*noûs*), die Platon deutlich von der Meinung unterscheidet. Wie aber ist diese Einsicht zu verstehen?

Erkenntnisform des Aufstiegs: Vernunfteinsicht (noûs, nóesis)

Der Aufstieg weist nicht nur eine besondere Erkenntnismethode, sondern auch eine besondere Wissensform auf. Es ist schon häufig darauf hingewiesen worden, dass der platonische Erkenntnisbegriff mit unserem modernen, an den Naturwissenschaften orientierten Wissensverständnis kaum angemessen erfasst zu werden vermag.[8]

Das antike, insbesondere das platonische Erkenntnismodell zeichnet sich durch etliche Besonderheiten aus. Das spezifische Merkmal der platonischen Epistemologie ist die

Unterscheidung zwischen Logos und Nous (epist. VII 342b–344c, rep. 534b/c, leg. 966b). Mit dem Ausdruck *lógos* sind sprachliche Gebilde wie Aussagen, Erklärungen, Definitionen, mündliche und schriftliche Reden gemeint. Mit *noûs* oder *nóesis* hingegen werden nichtbegriffliche Einsichten der Vernunft bezeichnet. Die platonische Terminologie ist hier allerdings schwankend: Zur Bezeichnung der Vernunfteinsicht werden häufig auch die Ausdrücke *epistéme*, Erkenntnis, und *phrónesis*, Einsicht, gebraucht. Platon unterscheidet also zwischen einem propositionalen und einem nichtpropositionalen Wissen. Das Verhältnis zwischen den beiden Wissensformen wird als Hierarchie bestimmt. Der Nous bezeichnet das übergeordnete, höhere Erkenntnismedium. Platon begründet diese Stufung mit den Grenzen des Logos und den besonderen Leistungen des Nous.

Im erkenntnistheoretischen Exkurs des *Siebten Briefes* (342a–344d) und im *Phaidros* (274b ff.) findet sich eine Logos-Kritik, die die Grenzen dieser Wissensform aufzeigt. Im *Siebten Brief* geht Platon auf das Problem der Sprache ein. Erklärungen, Definitionen, Reden – alle Formen mit aussageförmiger Struktur besitzen aufgrund ihrer sprachlichen Gestalt konstitutive Schwächen. Das sprachliche Zeichen enthält als solches weder die Sache noch das Sachverständnis. Es ist stets mehrdeutig, ungenau, missverständlich und unterliegt dem Wandel und der Konvention (epist. VII 343a9–b8).

Die Logos-Kritik im *Phaidros* (274b–278e) benennt weitere Defizite. Die Kritik bezieht sich hier vornehmlich auf Reden, also auf größere sprachliche Gebilde aus Sätzen. In einer mythischen Erzählung von den ägyptischen Gottheiten Theuth und Thamus wird aufgezeigt (Phaidr. 274c–275e), dass die schriftlichen Reden Gefahr laufen, nicht das Sachverständnis, sondern nur ein äußeres Wissen zu vermitteln. Schrift bringt als solche zudem den Nachteil mit sich, dass sie ihre Rezipienten nicht selbst auswählen kann, nicht auf Fragen zu antworten vermag und Einwänden sowie Missverständnissen hilflos ausgeliefert ist. Das mündliche Reden ist demgegenüber das Bessere, weil der Redende auf Bedenken und Vorbehalte unmittelbar reagieren und sich auf den Verständnishorizont der gewählten Adressaten adäquat einstellen kann. Im Gleichnis vom Landbauern (Phaidr. 276b) wird darüber hinaus der Gedanke formuliert, dass eine Rede nur dann Früchte trägt, wenn man das ausgesäte geistige Gut durch wiederholte Gespräche pflegt und dessen Gedeihen fördert.

Die Schriftkritik des *Phaidros* ist von der ›Tübinger Schule‹ als Indiz dafür genommen worden, dass die eigentliche Lehre Platons nicht in den schriftlichen Dialogen enthalten ist, sondern nur in Form von mündlichen Lehrvorträgen innerhalb der Platonischen Akademie vermittelt wurde. Diese Deutung übersieht jedoch, dass sich die Kritik im *Phaidros* nicht nur auf die Schrift, sondern auch auf die monologische mündliche Rede bezieht. Der mündliche Vortrag und die akademische Vorlesung unterliegen in ähnlicher Weise der Gefahr, nur ein äußeres Wissen zu vermitteln, und sind ebenso wie die Schrift Missverständnissen ausgesetzt. Platon wertet hier also nicht die Mündlichkeit als solche gegenüber der Schriftlichkeit, sondern den Dialog gegenüber dem Monolog auf.

Platon will an dieser Stelle jedoch eigentlich herausstreichen, dass die Rede, der Logos, auf die Vernunfteinsicht (*noûs, noésis, epistéme*) angewiesen ist. Sowohl das didaktische Lehrgespräch, um das es in der *Phaidros*-Passage vornehmlich geht, als auch der mündliche und schriftliche Vortrag bedürfen der Einsicht in die Wahrheit, um ein sicheres Fundament zu haben (Phaidr. 276a5, 276c, 276e7, 277b5, 278c5). Die Vernunfteinsicht ist das ›Wertvollere‹ (*timióte-ra*) (Phaidr. 278d8). Sie ermöglicht zum einen, eine richtige Erklärung (*lógos*) der Sache zu geben (Phaidr. 277b, rep. 534b/c), und zum anderen, diese Erklärung im didaktischen Gespräch oder im intellektuellen Disput zu erläutern und zu verteidigen (rep. 534c, Phaidr. 277a, 278c). Die Vernunfteinsicht vermag dem Logos »Hilfe zu leisten« (Phaidr. 278c). Sie ist in der Lage, Missverständnisse auszuräumen und die Erklärung vor dem Zerfall und vor Widersprüchlichkeit zu retten.

Diese Aussagen zum Wert der Vernunfteinsicht erhalten im *Siebten Brief* eine Ergänzung:[9] Die Begründungsleistung des Nous wird hier mit dem Argument der größeren Nähe zur Sache selbst erklärt. Platon unterscheidet im *Siebten Brief* vier verschiedene Erkenntnismodi voneinander (epist. VII 342a/b):

1. sprachliche Bezeichnung (*ónoma*),
2. Erklärung (*lógos*),
3. wahrnehmbares Bild (*eídolon*) und
4. Vernunfteinsicht (*epistéme, noûs*).

Das Fünfte ist die Sache selbst, der Erkenntnisgegenstand, auf den sich die vier Modi beziehen. Von den Erkenntnisweisen kommt die Vernunfteinsicht aufgrund der »Verwandtschaft und Ähnlichkeit« der Sache selbst am nächsten, »das andere bleibt weiter von ihm entfernt« (epist. VII 342d). Sprachliche Bezeichnungen und Erklärungen sowie sinnlich wahrnehmbare Bilder sind aufgrund des Wandels und der Mehrdeutigkeit der Sprache sowie der Unvollkommenheit der sinnlichen Darstellungsmöglichkeiten unzuverlässig, ungenau und unbeständig (epist. VII 343a/b). Die Vernunfteinsicht hingegen ist zuverlässiger und hat mehr Kraft und Substanz (epist. VII 343a1). Sie ist nicht an die wandelbare Sprache und die sinnlichen Formen mit ihren spezifischen Beschränkungen gebunden. Zudem ist sie als Qualität, die in der Seele (epist. VII 342c7) angesiedelt ist, ein personengebundenes Wissen, also ein Wissen, das im Erkenntnissubjekt verankert und verwurzelt ist (vgl. Men. 97e/98a).

Trotz dieser Erklärungen bleibt die platonische Vernunfteinsicht für unser am Logos orientiertes modernes Wissensverständnis schwer verstehbar. Platon gibt jedoch kaum weitergehende Erläuterungen. Er thematisiert zwar an vielen Stellen die Begründungsleistungen und die Höherwertigkeit der Vernunfteinsicht gegenüber anderen Wissensformen wie Erklärung (*lógos*), Meinung (*dóxa*) (Men. 97c–98a) und Verstandesdenken (*diánoia*) (rep. 510b–511e); hinsichtlich der Frage aber, was für eine Art von Erkenntnis hier eigentlich gemeint ist, bleibt er eher zurückhaltend.

Für die Interpreten stellt dies, wie vieles andere bei Platon auch, eine große Herausforderung dar. Entsprechend zahlreich sind die Missverständnisse der platonischen Epistemologie. Zu den größten Fehldeutungen der platonischen *nóesis* gehört die mystische und visionäre Auslegung. Die Vernunfteinsicht wird hier als eine intellektuelle Schau der Wahrheit oder als mystische Erfahrung gedeutet[10], die das argumentative dialektische Verfahren überschreitet. Diese Deutung stützt sich auf die platonischen Darstellungen des Aufstiegs in den mittleren Dialogen (Phaidr. 246d–247e, symp. 210e–212a, Alk. I 133c, rep. 516a–c), die den Erkenntnisakt mit visuellen Wörtern wie ›Sehen‹, ›Erblicken‹, ›Einblick‹, ›Schauen‹ und den Erkenntnisgegenstand mit illuminativen Ausdrücken wie ›das Glänzende‹, ›Leuchtende‹, ›Lichtvolle‹ beschreiben. Platon gebraucht jedoch diese Wörter in einem metaphorischen Sinn. Bei den Darstellungen des Aufstiegs der mittleren Dialoge handelt es sich überwiegend um Gleichnisse und bildhafte Beschreibungen, die als solche auch kenntlich gemacht werden. Platon verwendet hier viele Metaphern und greift auf herkömmliche religiöse Vorstellungsmuster sowie auf die Terminologie der Mysterienreligion zurück (z. B. Phaidr. 250b–d), um Erkenntnisprozesse und geistige Sachverhalte anschaulich zu machen. Nimmt man die Metaphern und die Mysteriensprache wörtlich, so verfehlt man den eigentlich gemeinten Sinn der Darstellungen.

Im Neuplatonismus begegnen Beschreibungen der höchsten Einsicht, die sich ganz ähnlicher Ausdrücke bedienen, die hier aber tatsächlich wörtlich gemeint sind. Bei Plotin gipfelt der Aufstieg in einem mystischen Erlebnis der Einheit mit dem letzten Seinsgrund, das als Lichterfahrung beschrieben wird (*Enneade* V3.17). Die Deutung der platonischen Vernunfteinsicht als Schau oder mystische Erfahrung ist letztlich eine neuplatonische Auslegung, die die Differenz zwischen Platons und Plotins Ansatz verkennt.

Einem Verständnis des platonischen Nous kommt man etwas näher, wenn man die Tradition genauer betrachtet, aus der Platon schöpft. Es ist schon häufig festgestellt worden, dass Platon mit dem Begriff des Nous an die epische und naturphilosophische Tradition anknüpft und bei allen Differenzen eine Kontinuität in der Verwendung des Wortes besteht.[11] In den homerischen Epen – in der *Ilias* und der *Odyssee* – hat das Verbum *noeîn* die Bedeutung ›eine Situation erkennen oder begreifen‹. Die hier gemeinte Form der Erkenntnis besteht in einem plötzlichen nichtdiskursiven Verstehen, in einem ›geistigen Innewerden‹ oder ›Gewahrwerden‹ von komplexen Zusammenhängen, verborgenen Plänen und Absichten der am Geschehen beteiligten Akteure oder des wahren Charakters einer Person.

Das platonische *noeîn* knüpft an diese Bedeutung an: Auch hier ist ein ›geistiges Verstehen‹ gemeint. Allerdings bestehen erhebliche Unterschiede zum traditionellen Konzept. Bei Platon geht es nicht vordergründig darum, eine Person, sondern eine Sache oder einen Sachverhalt zu verstehen. Zum anderen aber ist das platonische *noeîn* an ein dialektisches Verfahren gebunden. Es handelt sich um ein Verstehen, das argumentativ vermittelt wird. Zwar besitzt das Verstehen selbst keine sprachliche Form; die Methode, mit deren Hilfe es erlangt wird, ist jedoch eine diskursive: Im dialektischen Verfahren, das mit Argumenten, Beweisformen, logischen Schlüssen arbeitet, wird in der Untersuchung der Meinungen eine sich schrittweise vertiefende noetische Einsicht in die gesuchte Sache gewonnen.[12]

Ein Blick auf die Erkenntnistheorie unserer Zeit bzw. der letzten Jahrzehnte kann helfen, eine Brücke zwischen der antiken und der modernen Epistemologie zu schlagen. Die Erkenntnisform des Verstehens findet in der modernen Diskussion zunehmend Beachtung und wird neben begründeten Überzeugungen und propositionalem Wissen als eines der maßgeblichen Erkenntnisziele betrachtet.[13] Mitunter entsteht sogar der Eindruck, dass die modernen Thesen über den Wahrheitswert des Verstehens und das Verhältnis zwischen Wissen und Verstehen gar nicht so weit von der platonischen Erkenntnis-Konzeption entfernt liegen. Dennoch wäre es ein unzulässiger Anachronismus, wollte man von der modernen Theorie des Verstehens her den platonischen Nous zu begreifen versuchen.

Struktur des Aufstiegs: Stufenaufbau

Der platonische Aufstieg hat eine besondere Methode, eine besondere Form der Erkenntnis und weist darüber hinaus eine besondere Struktur auf. Das Höhlengleichnis deutet einen mehrstufigen Erkenntnisprozess an. Hier werden verschiedene Stufen voneinander unterschieden, die durch zunehmende Annäherung an das Erkenntnisziel charakterisiert sind und wie die Treppen einer Leiter nach oben führen.

In den Tugenddialogen wird solch ein mehrstufiger Erkenntnisweg im Konkreten vorgeführt. Zwar sind die Gegenstände in den einzelnen Dialogen verschieden: In jedem der Gespräche wird eine besondere Einzeltugend thematisiert oder die Tugend als Ganzes erörtert, wie etwa im *Menon*.

Die Struktur der Erkenntnisbewegung ist jedoch in allen Dialogen ähnlich:[14] Die Suche nach Erkenntnis beginnt stets auf der Ebene der sinnlich wahrnehmbaren Verhaltensmuster und führt über die Prüfung von charakterlichen Dispositionen zu allgemeinen Handlungsprinzipien und einer bestimmten praktischen Urteilskraft, die zuletzt auf die Erkenntnis des Guten verweist. Wir finden hier einen mehrstufigen Aufstieg vor, der von den möglichen sinnlichen Ausdrucksformen der Tugend über das Wesen bis hin zur Ursache der menschlichen Bestheit führt. Ein synoptischer Überblick über einige der zentralen Tugenddialoge – *Laches, Charmides, Thrasymachos* – soll diese Bewegung veranschaulichen.

Wie bereits aufgezeigt, zeichnen sich die Tugenddialoge dadurch aus, dass zunächst ein Gespräch über die unmittelbaren Lebensprobleme des Alltags begonnen wird, in dem die Dialogpartner direkt oder indirekt behaupten, im Besitz einer bestimmten Tugend zu sein und sich auf die ethischen Dinge zu verstehen. Für Sokrates bildet dies den Anlass, die Frage nach dieser Tugend selbst zu stellen und die Partner in ein prüfendes Gespräch zu verwickeln.

Erste Stufe: Bei ihren Erklärungsversuchen orientieren sich die Gesprächsteilnehmer zunächst an äußeren Handlungsmustern, die dem eigenen Erfahrungsbereich entsprechen. So bestimmt der Stratege Laches im gleichnamigen Dialog das dem militärischen Bereich entlehnte ›Standhalten in der Schlachtreihe‹ als Tapferkeit (*andreía*) (Lach. 190e). Im *Charmides*, wo die Tugend der Besonnenheit (*sophrosýne*) Gegenstand der Erörterung ist, reagiert der junge Charmides mit der Beschreibung einer bestimmten Art und Weise des Verhaltens. Besonnenheit bestehe in ruhig und gemessen ausgeführten Handlungsweisen (Charm. 159b). Auch im *Thrasymachos*, dem Dialog über die Gerechtigkeit (*dikaiosýne*), wird zunächst ein äußeres Tun mit der gesuchten Tugend identifiziert. Kephalos, der im Eingangsgespräch als erfolgreicher Geschäftsmann beschrieben wird, bestimmt das ›Wiedergeben, was man empfangen hat‹ (rep. 331c) als Gerechtigkeit.

In der Prüfung dieser Erklärungen führt Sokrates das Argument an, dass auch die entgegengesetzten Verhaltensweisen tugendhaft sein können. Auch das Fliehen kann in bestimmten Situationen tapfer sein, so der Einwand im *Laches.* Als Beispiel führt Sokrates das Reiterheer der Lakedaimonier an, das in der Schlacht bei Plataiai eine Flucht vortäuschte und damit den Kampf gegen die Perser gewann (Lach. 191c). Im *Charmides* wird aufgezeigt, dass in vielen Tätigkeitsbereichen, wie etwa beim Lernen, Erinnern, Denken, das schnelle und zügige Handeln besser ist als das gemessene und gemächliche (Charm. 159b–160d). Im *Thrasymachos* wendet Sokrates gegenüber Kephalos ein, dass auch das Behalten eines bestimmten Gegenstandes unter Umständen gerecht sein kann, etwa dann, wenn jemand von einem Freund Waffen empfangen hat und dieser sie im Zustand des Wahnsinns zurückfordert (rep. 331c). Das Wiedergeben wäre in diesem Fall schlecht und ungerecht, weil es den Freund einer großen Gefahr aussetzen und Schaden verursachen würde.

Das Argument des Gegenbeispiels verweist zum einen auf die Einseitigkeit der Bestimmung. Der Bereich des tugendhaften Verhaltens umfasst nicht nur ein besonderes Handlungsmuster und einen Handlungsbereich, sondern eine Vielzahl von verschiedenen, gegensätzlichen Verhaltensweisen und Situationen. Zum anderen macht das Argument deutlich, dass die Tugend nicht im Bereich der sinnlich wahrnehmbaren Phänomene aufgeht. Die Verhaltensmuster als solche sind wertneutral, also nicht per se schlecht oder gut. Sie können sowohl gerecht als auch ungerecht, tapfer und feige, besonnen und unbesonnen sein. Aufgrund dieser Uneindeutigkeit und Wandelbarkeit bezeichnen sie nicht selbst schon die Tugend, sondern sie bedürfen eines Prinzips, das ihre Tugendhaftigkeit erst begründet.

Zweite Stufe: In der zweiten Antwort wird die Tugend nicht mehr im äußeren Handlungsbereich, sondern in inneren Qualitäten und charakterlichen Dispositionen gesucht. Laches bestimmt die Charaktereigenschaft der Beharrlichkeit (*kartería*) als das gesuchte Wesen der Tapferkeit (Lach. 192b/c). Dabei hat er neben der Beharrung auch solche Qualitäten wie Wagemut und Risikobereitschaft im Blick. Diese Eigenschaften schreibt sich Laches als bewährter Soldat und Stratege in besonderer Weise zu. Charmides definiert im zweiten Anlauf die Haltung der Scham, Scheu, Zurückhaltung (*aidós*) als Besonnenheit (Charm. 160e) und benennt damit etwas als Tugend, das seiner eigenen charakterlichen Anlage entspricht.

Durch diese Erklärungen scheinen die Probleme der ersten Antwort zunächst behoben zu sein. Mit der charakterlichen Qualität ist ein Einheitsprinzip benannt, das der Vielheit und Verschiedenheit der äußeren Verhaltensmuster übergeordnet ist. Die Bestimmung besitzt damit formale Richtigkeit, die bei der anfänglichen Aufzählung von einzelnen Verhaltensweisen noch nicht gegeben war.

Das eigentliche Problem vermag jedoch auch diese Erklärung nicht zu lösen. Das Begründungsdefizit, das sich bei der ersten Bestimmung gezeigt hatte, bleibt weiter bestehen. Die charakterlichen Qualitäten sind ebenso schillernd und uneindeutig wie die Verhaltensmuster. Im *Laches* zeigt Sokrates auf, dass Beharrlichkeit und Wagemut nicht in jedem Fall gut sind. Diese Eigenschaften können auch schädlich und verderblich sein, nämlich dann, wenn sie von Unverstand und Leichtsinn geleitet werden (Lach. 192d). In ähnlicher Weise wird im *Charmides* aufgezeigt, dass es Situationen gibt, in denen die Haltung der Scham schlecht ist und eine zu große Zurückhaltung daran hindert, das Erforderliche zu tun (Charm. 161a). Die Charaktereigenschaften, die Platon an einigen Stellen auch als natürliche Tugenden benennt, sind also ebenso wenig wie die äußeren Verhaltensmuster als solche schon ethisch wertvoll. Sie bedürfen eines begründenden Handlungsprinzips, das den richtigen Gebrauch dieser Qualitäten gewährleistet. Ohne Begründung unterliegen die charakterlichen Dispositionen der subjektiven Willkür.

Im *Thrasymachos* wird die zweite Stufe verknappt und in etwas anderer Form ausgeführt. Polemarchos, der Sohn des Kephalos, bestimmt nach dessen Scheitern die Gerechtigkeit als Leisten des ›Schuldigen‹ (rep. 331e). Freunden ist man Gutes schuldig und Feinden Übles. Damit sind zwar Einheitsprinzipien benannt: Das Tun des Guten und Üblen begreift jeweils die Verhaltensweisen des Behaltens und Wiedergebens in sich. Im Fall des Freundes ist das Zurückgeben oder Behalten gut, wenn es dem Freund nutzt, und schlecht, wenn es ihm schadet. Im Fall des Feindes verhält es sich umgekehrt: Das Verhalten, das dem Feind schadet, ist gut, das Verhalten, das ihm nutzt, ist schlecht. Das Problem besteht jedoch darin, dass die Tugend von einem subjektiven Maß abhängig gemacht wird. Als Maßstab des Sozialverhaltens wird hier stillschweigend das eigene Ego gesetzt: Freund ist, wer *mir* nützt, wer *mir* Gutes getan hat; Feind ist, wer *mir* schadet, wer *mir* Übles zugefügt hat.

Auch der Nutzen und Schaden wird nach eigenem Maß bestimmt: Gut ist, was *mir* so erscheint, schlecht ist, was *ich* dafür halte.

Dritte Stufe: Im dritten Anlauf wird ein allgemeingültiges objektives Handlungsprinzip mit der gesuchten Tugend identifiziert. Im *Laches* erfolgt die Bestimmung der Tapferkeit als Beharrlichkeit mit Einsicht und Vernunft (*phrónesis*) (Lach. 192d10). Charmides führt im gleichnamigen Dialog das ›Tun des Seinen‹ (*tà heautoû prấttein*) als allgemeines Handlungsprinzip an (Charm. 161b). Kritias, der das Gespräch übernimmt, präzisiert diese Formel und bestimmt das ›Tun des Guten‹ (*tôn agathôn praxis*) als Besonnenheit (Charm. 163e). Im *Thrasymachos* erklärt Polemarchos das ›Tun des Gebührenden‹ (rep. 332b10) zum Inbegriff des Gerechten. Mit dem Gebührenden (*proshêkon*) ist das Angemessene, Gebotene, Zukommende gemeint. Polemarchos führt damit hier zwar einen objektiven Wertbegriff ein; am Prinzip der Reziprozität bzw. Gegenseitigkeit hält er jedoch fest. Das ›Gebührende‹ will er als ›Freunden Gutes und Feinden Übles tun‹ (rep. 332d) verstanden wissen.

Mit diesen Bestimmungen ist eine Begründungsebene erreicht, die – zumindest dem Anspruch nach – über rein subjektive Maßstäbe hinausgeht. Tugend wird jetzt an allgemeinen Wertprinzipien festgemacht: an der Vernunft, dem Angemessenen, dem Guten.

Dennoch bleibt die Bestimmung defizitär. Diese Formeln entfalten nur dann Wirkkraft, wenn sie richtig ausgefüllt werden. Der Wertbegriff als solcher enthält noch nicht das richtige Verständnis. Die Handlungsprinzipien müssen verstanden werden, damit sie ein wahrhaft tugendhaftes Tun und nicht nur Scheintugend hervorbringen.

Dieses Problem wird in den Dialogen mit aller Deutlichkeit vorgeführt. Im *Laches* scheitert der Militär an der Ausfüllung des Vernunftprinzips. Auf Sokrates' Frage, worin jene Einsicht besteht, die zur Beharrlichkeit hinzukommen muss, vermag er keine schlüssige Antwort zu geben. Eine praktische Vernunft in Form einer Kalkulation von Risiken, Erfolgschancen oder möglichen Verlusten und Gewinnen sowie die Expertise in Kampftechniken und kriegsnahen Künsten bezeichnen für ihn kein tugendbegründendes Wissen. Eine andere Art von Einsicht vermag er jedoch nicht anzuführen, so dass er zuletzt auf die bloße Beharrlichkeit zurückfällt (Lach. 192e–193d).

Im *Charmides* scheitert der junge Charmides an der Auslegung des Prinzips des ›Seinen‹. Auf Sokrates' Hinweis, dass der Bedeutungsgehalt des Begriffs nicht unmittelbar evident und der Sinn dieser Formel erst zu klären ist, reagiert er mit Ratlosigkeit (Charm. 161c–162b). Kritias, der Vetter des Charmides, übernimmt das Gespräch und legt das Handlungsprinzip als ›Tun des Guten‹ aus (Charm. 163a–e). Damit wird das ›Seine‹, das eine Referenz zu den Fähigkeiten und Aufgabenfeldern der individuellen Person anzeigt, an einen Wertbegriff gebunden. Das Problem ist damit jedoch nicht gelöst. Auch hier ist der Bedeutungsgehalt des Begriffs zu klären. Was ist das Gute?

Ein ganz ähnliches Problem findet sich im *Thrasymachos*. Sokrates' Frage nach der inhaltlichen Ausfüllung des Prinzips ›Freunden Gutes, Feinden Übles tun‹ bringt Polemarchos in deutliche Erklärungsnot. Beim Anwendungsbereich der Gerechtigkeit denkt er zunächst an kriegerische Konflikte. Durch Kriegführung, militärische Bündnisse und vertraglich abgesicherte Verteidigungsgemeinschaften nutzt der Gerechte den Freunden und schadet den Feinden (rep. 332e).

Worin aber nutzt die Gerechtigkeit im Frieden? Polemarchos vermag hier nichts anderes als den ökonomischen Bereich anzuführen: Die Gerechtigkeit ist nützlich in geschäftlichen Verhandlungen und im Geldverkehr. Sie dient letztlich der Sicherung des privaten Eigentums (333a–c). Die Tugend erscheint somit als Instrument der Selbsterhaltung. Sie ist auf die Sicherung von Leben und Eigentum ausgerichtet. Die Besitzstandswahrung wird von Polemarchos als letztes Handlungsziel gesetzt.

Die Problematik solch einer Vorstellung zeigt Sokrates am Beispiel des Geldbesitzes auf (rep. 333c–e). Geld entfaltet seinen Wert erst dann, wenn es eingesetzt und gebraucht wird. Der bloße Besitz ist wenig wert. Wird der instrumentelle Charakter des Geldes verkannt, so verkehrt sich die im Eingangsgespräch von Kephalos geltend gemachte Mittel-Zweck-Relation (rep. 329d–331a) ins Gegenteil: Die Tugend wird zum bloßen Instrument degradiert und das materielle Eigentum zum Handlungszweck erhoben.

Wie wenig begründet Polemarchos' Tugendauffassung ist, zeigt sich auch an der Freund-Feind-Unterscheidung. Weder kann Polemarchos überzeugende Kriterien für die Bestimmung von Freund und Feind anführen (rep. 334c–335a) noch lässt sich diese Unterscheidung widerspruchsfrei denken. Wie die sokratische Prüfung aufzeigt, ist die Schädigung von anderen Personen mit dem Prinzip der Tugend unvereinbar. Es kann niemals Sache des Gerechten sein, Schaden zuzufügen, weil das Gute nicht sein Gegenteil – das Schlechte – intendieren und hervorbringen kann (rep. 335b–d). Das Zufügen von Schaden ist folglich immer

Ausdruck von Ungerechtigkeit. Das von Polemarchos angeführte Handlungsprinzip ist damit – zumindest teilweise – falsch. Übrig bleibt: Gerechtigkeit ist ›Gutes tun‹. Was aber ist das Gute?

In allen Dialogen zeigt sich also ein ähnliches Problem: Die Wertprinzipien, die die Verhaltensmuster und Charakterhaltungen begründen sollen, bleiben letztlich unausgefüllt. Der Mangel der dritten Stufe verweist auf die Notwendigkeit einer Erkenntnisleistung, die den Handlungsprinzipien ein Fundament gibt. Das ist in letzter Instanz die Erkenntnis des Guten, die auf der vierten Stufe als eigentliche Ursache und Begründung der Tugend aufscheint.

Vierte Stufe: Auf der vierten Stufe wird die Tugend als eine spezifische Erkenntnis definiert, die handlungsbegründende und -leitende Funktionen besitzt. Im *Laches* übernimmt nach dem Scheitern des Militärs sein Kollege Nikias das Gespräch und definiert die Tapferkeit als Erkenntnis des Furchtbaren und Unbedenklichen (Lach. 194e/195a). Was damit genau gemeint ist, zeigt sich wenig später: Nikias bestimmt diese Erkenntnis als praktische Urteilskraft, die einzuschätzen vermag, welche Dinge und Ereignisse in einer bestimmten Situation zu fürchten oder nicht zu fürchten sind (Lach. 195b–196a).

Diese Erklärung basiert auf der Prämisse, dass Lebensgüter und Geschehnisse nicht per se gut oder schlecht sind. So kann es zum Beispiel für jemanden in einer bestimmten Situation besser sein, von einer Krankheit nicht zu genesen, das Eigentum zu verlieren oder eine Niederlage im Krieg zu erleiden (Lach. 195c–196a).

Nach welchen Kriterien aber wird geurteilt? Die von Nikias gemeinte Erkenntnis des situativ Besseren oder

Schlechteren setzt einen Wertmaßstab voraus, an dem sich das praktische Urteil orientiert. Diese Prämisse deckt Sokrates in der Prüfung auf, indem er das gemeinte Wissen als umfassende Einsicht in das Gute und Üble darstellt (Lach. 198b–199c). Wenn der Tapfere das bevorstehende Gute und Üble erkennt, so besitzt er ein allgemeines Wissen vom Guten, das ihm auch die Erkenntnis des Förderlichen und Verderblichen in Vergangenheit und Gegenwart ermöglicht. Darüber hinaus bringt solch ein Wertwissen alle ethischen Qualitäten, also nicht nur die Tapferkeit, hervor. Als Begründung der Tugend scheint hier die Erkenntnis des Guten auf. Bei Nikias ist diese Erkenntnis allerdings nur eine beanspruchte, jedoch noch längst nicht eingelöste Erkenntnis. Wenn er die Weisheit (*sophía*), die alle Tugenden umfasst, mit der Tapferkeit identifiziert, dann versteht er weder die Weisheit noch die Tapferkeit (Lach. 199d/e).

Im *Charmides* führt Kritias als tugendbegründende Einsicht zunächst die Selbsterkenntnis (Charm. 164d) an. Diese Erkenntnis spezifiziert er in der Untersuchung als Reflexion auf Wissen. Besonnenheit ist ›die Erkenntnis ihrer selbst und der anderen Erkenntnisse‹ (Charm. 166c). Gemeint ist hier zum einen ein Bewusstsein vom Wissen als solchem und zum anderen ein Bewusstsein von den besonderen Wissenschaften und Künsten. Dieses selbstbezügliche Wissen wird im weiteren Gespräch durch eine prüfende Urteilskraft ergänzt, die den Wissensstand einer Person richtig einzuschätzen vermag, die also vorhandene Kenntnisse, Defizite sowie Scheinwissen als solches identifizieren kann (Charm. 167a). Als Möglichkeitsgrund dieser Urteilskraft wird das selbstbezügliche Wissen gesetzt.

Im Dialog hat die Selbsterkenntnis die Funktion einer

Begründung der zuvor mit der Besonnenheit identifizierten Handlungsprinzipien. Der Begründungszusammenhang erschließt sich über den besonderen Wert, der hier dem Wissen und der Fähigkeit zum Wissen beigemessen wird. Das Wissen ist nach Kritias das Wertvolle, Gute. Das Handlungsprinzip ›Tun des Guten‹ begründet Kritias durch eine Orientierung am Wissen, die das Handeln leitet und rechtfertigt. Gut ist das Handeln dann, wenn es auf Wissen basiert. Das Wissen fundiert die Richtigkeit und Bestheit des Handelns in allen Lebensbereichen und sichert den Handlungserfolg. Das ›Tun des Seinen‹ wiederum wird durch die richtige Einschätzung des eigenen Wissensstandes begründet. Die Kenntnis der eigenen Fähigkeiten, Kompetenzen und Defizite ermöglicht eine sachgerechte Bestimmung der eigenen Aufgabe innerhalb der Gemeinschaft, also eine richtige Bestimmung und Wahl des ›Seinen‹.

In der sokratischen Prüfung zeigt sich allerdings, dass die als ›Erkenntnis der Erkenntnis‹ verstandene Selbsterkenntnis das nicht zu leisten vermag, was sie leisten soll. Ganz unabhängig davon, ob solch eine rein selbstbezügliche, von jedem Gegenstandsbezug losgelöste Erkenntnis überhaupt möglich ist (Charm. 167c–169a), weist sie keinen großen Nutzen auf. Die selbstbezügliche Erkenntnis befähigt nicht dazu, Wissen zu prüfen und echtes Wissen von Scheinwissen zu unterscheiden, da hierfür eine Sachkenntnis im jeweiligen Fachbereich notwendig ist (Charm. 170a–171c).

Doch selbst wenn sie solch eine Urteilskraft begründen könnte, wäre sie ohne großen Nutzen. Sie würde lediglich gewährleisten, dass in den verschiedenen Tätigkeitsbereichen der Gesellschaft, in Landwirtschaft, Industrie, Handwerk, Medizin, Militärwesen, kein Halb- oder Scheinwissen, sondern fachliche Kompetenz waltet und dadurch die bestmögliche Versorgung mit allen lebenswichtigen Gütern erfolgt (Charm. 171d–172a, 173b/c). Ein gutes Leben wäre dadurch jedoch noch nicht garantiert. Dazu bräuchte es eine Kompetenz, die die verschiedenen Fachdisziplinen und Güter richtig einsetzen und sinnvoll gebrauchen kann, die also zu beurteilen vermag, was in der konkreten Situation wirklich gut, nützlich und förderlich ist. Für ein gutes Leben bedarf es der Erkenntnis des Guten (Charm. 174b–d), die am Ende des Dialogs als eigentliche Begründung des ›Tuns des Seinen‹ und des ›Tuns des Guten‹ aufscheint. Selbsterkenntnis ist zuletzt Erkenntnis des Guten. Nicht das Wissen als solches oder das Bewusstsein der Wissensfähigkeit konstituiert die Identität und die ethische Qualität, sondern das Gute, welches das Wissen erfüllt und zu gebrauchen versteht. Indem Kritias die Orientierung am Wissen als Begründung von Tugend setzt, offenbart er, dass ihm die wahre Begründung fehlt.

Im *Thrasymachos* wird auf der vierten Stufe zunächst keine spezifische Erkenntnis angeführt. Das Erkenntnismoment scheint jedoch im Verlauf der Untersuchung deutlich auf. Nach dem Scheitern des Polemarchos mischt sich Thrasymachos ungefragt ins Gespräch ein und bestimmt das ›Zuträgliche des Stärkeren‹ als Gerechtigkeit (rep. 338c). Gemeint ist hier der politisch Stärkere, der sich im Machtkampf durchsetzt und dem Schwächeren Gesetze vorschreibt, die die Interessen und den Vorteil des Stärkeren sichern. Zunächst wird das als allgemeines Prinzip verstanden, das auf alle Regierungsformen zutrifft. In der Untersuchung zeigt sich jedoch schnell, dass für Thrasymachos nur der Tyrann der wirklich Starke ist.

In der Bestimmung sind zwei Prämissen enthalten:

1. Der Stärkere bestimmt, was das Zuträgliche, Gute ist. Wahrheit besitzt keine Unabhängigkeit und Objektivität, sondern unterliegt der Willkür des Stärkeren. Dieser ist Maßstab bei der Beurteilung des situativ Guten.
2. Der Stärkere hat ausschließlich das ihm Zuträgliche im Blick und gebraucht die Schwächeren als Mittel zu dessen Erfüllung.

Beide Prämissen erweisen sich in der Untersuchung als unhaltbar und widersprüchlich. Sokrates formuliert zunächst den Einwand, dass im Fall eines Irrtums des Stärkeren die Bestimmung ins Gegenteil umschlägt: Das Gerechte ist dann das dem Stärkeren Unzuträgliche (rep. 339b–e).

Thrasymachos reagiert auf diesen Einwand mit dem strikten Ausschluss des Irrtums: Der Stärkere, insofern er wirklich der Stärkere ist, irrt sich nicht. Um dieser These Plausibilität zu verleihen, greift er auf das Paradigma der Künste und Wissenschaften zurück. So wie der Meister in einer Kunst nicht fehlt, sofern er wirklich Meister ist und seine Kunst vollkommen beherrscht, so besitzt auch der Stärkere ein vollkommenes Wissen und fehlt nicht in der Bestimmung des Zuträglichen (rep. 340d–341a).

Mit dieser Argumentation gerät seine These jedoch in einen Widerspruch. Der Begriff einer vollkommenen Kunst impliziert eine Orientierung an der Sache und ist mit dem selbstbezüglichen Vorteilsstreben unvereinbar. Die vollkommene Kunst besorgt das Zuträgliche nicht sich selbst, sondern ihrem Gegenstand, da sie in ihrer Vollkommenheit ohne Bedürftigkeit ist. Angewendet auf den Stärkeren bedeutet dies: Der politisch Stärkere – der Herrscher oder Regent –, der die vollkommene Kunst besitzt, besorgt nicht sich selbst das Zuträgliche, sondern das Zuträgliche für die Schwächeren und Regierten (rep. 342e).

In der sokratischen Prüfung wird der Widerspruch zwischen dem von Thrasymachos zugrunde gelegten subjektiven Maßstab und seinem Anspruch auf objektive Wahrheit offenbar: Thrasymachos unterwirft die Wahrheit der eigenen Willkür, möchte sich jedoch beim Guten keineswegs mit dem bloßen Dafürhalten oder dem Schein begnügen (rep. 340b–341a). Das von ihm angestrebte Zuträgliche, Gute soll das wirklich Gute sein (vgl. rep. 505d). Das wahrhaft Gute ist jedoch von der Ausrichtung auf einen objektiven Maßstab abhängig. Das Dilemma des Thrasymachos besteht also darin, dass die Unterwerfung der Wahrheit unter das eigene Maß das Ziel des Wollens verfehlt, die Erfüllung des Wollens hingegen eine Suche nach Erkenntnis erfordert, die eine unabhängige Wahrheit anerkennt. Das Ende des Dialogs macht sowohl die Nichtigkeit und Ohnmacht des bloßen Anspruchs als auch die Notwendigkeit und Macht der Erkenntnis des Guten deutlich.

Der synoptische Überblick zeigt, dass die Tugenddialoge eine ähnliche Struktur aufweisen. Die Erkenntnisbewegung durchläuft verschiedene Stufen, die in jedem Dialog ähnlich wiederkehren. Die gesuchte Tugend wird zunächst mit äußeren Verhaltensmustern identifiziert. Auf der zweiten Stufe werden seelische Dispositionen und Charakterhaltungen angeführt. Auf der dritten Stufe werden allgemeine Handlungsprinzipien benannt. Und schließlich wird auf der vierten Stufe eine Erkenntnisleistung in Form von praktischer Urteilskraft und der Einsicht in das Gute als Tugend bestimmt.

Diese Stufen entsprechen den menschlichen Grundfähigkeiten. Der Erkenntnisweg lässt sich insofern auch als Durchgang durch die menschlichen Vermögen verstehen: Der Weg beginnt bei der Körperlichkeit und Sinnlichkeit und führt über die seelischen Potenzen und die rationalen Fähigkeiten der Urteilskraft, der Überlegung und Entscheidungsfähigkeit zu einem orientierenden, richtunggebenden Vermögen. Diese Fähigkeiten sind jeweils voneinander abhängig und bilden erst zusammen die leiblich-seelische Ganzheit des Menschen. Der Leib bedarf der Seele, die ihn durch Handlungsziele und Strebekräfte in Bewegung setzt. Die Seele bedarf der Vernunft, die durch Überlegung, Beratung und Entscheidung die seelischen Kräfte lenkt. Die Vernunft wiederum bedarf einer Orientierung am Guten.

Dieser Begründungszusammenhang spiegelt sich in der Abfolge der Stufen des Aufstiegs wider. Die Stufen folgen also keineswegs zufällig oder willkürlich aufeinander. Im Dialog wird die Tugend sozusagen ›von unten‹ her aufgebaut, also ausgehend von der Ebene der sinnlichen Erscheinung bis hinauf zur letzten geistigen Ursache.

Die Metapher vom Aufstieg, die Platon in den Gleichnissen verwendet, legt eine vertikale Bewegung von ›unten‹ nach ›oben‹ nahe. Man kann jedoch die Stufen auch als konzentrische Kreise denken – als eine Bewegung von ›außen‹ nach ›innen‹, von der ›äußeren‹ Handlungssphäre zu den ›inneren‹ Vermögen bis hin zum ›innersten‹ Kern.

Bei dieser Form der Verbildlichung der Erkenntnisbewegung wird allerdings ein anderer Aspekt in das Zentrum der Aufmerksamkeit gerückt: Während das vertikale Modell die höhere Wertigkeit der geistigen Vermögen betont, hebt das konzentrische Modell deren Eigenschaft als personales Zentrum hervor. Beide Modelle legen jedoch einen Beginn der Bewegung bei der sinnlichen Wirklichkeit nahe. Das ist plausibel, weil die wahrnehmbaren Erscheinungen das ausmachen, was wir mit unseren Erkenntnisorganen zuerst erfassen.

Das vorantreibende Moment im Aufstieg ist das Ungenügen auf jeder Stufe. Immer zeigt sich ein spezifischer Mangel: Die Verhaltensmuster zeichnen sich durch eine ethische Wertindifferenz aus. Die seelischen Eigenschaften sind ebenso zwiespältig hinsichtlich ihres ethischen Wertes. Die allgemeinen Handlungsprinzipien sind auf praktische Einsicht angewiesen, um Wirksamkeit zu entfalten. Die praktische Urteilskraft wiederum bedarf eines Wertmaßstabes, um das situativ Bessere und Schlechtere jeweils einschätzen zu können. Dieser Orientierungspunkt wird in den Dialogen als Erkenntnis des Guten bestimmt. Die Werterkenntnis, die auf der letzten Stufe des Aufstiegs aufscheint, hat die Funktion einer Letztbegründung. Von ihr sind alle anderen Fähigkeiten und Prinzipien abhängig. Wird diese Erkenntnis verwirklicht, so bestimmt sie alle Vermögen und verleiht ihnen ethischen Wert. Das Gute bildet das Fundament der praktischen Urteilskraft, die Urteilskraft begründet die allgemeinen Handlungsprinzipien und steuert die Charakterhaltungen, die sich wiederum in tugendhaften Handlungen verwirklichen, die als Verhalten sichtbar in Erscheinung treten.

Fehlt die Erkenntnis des Guten, so erliegen alle Vermögen dem scheinbar Guten. Platon zeigt in den Dialogen deutlich auf, dass die Gesprächspartner ihren Anspruch auf eine höchste Werterkenntnis nicht einzulösen vermögen. Die als Begründung geltend gemachte praktische Vernunft orientiert sich an den Lebensgütern. Das Gute wird mit Reichtum, Macht, Ansehen, Lust, Ehre, Ruhm oder auch mit Wissen wie im *Charmides* identifiziert. Da die so ausgerichteten Bedürfnisse kein eigenes, ihnen inhärentes Maß besitzen, ist das Streben nach Gütern immer der Gefahr ausgesetzt, maßlos zu werden. Ohne regulierendes Prinzip mündet es zuletzt in die Pleonexie, das Mehrhabenwollen, das Thrasymachos offen als Handlungsintention benennt (rep. 343a–344c).

Die an den Gütern orientierte Vorstellung vom Guten wird im Verlauf der Dialoge von den Partnern zunehmend klarer artikuliert und zeigt sich vor allem am Ende der Gespräche. Hier kommen häufig die letzten Handlungsziele zum Vorschein, die den anfänglichen Tugendbestimmungen zugrunde lagen. Die Erkenntnisbewegung, die die Partner im Dialog vollziehen, lässt sich insofern als stufenweise Aufdeckung der eigenen Handlungsgrundlagen verstehen. Sie stellt analog zum sokratischen Aufstieg eine Stufenbewegung dar, die allerdings eine ganz andere Richtung nimmt: Während sich Sokrates dem Verständnis der gesuchten Sache annähert, vollziehen die Partner nur eine Bewegung hin zu den eigenen Wertsetzungen.

Diese unterschiedlichen Richtungen sind in verschiedenen Intentionen begründet: Sokrates zielt auf Erkenntnis der Wahrheit. Die Partner hingegen sind primär um die Aufrechterhaltung ihres Anspruchs auf Erkenntnis und Tugend bemüht. Der Widerspruch auf jeder Stufe bietet für sie Anlass, sich von den gescheiterten Bestimmungen zu tieferen Voraussetzungen zurückzuziehen. Die Widersprüchlichkeit treibt sie immer weiter in die letzten Prämissen des eigenen Denkens und Handelns hinein.

Diese Unterschiede zeigen, dass der Stufenweg nicht als solcher zum Erfolg führt. Entscheidend sind vielmehr die Intentionen und inneren Einstellungen.

Aufstieg zum Bewusstsein und Aufstieg zur Erkenntnis

Die Gegenläufigkeit der Bewegungen bei ähnlicher Stufenfolge soll anhand des *Thrasymachos* unter Einbezug des Höhlengleichnisses verdeutlicht werden.[15] Im Höhlengleichnis verweist Platon an einigen Stellen auf die Gerechtigkeit als Gegenstand des Aufstiegs (rep. 517d/e, 520c), so dass es naheliegt, die dort beschriebenen Stufenbewegungen auf den *Thrasymachos* zu beziehen.

Die im Höhlengleichnis dargestellte Ausgangssituation besteht im Blick auf die Schatten an der Höhlenwand (rep. 515a). Dem entspricht die Perspektive des Kephalos, der auf die Phänomene seines Erfahrungsbereichs, des geschäftlichen Lebens, ausgerichtet ist und das ›Wiedergeben des Empfangenen‹ für den Inbegriff der Gerechtigkeit hält. In dieser Tugendvorstellung ist jene Reziprozität bzw. Gegenseitigkeit des Sozialverhaltens eingefasst, die von Polemarchos später deutlich artikuliert werden wird. Das von Kephalos gemeinte ›Wiedergeben‹ basiert auf Vertragsbeziehungen, die durch die Wechselseitigkeit von Leistung und Gegenleistung bestimmt sind. Tausch und Wechselseitigkeit sind in diesem Gerechtigkeitsverständnis zuerst an materielle Güter gebunden. Die materielle Orientierung verweist auf den Zweck der vertraglichen Beziehungen: Der Vertrag verhindert Übervorteilung und Einseitigkeit des Gewinns und sorgt für Ausgleich. Gerechtigkeit wird hier bereits instrumentell verstanden: Das vertragskonforme Verhalten dient der Sicherung des Besitzes. Die sokratische Prüfung setzt, wie bereits erwähnt, bei dem von Kephalos benannten ›Wiedergeben‹ an und verweist auf die Problematik einer Identifizierung von Verhaltensmuster und Tugend. Das ›Wiedergeben‹, also die formale Einhaltung eines Vertrags, ist nicht an sich bzw. von vornherein gut, sondern kann unter Umständen auch schlecht sein.

Nachdem Kephalos in seinen Bemühungen gescheitert ist, versucht Polemarchos durch Verallgemeinerung der besonderen Verhaltensweisen die vertragsorientierte Gerechtigkeitsvorstellung zu retten. Seine Bestimmung ›Freunden Gutes und Feinden Übles tun‹ ordnet die konkreten Verhaltensmuster des Wiedergebens und Behaltens den allgemeinen Prinzipien des Guten und Üblen unter. Polemarchos' Definition der Gerechtigkeit entspricht im Höhlengleichnis der Stufe der künstlichen Gegenstände (rep. 515d). Mit den Artefakten sind hier die allgemeinen Handlungsprinzipien gemeint, die ›hinter‹ den Verhaltensweisen, also den Schatten, wirksam sind.

Die von Polemarchos vorgenommene Unterscheidung zwischen Freund und Feind deckt eine Prämisse auf, die schon Kephalos' Vorstellung von Gerechtigkeit zugrunde lag. Im Vertragsdenken ist die Kategorie des Feindes immer schon mitgedacht: Feind ist diejenige Person, die das Prinzip des Ausgleichs verletzt und das Eigentum des anderen bedroht. Bei Kephalos ist das Feinddenken jedoch noch nicht dominant. Der Geschäftsmann hat eine bürgerliche Gesellschaft der Freunde, der Kooperationspartner, im Blick, die auf der Übereinkunft beruht, dass die Einhaltung eines Vertrags für alle von Nutzen ist. Diese Übereinkunft kann jedoch aufgrund wachsender Bedürfnisse schnell aufgekündigt werden. Das Prinzip des ›Gleichhabens‹ droht in diesem Fall zu kippen und in das ›Mehrhabenwollen‹ umzuschlagen, das sich selbst vervielfacht, indem es entsprechende Gegenreaktionen hervorruft. Das von Polemarchos geltend gemachte Gesetz der Reziprozität besagt, dass man auf einen erlittenen Schaden mit Gegenschädigung reagieren darf, also Feinden Übles tut. Die darin liegende Tendenz zur ungehemmten Aneignung von fremdem Eigentum legt Sokrates mit dem Argument offen, dass der Gerechte, so wie ihn Polemarchos auffasst, sich nicht nur darauf versteht, das Geld aufzubewahren, sondern auch darauf, es zu unterschlagen. Denn was einer »gut hüten kann, das kann er auch gut abstehlen« (rep. 334a). Allerdings ist dies kaum mit dem Prinzip der Tugend zu vereinbaren, wie die sokratische Prüfung zuletzt zeigen wird. Die Schädigung steht in Widerspruch zum Prinzip des Guten, das niemals sein Gegenteil, das Schlechte, hervorbringen kann (rep. 335b–e).

Der Widerspruch ist für Thrasymachos Anlass, eine Radikalisierung der Position vorzunehmen. Er reagiert mit einer vehementen Selbstbehauptung in Form einer Beharrung auf dem Tugendanspruch und eines Plädoyers für eine schrankenlose Durchsetzung des Eigeninteresses. Seine Bestimmung von Gerechtigkeit als ›das Zuträgliche des Stärkeren‹ entspricht im Höhlengleichnis der Stufe des Feuers (rep. 515e). Im Gleichnis wird mit dem Feuer die Ebene der Begründung verbildlicht. Das Feuer ist zum einen Ursache des Seins der künstlichen Gegenstände: Mit Hilfe des Feuers werden die Artefakte hergestellt. Zum anderen bildet es die Ursache der Sichtbarkeit. Das Feuer wirft

Licht auf die Gegenstände und lässt deren Schatten an der Wand sichtbar werden. In ähnlicher Weise bringt die im Tugenddialog als Begründung angeführte praktische Vernunft, die an bestimmten Vorstellungen vom Guten orientiert ist, die Handlungsprinzipien und konkreten Verhaltensweisen hervor. Darüber hinaus bestimmen die Vorstellungen vom Guten die Perspektive auf die Wirklichkeit. Sie leiten die Wahrnehmung und Beurteilung der Phänomene.[16]

Die von Thrasymachos geltend gemachte ausschließliche Orientierung am Eigeninteresse stellt sowohl eine Offenlegung als auch eine Radikalisierung der Antriebe der vertragsorientierten Gerechtigkeit dar. Das Streben nach Besitz, das bei Kephalos und Polemarchos als Handlungsziel bereits wirksam war, wird jetzt offen artikuliert. Zugleich nimmt Thrasymachos eine Entgrenzung vor: Der Vertrag mit seinen Prinzipien der Wechselseitigkeit, des Ausgleichs und der Achtung vor dem fremden Eigentum wird aufgehoben und durch das Recht des Stärkeren ersetzt, das auf der Missachtung von Eigentums- und Freiheitsrechten fußt. Der Starke nimmt sich das, was er haben will, und sichert sich mit Mitteln der Gewalt seinen Vorteil. Die Unterscheidung zwischen Freund und Feind ergibt hier keinen Sinn mehr, weil der Starke alle anderen seinen Interessen unterwirft und damit eine Welt der Feinde schafft, die ihn selbst einschließt. Wie Platon in der *Politeia* aufzeigt, lebt der Tyrann in Zwiespalt, Streit und Feindschaft mit sich selbst (rep. 351d–352a).

Nach der Widerlegung durch Sokrates nimmt Thrasymachos noch einmal einen großen Anlauf und preist die gewaltsame und hemmungslose Aneignung von Gütern sowie die Verknechtung von Mitbürgern und anderen Staaten als wahre Tugend, Klugheit und Stärke. Der Tyrann, der alles in seine Gewalt bringt und in allem mehr hat, sei der Glücklichste (rep. 343a–344c).

Mit seiner wortgewaltigen Rede gelingt es Thrasymachos jedoch nicht, seine Position durchzusetzen und Sokrates zum Schweigen zu bringen. Vielmehr führt die Rede zu einer neuerlichen Widerlegung. In einem langen Argumentationsgang zeigt Sokrates das Mehrhabenwollen in seiner ganzen Ohnmacht und Nichtigkeit auf. Es ist gerade das nicht, für das Thrasymachos es hält, sondern sein Gegenteil: Schwäche, Unvernunft, Torheit, Elend (rep. 348c–354a).

Dieser letzte Teil des Gesprächs mutet in der Tat wie der mühsame Weg durch einen langen, steilen Aufgang an, so wie er im Höhlengleichnis beschrieben wird (rep. 515e). Thrasymachos lässt sich nur mit großen Widerständen und Schmerzen durch den dunklen Höhlengang nach oben führen. Der Macht der Logik kann er sich letztlich jedoch nicht entziehen. Er stimmt zähneknirschend zu, hält aber innerlich an seinem Guten des Mehrhabenwollens fest. Im Gleichnis wird ein solcher Zustand als geblendeter Blick in das Sonnenlicht beschrieben (rep. 516a). Die Argumente nötigen Thrasymachos, auf das Wahre hinzusehen, doch kann er dies nicht erkennen, weil er auf dem Scheinguten beharrt.

Der Aufstieg in der Höhle ist lediglich ein Aufstieg zum Bewusstsein der eigenen Wertüberzeugungen, der zwar einen Fortschritt gegenüber dem unreflektierten Dasein der gefesselten Höhlenbewohner darstellt, jedoch nicht über die eigenen Setzungen hinausgelangt. Umso interessanter und dringlicher ist die Frage, was den Aufstieg auszeichnet, den Sokrates vollzieht. Trotz einer ähnlichen Stufenfolge liegt hier eine deutlich andere Bewegung vor:

Auch dieser Weg beginnt bei den Schatten. Die Bestimmung der Gerechtigkeit durch Kephalos ist für Sokrates Anlass, die Suche nach der Tugend aufzunehmen. Das ›Wiedergeben‹ wird nicht nach Maßgabe der eigenen Vorstellungen negiert oder bejaht, sondern auf die gesuchte Sache selbst ausgerichtet. Ist das Wiedergeben das Gerechte? Genau diese Frage steht hinter der sokratischen Prüfung. Sokrates stellt die von Kephalos vorgenommene Identifizierung von Verhaltensmuster und Sache selbst in Frage und lässt das ›Wiedergeben‹ als mögliche Erscheinungsweise der Gerechtigkeit sichtbar werden. Im Gleichnis entspricht dies der Stufe der Schatten außerhalb der Höhle (rep. 516a5). Durch die suchende Ausrichtung auf die Tugend lässt Sokrates die Höhlenwelt mit ihrer von Feuer und Artefakten erzeugten Schattenwelt von Anfang an hinter sich.

Sokrates' Argument, dass auch das ›Behalten‹ unter Umständen gerecht sein kann, vervollständigt zum einen den Phänomenbereich, zum anderen aber eröffnet es eine neue Perspektive auf die Sache: Das Argument hat nicht nur einen negativen, sondern auch einen positiven, die Sache selbst erschließenden Effekt. In der Aufhebung der Gleichsetzung des ›Wiedergebens‹ mit dem Gerechten selbst zeigt sich das Gesuchte als etwas, das hinter den Verhaltensmustern wirksam ist. Gerechtigkeit ist das Einheits- und Wertprinzip, das den äußeren Handlungsbereich reguliert, jedoch darin selbst nicht aufgeht. Im Höhlengleichnis entspricht dem die Stufe der im Wasser gespiegelten Bilder (rep. 516a6–7), die eine Zwischenstufe darstellt. Die Einsicht geht hier schon über den Phänomenbereich hinaus, erreicht aber noch nicht das Wesen der Sache. Das geschieht erst auf der nächsten Stufe.

In der Auseinandersetzung mit Polemarchos' Bestimmung ›Freunden Gutes, Feinden Übles tun‹ zeigt sich das wahre Wesen der Gerechtigkeit. In der Prüfung zerfällt das Prinzip der Reziprozität, das Gleiches mit Gleichem vergilt. Gleichzeitig scheint die Tugend jedoch positiv als ›Tun des Guten‹ auf. Die logische Überlegung, dass das Gute nicht sein Gegenteil wollen und hervorbringen kann, umfasst eine fundamentale Umkehr des Alltagsdenkens. Tugend, so zeigt diese Überlegung, nimmt nicht an dem Maß, was man selbst von anderen empfangen hat, sondern orientiert sich unter Absehung vom Vergeltungsprinzip am situativ Gebotenen. In der Untersuchung der Konsequenzen, die eine Schädigung für die geschädigte Person selbst hat, werden indirekt die Wirkungen des Guten einsehbar. Das Gute fördert, nutzt, macht besser hinsichtlich der menschlichen Tüchtigkeit. Im Höhlengleichnis wird die Einsicht in das Wesen der Gerechtigkeit mit dem Blick auf die natürlichen Gegenstände verbildlicht (rep. 516a7). Mit dem Prädikat der Natürlichkeit wird angedeutet, dass erst jetzt ein wirklicher Gegenstand erreicht ist. Die ›künstlichen Dinge‹ der Höhlenwelt – hier also: die von güterorientierten Vorstellungen bestimmten Handlungsprinzipien – sind fragil, unbeständig und vom Schein bestimmt. Sie lösen sich auf, sobald die letzten Wertsetzungen als problematisch und widersprüchlich erkannt sind.

In der Auseinandersetzung mit Thrasymachos' Recht des Stärkeren wird die Umkehr des Alltagsdenkens auf der

Begründungsebene fortgesetzt. In der Analyse des von Thraymachos eingebrachten Begriffs einer vollkommenen Kunst verfallen die Eigennutzorientierung und das Gute nach subjektiver Willkür dem Widerspruch.

Und auch hier wird in der Widerlegung eine positive Einsicht gewonnen: Die Analogie zu den Künsten legt die Sachbezogenheit des Gerechten offen. Ähnlich, wie die Heilkunst einen bestimmten Objektbereich hat, dem ihre Fürsorge gilt, nämlich den Leib, so ist auch die Gerechtigkeit auf etwas bezogen, das in ihrer Obhut liegt. Und so wie die Heilkunst nicht willkürlich, sondern mit Hilfe ihrer Kunst das Gute, Zuträgliche für den Leib sucht und bestimmt, so ist auch die Gerechtigkeit bei der Bestimmung des jeweils Förderlichen, Guten durch Suche und Überlegung geleitet. Im Höhlengleichnis wird diese Einsicht in die Sachlichkeit und objektive Ausrichtung der Tugend mit dem Blick in die Gestirne des Nachthimmels verbildlicht (rep. 516a7–9)

Die Prüfung mündet zuletzt in die Untersuchung der Ursache der Tugend. In der kritischen Auseinandersetzung mit dem von Thrasymachos benannten Guten als Mehrhabenwollen nähert sich die Erkenntnisbewegung der eigentlichen Begründung von Tugend an. Die Einsicht in die Leere und Widersprüchlichkeit des Scheinguten hat eine befreiende Wirkung und öffnet den Blick auf das wahrhaft Gute.

Das befreiende Moment ist zentral für das Verständnis der sokratisch-platonischen Erkenntnis der Ursache der Bestheit. Platons Konzeption vom Aufstieg liegt die Erfahrung zugrunde, dass die Einsicht in die Substanzlosigkeit der verschiedenen Ausformungen der Selbstsucht eine zunehmende Lösung von diesen Orientierungen bewirkt und in diesem Prozess ein neuer Grund geschaffen wird. Durch die Auflösung der Selbstsucht wird ein Selbst gewonnen, welches nicht mehr dem Zwang erliegt, alles den eigenen Bedürfnissen und Interessen zu unterwerfen, das daher frei, unvoreingenommen, uneigennützig das Gute und Förderliche in der konkreten Situation bedenken und tun kann. Erkenntnis der Ursache ist im Aufstieg zur Tugend immer zugleich Erzeugung der Ursache. Einsicht und Wirklichkeit bilden eine unauflösbare Einheit. Im Höhlengleichnis wird diese Art von Ursachenerkenntnis mit dem Blick in die Sonne verbildlicht (rep. 516b).

Aufstieg als Bildung der Persönlichkeit

Der von Platon konzipierte Aufstieg zur Erkenntnis des Guten stellt den ambitionierten Versuch dar, mit den Mitteln der rationalen Selbstprüfung und der Einsicht die menschliche Selbstsucht zu überwinden. Die im Aufstieg vollzogene Suche nach der Tugend hat zur Folge, dass die Ausrichtung auf den Eigennutz, die Orientierung am Gewinn von Gütern und die übersteigerte Selbstbezogenheit stufenweise aufgelöst werden.

Im *Phaidon* erklärt Platon, dass die Vernunft eine Katharsis, eine Reinigung vornimmt (Phaid. 69b/c). Die der orphisch-pythagoreischen Tradition entlehnte Kategorie verwendet Platon, um damit eine rationale Persönlichkeitsbildung (*paideía*) zu bezeichnen. Im Aufstieg wird eine Reinigung der Tugendvorstellungen von Zerrbildern und Verformungen vollzogen, die mit einer Reinigung der Person von fragwürdigen Antrieben und Zielen verbunden ist. Platon spricht der Einsicht durch Vernunft eine transformatorische Wirkung zu. Nicht nur das Verständnis der Tugend verändert sich im Geschehen des Aufstiegs, sondern auch die Person selbst vollzieht einen Prozess der Formung. Der Suchende wird zunehmend zu dem, was er sucht. Er bildet die Tugend und das Gute, auf das er geistig bezogen ist, in sich aus.

Auf diesen so bedeutsamen Aspekt des Aufstiegs weist Platon in den Dialogen immer wieder hin. In der *Politeia* heißt es etwa: Wer auf das Gute ausgerichtet ist, wird »dieses nachahmen und sich dem nach Vermögen ähnlich bilden« (rep. 500c/d, vgl. leg. 716c/d). Im Rahmen der Gleichnisse erklärt Platon, dass im Bildungsprozess nicht nur das Erkenntnisvermögen, sondern die gesamte Seele mit all ihren Kräften und Fähigkeiten umgewendet wird und eine neue Orientierung gewinnt (rep. 518c).

Der Gedanke der Bildung liefert die Begründung dafür, dass Platon den Aufstieg nicht als einzelnen, singulären Akt, sondern als Erkenntnisbewegung versteht, die immer wieder neu zu vollziehen ist (Men. 85c/d, Phaidr. 246a–249e, epist. VII 341c). An Gütern orientierte Wertvorstellungen, subjektive Wertmaßstäbe und die Orientierung am Eigennutz sind tiefverwurzelte Einstellungen, die nicht durch einen einmaligen Erkenntnisakt aufzulösen sind. Hierzu bedarf es eines langen Bildungsprozesses. Eine selbstverändernde Wirkung lässt sich nur dann erzielen, wenn die Lebensprobleme und Widersprüche des Alltags immer wieder neu zum Anlass genommen werden, die Frage nach der Tugend selbst zu stellen und im prüfenden Durchgang durch die verschiedenen Meinungen Einsicht zu gewinnen. Durch den stetigen Neuvollzug der Erkenntnisbewegung werden gewonnene Einsichten vertieft und zunehmend in der Person verankert. Je intensiver und stärker die Einsicht ist, desto größer ist die Wirkung.

Im *Menon* (97d–98a) führt Platon die mythische Erzählung vom Erfinder und Bildhauer Daidalos an, um den diesbezüglichen Unterschied zwischen Meinung und Erkenntnis zu veranschaulichen: Die unbegründeten richtigen Meinungen sind ebenso unbeständig wie die Bildwerke des Daidalos und können schnell verloren gehen. Die Erkenntnis hingegen gleicht einem festgebundenen Bildwerk. Sie ist in der Person verankert und kann auch in schwierigen Situationen und Affektlagen nicht so leicht erschüttert werden.

Vor dem Hintergrund der platonischen Idee von Bildung wird verständlich, warum Platon in seinen Dialogen unermüdlich dazu auffordert, den Aufstieg selbst zu vollziehen. Das ganze platonische Werk lässt sich als Appell lesen, die Suche nach Erkenntnis selbst aufzunehmen. Dahinter steht die Einsicht, dass die Erkenntnis und Wirklichkeit des Guten nur durch eigene Beschreitung des Weges gewonnen werden können. Eine Übertragung der Resultate des Aufstiegs in ein theoretisches Wissen würde demgegenüber nur begrenzte Wirkkraft besitzen. Solch ein Wissen vermag allenfalls eine orientierende Vorstellung zu vermitteln, doch bliebe es weit hinter dem zurück, was die eigene Einsicht zu leisten vermag.

Als Ergebnis bleibt festzuhalten, dass Platon eine äußerst anspruchsvolle Konzeption des Aufstiegs vorlegt: Sowohl die besondere Methode und Erkenntnisform als auch der Stufenweg stellen eine große Herausforderung dar. Die größte Schwierigkeit aber besteht in der Selbstveränderung, die für den Weg zur menschlichen Bestheit eine so fundamentale Rolle spielt. Im platonischen Aufstieg geht es nicht um die theoretische Beschreibung von Wirklichkeit, sondern um die Hervorbringung der Wirklichkeit des menschlichen Gutseins.

4. Grund und Ziel: Idee des Guten

Das Gute als allumfassende Ursache

Das Ziel des platonischen Aufstiegs bildet das Gute (*tò agathón*). Diese Bestimmung des Ziels ist in dem herausragenden Wert des Agathon begründet, den Platon im Vorfeld der Gleichnisse in besonderer Weise betont (rep. 504a–505b): Das Gute macht alles andere erst nützlich und brauchbar. Es verleiht sowohl den äußeren Lebensgütern als auch den hervorbringenden Künsten Wert und Nutzen und gewährleistet die richtige Anwendung in der konkreten Situation. Das Gute ist Ursache der menschlichen Tugend. Es begründet alle Einzeltugenden – Weisheit, Gerechtigkeit, Besonnenheit, Tapferkeit, Frömmigkeit – und stiftet die Einheit der Tugend. Wer das Gute erkennt und verwirklicht, hat teil an der gesamten menschlichen Bestheit.

Vor dem Hintergrund dieser Bestimmungen erscheint es zunächst überraschend, dass Platon am Ende des Höhlengleichnisses das Gute als allumfassende Kausalität beschreibt. Das Gute ist demnach nicht nur die Ursache der menschlichen Tugend, sondern die Ursache von Bestheit,

Schönheit, Regelmäßigkeit in der gesamten physikalischen Wirklichkeit. Dem ›Blick in die Sonne‹, der die letzte Stufe des Aufstiegs markiert, lässt Platon eine umfassende Ursachenbetrachtung folgen:

> Und dann wird er schon herausbringen von ihr, dass sie [sc. die ›Sonne‹, d. h. das Gute] es ist, die alle Jahreszeiten und Jahresumläufe schafft und über allem waltet in dem sichtbaren Raum und auch von dem, was sie dort [sc. außerhalb der Höhle] sahen, gewissermaßen die Ursache (*aitía*) ist. (rep. 516b/c; vgl. auch rep. 517c)

Für unsere moderne Sichtweise ist das ein außerordentlich schwierig nachzuvollziehender Gedanke. Die Verbindung von ethischem und physikalischem Bereich über eine gemeinsame Ursache erscheint für uns heute wenig einleuchtend. Der enorme Aufschwung der Naturwissenschaften hat in Neuzeit und Moderne zu einer starken Trennung der verschiedenen Wirklichkeitsbereiche geführt. Die Gesetzmäßigkeiten und Abläufe der physikalischen Welt sind dem naturwissenschaftlichen Denken zufolge von ganz anderer Art als die Handlungsprinzipien und Gesetze, die in der menschlichen Welt – wie etwa in Politik und Ethik – gelten.

Um den platonischen Gedanken besser nachvollziehen zu können, ist es sinnvoll, sich einige Grundannahmen der griechischen Vorstellung vom Sein vor Augen zu führen. Das griechische Denken geht von einer Einheit der Wirklichkeit sowie einer Strukturähnlichkeit des gesamten Seins aus. Dieser Annahme zufolge sind auf allen Ebenen des Seienden, also sowohl im mikrokosmischen als auch im makrokosmischen Bereich, ähnliche Grundstrukturen, Prinzipien und Kräfte wirksam. Der Mikrokosmos bildet in Struktur und Zusammensetzung ein Abbild des Makrokosmos. Alles ist aus ähnlichen Grundbausteinen zusammengesetzt (Phil. 28d–30e). So wie der Mensch nicht nur Vernunft und Bewusstsein ist, sondern auch teilhat an den stofflichen Elementen und der Körperlichkeit, so ist die Natur nicht nur stoffliche Materie, sondern auch Geist und Bewusstsein. Alles hat an allem teil, und dadurch sind alle Dinge miteinander verbunden. Auch die grundsätzlichen Bewegungsabläufe in den verschiedenen Bereichen der Wirklichkeit sind nicht gänzlich voneinander verschieden, sondern entsprechen einander (Tim. 36e–37c, 40a/b, 47b/c, 90c/d).

Diese holistische Sicht auf die Wirklichkeit ist altes griechisches Gedankengut, das bereits der vorsokratischen Forschung nach den Ursachen zugrunde lag. Die Naturphilosophen der Vorsokratik suchten nach der *arché*, dem Anfang oder Grund, der die ganze Wirklichkeit als mächtiges, regierendes Prinzip durchzieht, der in allem waltet und das Sein ausmacht, aus dem die Dinge entstehen, in dem sie untergehen, durch das und in dem sie sind.[17] Dabei wurde zunächst nach einer stofflichen Ursache gesucht, die in den Dingen wirksam ist. Thales von Milet (um 624/23 – zwischen 548 und 544 v. Chr.) gelangte zu dem Schluss, dass alle Dinge im Wasser ihren Anfang haben und dies der Urstoff von allem sei. Anaximenes (um 585 v. Chr. – zwischen 528 und 524 v. Chr.) hingegen bestimmte die Luft als *arché*. Dieser Stoff durchziehe, umfasse und belebe die ganze Wirklichkeit, auch den Menschen, dessen Seele aus Luft bestehe. Empedokles (um 495 – um 435 v. Chr.) sah das Urprinzip in den vier Elementen – Wasser, Feuer, Erde, Luft – verkörpert, die von Kräften der Anziehung und Abstoßung bewegt werden. Anaxagoras (um 499–428 v. Chr.) nahm im Gegensatz zu den stofflichen Ursachenlehren einen geistigen Urgrund an – den kosmischen Nous, den er sich allerdings zuletzt doch wieder stofflich vorstellte. Der Nous ist nach Anaxagoras das feinste und reinste von allen Dingen.[18] Damit wird das Geistige unter stoffliche Kategorien gefasst.

Platon knüpft sowohl an die ganzheitliche Auffassung von Wirklichkeit als auch an das vorsokratische Projekt einer Erforschung der Ursachen an. Bei aller Kontinuität bestehen jedoch gravierende Unterschiede, die es rechtfertigen, die sokratisch-platonische Philosophie als Zäsur zu betrachten und philosophiegeschichtlich zwischen Vorsokratik und Nachsokratik zu unterscheiden:

1. Die Ursache wird bei Platon nicht als stoffliches, sondern als geistiges Prinzip verstanden und unter Wertkategorien gefasst: Das Gute ist die Ursache.
2. Das Gute ist im Menschen nicht gegeben, sondern als Wirklichkeit hervorzubringen. Gegeben ist nur die Anlage, ein erster Anfang, der auszubilden und zu entwickeln ist. Platon spricht in diesem Kontext von einer ›ursprünglichen Natur‹ (*archaía physis*) (Tim. 90d5).
3. Die Ursache kann nicht durch Betrachtung des Kosmos erfasst werden. Das naturphilosophische Denken gelangt nach Platon bei der Erschließung eines ersten Anfangs lediglich zu modellhaften Hypothesen über die Ursache, die eine geringere oder höhere Wahrscheinlichkeit besitzen. Problematisch ist zudem, dass diese

Hypothesen auf ungeprüften letzten Voraussetzungen basieren (rep. 533c). Die Erforschung der Ursache ohne Prüfung des Selbst bleibt nach platonischer Auffassung eine bloße Projektion des eigenen Selbst.

Platon beschreitet mit seinem methodischen Zugang einen völlig neuen Weg. Sein Ansatz besteht darin, nicht in der äußeren Natur, sondern am Menschen die Ursache zu suchen. Die Umwendung von der Natur zum Menschen ist bereits in der Sophistik vollzogen worden. Die sophistische Aufklärung kehrte sich von den kosmotheologischen und ontologischen Spekulationen der Naturphilosophie ab und wandte sich der menschlichen Lebenswelt zu. Der Mensch, der die Gesellschaft nach seinen Maßstäben gestaltet und die Natur mit Hilfe seines Verstandes denkt, stand jetzt im Zentrum der Betrachtung. Im Gegensatz zur Sophistik nimmt Platon jedoch keine Selbstsetzung des Menschen als Ursache vor, sondern eine Suche nach der Ursache an den menschlichen Vermögen und Wertvorstellungen. Durch diese Methode wurde der Zugang zu einer Erfahrung des Urprinzips der Wirklichkeit geschaffen, die weit über das hinausging, was in Naturphilosophie und Sophistik erreicht worden war. Die Suche nach der *arché* erfährt hier eine überraschende Wendung. Platon hatte im Anschluss an seinen Lehrer Sokrates den ganz neuen Gedanken, dass über die Erkenntnis der Ursache der menschlichen Tugend die Verbindung zur umfassenden Ursache hergestellt werden kann. Dem liegt die Annahme der Einheit und Strukturähnlichkeit des Seins zugrunde. Dieser Annahme entsprechend sind Bestheit, Schönheit, Harmonie sowie deren Wirkursache – das Gute – im menschlichen und physikalischen Bereich durch eine Wesensähnlichkeit bestimmt. In der Ursache der menschlichen Tugend ist dementsprechend das Prinzip enthalten, das auch in der Ursache der physikalischen Ordnung wirksam ist.

Der Weg über die Tugend stellt nach Platon den einzigen möglichen Weg dar, die Ursache zu erkennen. Das allumfassende Gute wird nur vermittelt über die Ursache des menschlich Guten erfahrbar. Nur dieses können wir wirklich erkennen. Im Aufstieg zur Tugend gewinnt das Gute an Wirklichkeit in der Person und kann in der Wahrnehmung des eigenen Selbst unmittelbar erfahren werden.

Die platonische Erkenntnis der Ursache ist freilich nicht zu verwechseln mit einer mystischen Erfahrung, bei der das Subjekt in einer introspektiven Schau zu einem letzten Seinsgrund zu gelangen und mit diesem zu verschmelzen versucht. Platon unterscheidet zwei verschiedene intellektuelle Akte voneinander:

1. die Erkenntnis und Verwirklichung der Ursache der Tugend im Aufstieg und
2. eine Reflexion auf die Ursache der ganzen Wirklichkeit, die im Anschluss unternommen wird (rep. 516b/c).

Auf der Basis der eigenen Erfahrung der Ursache werden in der Reflexion Schlüsse auf die Kausalität des Ganzen gezogen.

Die kosmotheologischen Reflexionen über die Ursache im platonischen Spätwerk (*Philebos*, *Timaios*, *Nomoi*) sind in genau diesem Sinn zu verstehen. Hier werden keine spekulativen Theorien entwickelt, für die der Status der Erkenntnis geltend gemacht wird. Platon entwirft vielmehr auf der Grundlage des Aufstiegs zur Tugend eine Vorstellung von der Ursache, die stets als solche kenntlich gemacht wird.

Die allumfassende Kausalität wird in den späten Dialogen häufig mit dem Begriff des Nous bezeichnet. Der griechische Ausdruck *noûs* ist schwer zu fassen. Meist wird er mit ›Geist‹, ›Vernunft‹, ›Intellekt‹ oder auch ›Bewusstsein‹ übersetzt. Im kosmologischen Kontext ist damit eine immaterielle Wirkkraft gemeint, die durch das Prinzip des Geistes wirkt.

An einigen Stellen bestimmt Platon den Nous als das Gute (Phil. 22c, Tim. 29d/e, leg. 967a). Dieser Bestimmung liegt der Gedanke zugrunde, dass der allumfassende Geist vollkommen vom Guten bestimmt ist und insofern mit diesem identifiziert werden kann (Phil. 22c).

Im menschlichen Bereich ist das nicht so. Die menschliche Vernunft wird, wie in den Tugenddialogen anschaulich vorgeführt, von unterschiedlichsten Antrieben, Wünschen und Zielen gelenkt. Die Bestimmung durch das Gute ist hier eine Aufgabe, die erst noch zu leisten ist, ein Ideal, dem es sich anzunähern gilt. Dies bildet die Begründung dafür, dass Platon im Kontext des Aufstiegs zur Tugend vorrangig den Begriff des Guten verwendet und dabei als Zielpunkt der Suche das Agathon und nicht den Nous bestimmt.

Bei der Nous-Konzeption knüpft Platon deutlich an die anaxagoreische Tradition an (Phil. 28d, 28c, 30d, leg. 967b, Phaid. 97b–99d). Daraus ist jedoch keineswegs der Schluss zu ziehen, dass Platon im Spätwerk zur vorsokratischen Philosophie zurückkehrt. Die kosmotheologische Ursachenreflexion im Spätwerk bleibt immer an die Erkenntnis der Ursache im Tugenddialog zurückgebunden und hat diese als Fundament.

In den entsprechenden Passagen der späten Dialoge werden unterschiedliche Aspekte des Nous hervorgehoben:

Im *Philebos* ist in bildhafter Form vom ›König des Himmels und der Erde‹ die Rede (Phil. 28c). Das Geistige ist das herrschende, ordnende, gesetzgebende Prinzip. Es verursacht die regelmäßigen Umlaufbahnen der Himmelskörper und bringt damit Zeit und Zeitordnung hervor (Phil 28e, 30c).

In den *Nomoi* wird der Nous nicht nur als Ursache der Bewegung, sondern als eine selbst vollkommene Bewegung beschrieben. Platon vergleicht die Bewegung des Geistes mit einer um den eigenen Mittelpunkt rotierenden Kugel. Diese bewegt sich immer in derselben Art und Weise, auf derselben Stelle, um dasselbe und auf dasselbe hin nach einem Gesetz und einer Regel (leg. 898a/b).

Im *Timaios* wird in einer bildlich ausgeschmückten Erzählung das schöpferische Moment hervorgehoben. In Analogie zu den Meistern der hervorbringenden Künste, die sich durch Sachkenntnis, Gestaltungskraft und kreative Erzeugung von Werken auszeichnen, wird der Nous als Demiurg dargestellt, der den Kosmos im Ganzen und alle Einzeldinge hervorbringt und dabei auf Ordnung, Schönheit, Bestheit und Vollkommenheit zielt. Die Analogie gelangt hier freilich schnell an ihre Grenzen: Der hervorbringende Künstler im menschlichen Bereich orientiert sich bei der Erzeugung seiner Gegenstände an bestimmten Mustern. Der göttliche Demiurg hingegen ist selbst das Muster (Tim. 29e). Platon verweist im *Timaios* auf den Nous als vollkommenes geistiges Lebewesen (*zôon*), welches alle

Formen und Prinzipien der Gestaltung in sich birgt (Tim. 30c–31b, 37d).[19]

Häufig gebraucht Platon auch eine theologisch-religiöse Terminologie: Der Nous wird als ›Gott‹ (*theós*) bezeichnet oder in Anknüpfung an die Vorstellungswelt der Polis-Religion als ›Zeus‹ benannt (Phil. 30d1). In der griechischen Götterwelt ist Zeus die oberste Gottheit, die über die Menschen und den Olymp, den Wohnort der Götter, herrscht.

Platon bedient sich also ganz unterschiedlicher Begriffe, Darstellungsformen und Traditionen. Er greift auf Götternamen, Analogien, Vergleiche, Bilder zurück. Und er schöpft sowohl aus der religiös-dichterischen als auch aus der philosophischen Tradition, um eine Vorstellung vom Urgrund zu entwerfen.

Das Gute als Idee

In der *Politeia* verwendet Platon im Rahmen der Thematisierung des Guten mehrfach den Begriff der Idee (*idéa*). Im Vorfeld der Gleichnisse bestimmt er das Gute als höchstes Wertprinzip und beginnt seine Ausführungen mit den Worten: »Denn dass die Idee des Guten (*idéa toû agathoû*) die größte Einsicht ist, hast du schon vielfältig gehört« (rep. 505a). Auch im Kontext des Höhlengleichnisses wird dieser Ausdruck gebraucht (rep. 517b9, vgl. auch 508e3, 534c1). Die Verwendung des Begriffs der Idee ist dabei vor dem Hintergrund des platonischen Verständnisses von Ideen überhaupt zu deuten.

Der ursprüngliche Wortsinn des griechischen Ausdrucks *idéa* bezieht sich ähnlich wie *eîdos* auf das sinnliche

Erscheinungsbild der Dinge, auf das ›Aussehen‹, die ›Gestalt‹, die ›äußere Form‹, die sinnlich wahrgenommen werden können. Im allgemeinen Sprachgebrauch wurden die Begriffe *eîdos* und *idéa* jedoch auch in einem abstrakteren Sinn verwendet, nämlich zur Bezeichnung etwa des Typischen, der artspezifischen Merkmale von Personengruppen, Lebensweisen oder Staatsformen.

Platon knüpft an dieses Verständnis an. Mit den Ausdrücken *eîdos* und *idéa* bezeichnet er allgemeine Merkmale der Gestalt von Dingen. Die Idee ist bei Platon nicht nur eine Kategorie unseres subjektiven Erkenntnisvermögens, sondern hat eine objektive Bedeutung: Sie ist das Formprinzip der Dinge.

Die Wirklichkeit ist nach Platon sowohl durch Vielheit als auch durch Einheit bestimmt (Phil. 16c/d, rep. 476a5–9). In der natürlichen und menschlichen Welt begegnen wir überall einem Reichtum an Formen, Arten und Variationen. Schneekristalle zeichnen sich durch eine schier unendliche Formenvielfalt aus. Das Element Wasser kann in höchst verschiedenen Aggregatzuständen auftreten, in flüssiger, gasförmiger oder fester Form. Bäume können Nadeln oder Laub tragen, flache oder tiefe Wurzeln, mächtige oder schlanke Stämme haben. Die Schönheit von Dingen kann sich in vielen verschiedenen Farben, Tönen, Gerüchen, Materialien zeigen.

Die Dinge sind jedoch nicht nur durch Vielfalt, sondern auch durch einheitliche Formprinzipien bestimmt. Auf solche Einheitsmomente verweisen die gemeinsamen Strukturmerkmale, die durch Vergleich der sinnlichen Phänomene erschlossen werden können (Phaidr. 249b/c, Tht. 185c–e). Schneekristalle weisen bei aller Vielfalt der äußeren Formen die gemeinsame Struktur eines sechseckigen Prismas auf. In allen besonderen Baumarten findet sich das allgemeine Strukturmerkmal eines Holzgewächses aus Wurzel, Stamm und Ästen. Im Vielen zeigt sich immer zugleich das Eine. Das eine Prinzip kann sich in vielfältiger Weise und in unterschiedlichsten Formen ausprägen, bleibt aber bei aller Differenz der Ausgestaltungen stets ein und dasselbe (rep. 476a). Im Gegensatz zum sinnlichen Phänomen ist es durch Einheit, Identität mit sich selbst und Unwandelbarkeit charakterisiert (rep. 479a–e, Tim. 27d–28a, 52a). Die einzelnen Baumarten können entstehen und vergehen oder sich durch Anpassung an bestehende Lebensbedingungen wandeln. Das Prinzip ›Baum‹ bleibt jedoch immer dasselbe. Die als schön wahrgenommene physische Gestalt kann in anderen Situationen, in anderer Hinsicht oder in Relation zu anderen Gestalten hässlich erscheinen. Das Prinzip des Schönen hingegen ist in jeder Hinsicht und immer das, was es ist. Im Unterschied zu den Phänomenen, die sinnlich wahrgenommen werden können, sind die Formprinzipien nur durch Vernunft erfassbar (rep. 476c–480a, Tim. 28a, 51d–52a). Die Farben und Formen eines schönen Gemäldes kann man visuell wahrnehmen. Die ästhetischen Gesetzmäßigkeiten, nach denen das Bild gestaltet wurde, die die Schönheit dieses Kunstwerks ausmachen, kann man hingegen nur geistig erfassen.

Die Formprinzipien bezeichnet Platon mit dem Begriff der Idee. Eine diesbezüglich feste Terminologie findet sich im platonischen Werk allerdings nicht. Platon gebraucht viele verschiedene Ausdrücke, um dieses Eine zu benennen: Sache selbst (*tò prâgma autó*), Gestalt (*morphé*), Gattung (*génos*), das Seiende (*tò ón*), Wesen (*ousía*), Muster (*parádeigma*). Gemeint ist immer das einheitliche Formprinzip, das vom sinnlichen Phänomen zu unterscheiden ist.

Diese Unterscheidung spielt auch in den Tugenddialogen eine zentrale Rolle: Wie Sokrates häufig zu Beginn der Untersuchung ausführt, bezieht sich die Frage nach der Tugend nicht auf die vielfältigen Erscheinungsweisen, sondern auf die eine Gestalt, die sich in unterschiedlichen Situationen und Verhaltensmustern ausprägen kann. Die Schwierigkeit besteht hier freilich darin, dass das allgemeine Prinzip im Bereich der Ethik nicht einfach, so wie es in den Naturwissenschaften möglich ist, durch Vergleich und Abstraktion des Besonderen gewonnen werden kann. Gerechte Handlungsweisen sind nicht in derselben Weise als Faktizität gegeben wie Bäume, Schmetterlinge oder Schneekristalle. Jeder wahrnehmbare Baum trägt das Prinzip ›Baum‹ in sich. Doch ist nicht jedes Verhalten, das als gerecht beurteilt wird, tatsächlich Ausdruck von Gerechtigkeit. Im Bereich des menschlichen Handelns gibt es Schein, Täuschung, Verformungen, Mischungen aus Irrtum und Wahrheit. Um ethische Prinzipien zu erschließen, ist deswegen kein klassifikatorisches, sondern ein prüfendes Verfahren notwendig, wie es in den Tugenddialogen vorgeführt wird.

Platons Aussagen über die Idee sind vielfach missverstanden worden. Eine nach wie vor einflussreiche Deutungstradition wirft der platonischen Philosophie eine verhängnisvolle Substantialisierung der Idee vor. Platon habe den Fehler begangen, dem Allgemeinen eine eigenständige Existenz zuzusprechen und es von den sinnlichen Dingen abzusondern. Auf diese Weise sei eine Zwei-Welten-Theorie entstanden, die von getrennten Gegenstandsbereichen ausgeht, nämlich von der Welt der wahrnehmbaren sinnlichen Dinge und dem Reich der nur denkbaren intelligiblen Gegenstände, die gegenüber dem veränderlichen Werden das wahre Sein bezeichnen.[20] Angenommen wird zudem, dass diese Ideentheorie das Zentrum des Platonismus bildet und Platons Lösungsansatz bezüglich der Frage nach der Ursache darstellt. Im Gegensatz zu den stofflichen Ansätzen der Vorsokratiker habe Platon die intelligible Idee als Ursache gesetzt und die sinnlichen Dinge durch diese erklärt.

Die ideentheoretische Deutung der platonischen Philosophie stützt sich vor allem auf Buch 5 der *Politeia* (474b–480a) sowie auf eine Passage im *Phaidon* (99d–101e). Im 5. Buch der *Politeia* ist von der Idee die Rede, allerdings finden sich hier keine Aussagen über eine vom Sinnlichen abgetrennte geistige Entität. Wie schon häufig bemerkt worden ist[21], behauptet Platon an dieser Stelle nicht zwei voneinander getrennte Gegenstandswelten, sondern unterscheidet zwischen zwei Sichtweisen der Wirklichkeit. In der Passage wird die Frage erörtert, was einen Philosophen auszeichnet. Platon beantwortet diese Frage durch eine Bestimmung der philosophischen Orientierung, die in Abgrenzung vom Alltagsdenken vorgenommen wird. Das vorphilosophische Denken ist in der Aneignung von Wirklichkeit auf die Dinge bezogen, die der Wahrnehmung unmittelbar zugänglich sind: Farben, Töne, Gerüche, materielle Dinge, konkrete Verhaltensweisen (rep. 476b–d). Diese Wahrnehmungsinhalte werden für den Inbegriff der Wirklichkeit gehalten. Der Philosoph hingegen versucht, ein tieferes Verständnis der Wirklichkeit zu gewinnen. Er strebt danach, die Vielheit und Verschiedenheit der Erscheinungen auf das eine Prinzip hin zu durchdringen (rep. 476c/d). Das philosophische Denken wendet sich der Frage zu, wodurch sich eine Sache wesentlich auszeichnet, was die Schönheit einer als schön wahrgenommenen Gestalt begründet, wodurch ein bestimmtes Verhalten Wert erhält, was Schönheit, Gerechtigkeit und das Gute selbst sind. Im Ausgang von den wahrnehmbaren Phänomenen wird die Frage nach Wesensmerkmalen, Strukturgesetzen und allgemeinen Handlungsprinzipien gestellt.

In der Passage werden also zwei unterschiedliche Orientierungen einander gegenübergestellt:

1. die Ausrichtung auf das Viele und
2. die Ausrichtung auf das Eine.

Die Annahme von zwei getrennt voneinander existierenden Gegenstandswelten lässt sich hier jedoch gar nicht finden. Es wird nirgendwo behauptet, dass die Menge auf eine widersprüchliche, diffuse Sinnenwelt schaut, der Philosoph hingegen den Blick auf eine von der Sinnenwelt getrennte transzendente Ideenwelt richtet. Die Ideen werden lediglich in der Analyse von der Sinnlichkeit abgelöst. Die philosophischen Naturen streben danach, etwa das Schöne selbst oder das Gerechte selbst »für sich zu betrachten« (rep. 476b9), so Platon an der Stelle. Das bedeutet aber nicht, dass sie das separat Betrachtete als eine von der Sinnlichkeit losgelöste eigene Gegenstandswelt verstehen. Zumindest ist hier davon nicht die Rede. Der ontologische Status der Idee wird in der Passage gar nicht thematisiert. Als abgesondert, getrennt (*chorís*) (rep. 476a/b) voneinander werden lediglich die zwei Orientierungen beschrieben.

Im *Phaidon* liegt der Textbefund etwas anders. Hier wird eine Theorie über die Ursache präsentiert, die die Idee als Kausalität der sinnlichen Dinge annimmt (Phaid. 99d–101e). Die Einzeldinge erhalten demnach ihr So-Sein durch Teilhabe an der Idee. Die Sinnendinge sind entsprechend dieser Theorie durch die Idee zu erklären. Um die Ideentheorie im *Phaidon* richtig einordnen zu können, ist der Kontext zu beachten:

Im *Phaidon* führt Sokrates mit Simmias und Kebes ein Gespräch über die Frage der Unsterblichkeit der Seele. Ist die Seele ebenso vergänglich wie der stoffliche Körper? Oder kann sie als Lebensprinzip den Tod niemals annehmen? Die beiden Gesprächspartner des Sokrates sind skeptisch. Im Gespräch wird deutlich, dass sie die Seele stofflich verstehen bzw. als Funktion des Körperlichen auffassen. Um das Verhältnis zwischen Materiellem und Immateriellem zu klären und auf eine geistige Ursache zu verweisen, führt Sokrates eine autobiographische Erzählung an, die seinen intellektuellen Werdegang von der empirisch ausgerichteten Naturforschung zu einem geistigen Verständnis der Ursachen schildert. In diesem Kontext wird eine Ideentheorie dargestellt, die im Gegensatz zur stofflichen Ursachenforschung etwas Immaterielles, nämlich die Idee, als Ursache annimmt.

Es ist keineswegs zufällig, dass Sokrates gerade auf die Ideentheorie zurückgreift, um das Verhältnis zwischen Materiellem und Immateriellem zu thematisieren. Mit der Annahme von Ideen lässt sich Sokrates auf den Verständnishorizont seiner pythagoreisch geschulten Gesprächspartner ein und führt Theoreme an, die diesen durchaus vertraut sind. Wie Aristoteles in der *Metaphysik* (987a, 986a/b) darstellt und Platons Ausführungen zu den ›Ideenfreunden‹[22] im *Sophistes* (246a–249d) andeuten, haben die Pythagoreer ähnliche Forschungen angestellt. Aristoteles erklärt in der *Metaphysik*, dass die Pythagoreer Allgemeinbegriffe wie das Begrenzte und Unbegrenzte, Ruhe und Bewegung, Eines und Vieles als unveränderliche Prinzipien verstanden haben, mit denen das Wesen (*ousía*) der Dinge erklärt werden könne (*Metaphysik* 986a–b, 987a).

Die Ideentheorie im *Phaidon* hat also zum einen eine bestimmte Funktion im Gesprächskontext und ist zum anderen adressatenbezogen. Das wichtigste Argument gegen eine Einstufung dieser Theorie als allgemeine platonische Auffassung ist jedoch die Distanzierung, die Platon hier vornimmt. Die Einordnung der Ideenlehre in die vorsokratische Ursachenforschung und deren retrospektive Darstellung als Stufe von Sokrates' intellektuellem Werdegang signalisierten, dass Platon hier nicht seine letztgültige Antwort auf die Frage nach der Ursache präsentiert. Die Idee wird im *Phaidon* als Hypothese kenntlich gemacht, die zu prüfen und zu überschreiten ist, bis man zu einem letzten Grund (*arché*) gelangt (Phaid. 101d/e, 107b). Indirekt wird damit angedeutet, dass es problematisch ist, wenn man die Idee als letzte Ursache setzt.

Im Dialog *Parmenides* (Parm. 130a–135c) erfährt die Ideentheorie eine Widerlegung. In einem Gespräch zwischen dem alten Parmenides und dem jungen Sokrates wird argumentativ dargelegt, dass das Problem der Teilhabe der Sinnendinge an den Ideen im Rahmen dieser Theorie nicht zu lösen ist (vgl. Phaid. 100d5–6).

Auch im *Sophistes* (246a–d, 248a–249b) werden die Schwierigkeiten solch einer Ideenlehre aufgezeigt. Platon verweist dort auf das Problem eines als völlig unbewegt gedachten Seins. Wenn das Sein mit den unbeweglichen Ideen identisch wäre, so wie die ›Ideenfreunde‹ behaupten, dann müssten Seele, Vernunft, Denken vom Sein ausgeschlossen werden, denn diese sind bewegt und lebendig. Gegen die Ideenlehre wird der Satz angeführt, dass das Sein Leben und Bewegung einschließt und somit nicht in der Idee aufgeht (soph. 248e–249a).

Die Textauswertung zeigt damit: In allen Dialogen, in denen Platon eine Theorie von der Idee als Ursache der sinnlichen Dinge darstellt, erfolgt zum einen eine Distanzierung, indem diese Theorie entweder dem jungen Sokrates oder den ›Ideenfreunden‹ zugesprochen wird. Zum anderen aber wird diese Lehre in ihrem hypothetischen Charakter, ihrer Aporetik oder ihrer Einseitigkeit kritisch reflektiert. Wenn Platon in anderen Dialogen, z. B. im *Euthyphron* (6d11), im *Symposion* (210b2), im *Menon* (72c–e) oder in der *Politeia* den Ideenbegriff verwendet, so liegt diesem Gebrauch ganz offensichtlich ein anderes Verständnis von Ideen und Ursachen zugrunde. Auf jeden Fall ist an diesen Stellen nicht eine Ideentheorie im Sinn des *Phaidon* gemeint.

Es ist ein höchst erstaunliches und seltsames Phänomen, dass das gesamte platonische Werk von einflussreichen Deutungstraditionen und ganzen Forschergenerationen auf der Basis einer Textpassage gedeutet wurde, die eine Ursachentheorie enthält, die in keinem anderen platonischen Dialog, außer im *Sophistes* und *Parmenides* ausgeführt wird, die in diesen Dialogen eine kritische Reflexion erfährt und zudem in Spannung zu Platons Aussagen über die Ursache, wie sie etwa in der *Politeia* und im Spätwerk zu finden sind, steht.

Das Phänomen wäre schlechterdings unerklärbar, wenn nicht Platons wirkungsmächtigster Schüler Aristoteles die Spur zu dieser Deutung gelegt hätte. Wie eingangs bereits erwähnt, deutete Aristoteles Platon als Ideentheoretiker. Sokrates hat der aristotelischen Darstellung zufolge im ethischen Bereich nach Definitionen und dem Allgemeinen gesucht. Platon hingegen habe das Allgemeine als eigenständige Entität aufgefasst und daraus eine Theorie der abgetrennten, intelligiblen Ursachen alles Seienden entwickelt (*Metaphysik* 987b). In einer Fundamentalkritik an solch einer Ideentheorie erklärt Aristoteles, dass die Idee als getrennte Entität gerade das nicht leisten kann, was sie leisten soll: Sie kann nicht Ursache der sinnlichen Dinge sein. Platons Problem bestehe darin, dass er die Teilhabe zwischen Idee und Ding nicht erklären könne. Hier fehle die Annahme einer vermittelnden Wirkursache (*Metaphysik* 987b, 991a).

Aristoteles' Deutung der sokratisch-platonischen Philosophie ist jedoch, wie erläutert, kaum mit dem zu vereinbaren, was uns Platon selbst in den Dialogen mitteilt. Die eigentliche platonische Erkenntnis der Ursache, die im Aufstieg zur Tugend erreicht wird, findet bei Aristoteles gar keine Erwähnung. Insofern sind sowohl seine Platon-Darstellung als auch seine Kritik höchst fragwürdig, zumal diese Kritik ihrerseits vieles von dem anführt, was bereits Platon gegen die Ideenlehre eingewendet hat.

Kehren wir zur Ausgangsfrage zurück: Wie oben angemerkt, verwendet Platon den Ideenbegriff auch im Kontext der Gleichnisse der *Politeia.* Im Rahmen der Gleichnisse wird mehrfach von der ›Idee des Guten‹ (*idéa toû agathoû*) gesprochen. In welcher Weise und zu welchem Zweck wird der Ideenbegriff hier aber verwendet? Platon will mit dem Begriff deutlich machen, dass es beim Aufstieg zur Erkenntnis des Guten nicht um das viele, einzelne Gute, sondern um das eine Gute selbst geht. Auf die Unterscheidung zwischen dem vielen Guten und dem einen Guten wird im Sonnengleichnis ausdrücklich hingewiesen (rep. 507b). Platon will damit den eigentlichen Gegenstand der Suche nach Erkenntnis herausstellen und Missverständnisse ausräumen. Wie im 5. Buch der *Politeia* ausgeführt wird, ist dem vorphilosophischen Denken die Differenz zwischen der Vielfalt der Erscheinungen und der Sache selbst völlig unvertraut. Beides wird miteinander identifiziert. Die wahrnehmbaren Phänomene werden für die Wirklichkeit schlechthin gehalten (rep. 476c).

In besonders anschaulicher Weise stellt Platon das Problem in den Tugenddialogen dar. Die Gesprächspartner haben größte Schwierigkeiten, die Frage nach der Tugend überhaupt zu verstehen. Auf die Frage nach dem einen Wesen antworten sie mit einer Vielheit. Die besonderen Verhaltensmuster werden für die Tugend selbst gehalten. Bei der Aufklärung dieses Irrtums und der Erläuterung des Gegenstandes der Frage gebraucht Sokrates zuweilen auch den Begriff *idéa* oder *eîdos* (Euthyphr. 6d11, Men. 72c–e). In ähnlicher Weise wird auch in den Gleichnissen der Begriff gebraucht, um nämlich zu erklären, dass nicht dieses oder jenes Gute, sondern das eine Gute selbst gesucht ist.

Die Benennung des Guten als Idee hat zu großen Missverständnissen geführt. Die Idee des Guten ist häufig als ein vom Besonderen abstrahierter Allgemeinbegriff gedeutet worden. Man hat oft kritisiert, dass solch ein Abstraktum, das von aller sinnlichen Anschauung und materialen Fülle entkleidet ist, nicht mehr als ein inhaltsloses, leeres Schema zu sein vermag.

Gegen diese Deutung ist jedoch einzuwenden, dass das Gute in den Gleichnissen als aktive, tätige, lebendige Kraft (*dýnamis*, rep. 509b10) beschrieben wird. Platon bestimmt die Idee des Guten als eine hervorbringende Wirkursache (rep. 508e3, 516c1, 517c2). Der Begriff der Ursache (*aitía*) wird in den Gleichnissen in derselben Weise wie in den Nous-Reflexionen der mittleren und späten Dialoge gebraucht. Mit *aitía* ist hier das herrschende, lenkende, regierende Moment sowie der schöpferische Aspekt des Hervorbringens und Erzeugens gemeint. Zur Bezeichnung des lenkenden Moments greift Platon auch auf Kategorien aus dem Bereich der politischen Ordnungsstrukturen zurück: Das Gute wird als Herr, Herrscher, Souverän (*kýrios*, rep. 517c3) bezeichnet oder auch als König (*basileús*, rep. 509d2), ähnlich wie im *Philebos* der Nous (Phil. 28c7).

Die Idee des Guten unterscheidet sich demnach sowohl bezüglich der Wesensart als auch der Funktion ganz erheblich von anderen Ideen: Das Gute ist eine Wirkursache, die anderen Ideen sind Formprinzipien. Das Verhältnis zwischen beiden wird im Sonnengleichnis näher bestimmt: Platon verweist hier auf ein Kausalitätsverhältnis. Das Gute ist Ursache der Ideen. Das Sein (*tò eînai*) der Formen sowie deren jeweilige qualitative Bestimmtheit, ihr besonderes Wesen (*ousía*), sind im Guten begründet (rep. 509b, vgl. 516c1). Das Gute bildet den Grund dafür, dass es überhaupt Formprinzipien der Wirklichkeit gibt, dass sie unwandelbar und beständig sind und dass sie ein besonderes So-Sein haben. Alle Formen sind vom Guten her bestimmt.

Im 10. Buch der *Politeia* entwickelt Platon diesen Gedanken noch einmal in anschaulicher Weise. Hier wird eine Rangfolge der hervorbringenden Tätigkeiten aufgezeigt. Der sogenannte ›Wesensbildner‹ (rep. 597d5) bringt die Formprinzipien hervor, der menschliche Meister ist der ›Werkbildner‹ (rep. 597e), der nach diesen Formen seine Werke gestaltet, und der Maler oder Dichter ist der ›Nachbildner‹ (rep. 597e), der die erzeugte gegenständliche Wirklichkeit bildnerisch nachahmt. Der ›Wesensbildner‹ wird hier – ähnlich wie im *Timaios* der Nous – in Analogie zum hervorbringenden Künstler verstanden und als Gott (*theós*, rep. 597b6) benannt.

In der bildhaften Schöpfungserzählung des *Timaios* wird darüber hinaus der Gedanke entwickelt, dass die Wirkursache Grund für die Verbindung zwischen Formprinzip und Materie ist. Der ›göttliche Demiurg‹ wird hier als gestaltende Kraft beschrieben, die die Urmaterie formt und in eine bestimmte Ordnung bringt (Tim. 30a/b, 50d; vgl. Phil. 26e–30e).

Bei diesen Darstellungen ist freilich immer zu beachten, dass Platon seine Konzeption einer ersten Ursache auf der Grundlage des Aufstiegs zur Tugend entwickelt. Ausgehend von der menschlichen Bestheit wird eine Vorstellung von der kosmischen Ordnung und der *arché* gewonnen. Im *Timaios* ist das besonders gut nachvollziehbar: Der Entwurf eines formgebenden, gestaltenden Demiurgen spiegelt den Bildungsprozess im Aufstieg zur Tugend wider.

Funktionale Bestimmungen des Guten

Die Verwirklichung des Guten ist die wichtigste Aufgabe im menschlichen Dasein. Das wird in den platonischen Dialogen an vielen Stellen betont. In Bezug auf die Frage, was das Gute nun genau ist, äußert sich Platon jedoch äußerst zurückhaltend. In den Gleichnissen finden sich lediglich funktionale Bestimmungen des Guten. In anderen Dialogen bietet Platon zwar inhaltliche Erklärungen, doch wird hier im Grunde genommen nur ausgeführt, worin sich das Gute zeigt, nicht aber, was es selbst ist.

Der Grund für die platonische Zurückhaltung liegt auf der Hand: Das Gute kann nur durch den eigenen Aufstieg zur Erkenntnis gewonnen werden. Zwar ist es möglich, eine Erklärung (*lógos*) vom Guten zu geben (rep. 534b/c). Doch vermittelt diese Erklärung nur eine Vorstellung von der Sache, nicht aber die Erkenntnis und Wirklichkeit des Guten. Platon ist sich der Grenzen und Gefahren eines bloß theoretischen Wissens stets bewusst. Das Wissen kann Anregung zur eigenen Suche sein, kann aber auch die Illusion befördern, mit dem Wissen bereits die Sache selbst zu besitzen. Wendet man sich den platonischen Bestimmungen des Guten zu, so ist diese Gefahr immer mit zu bedenken.

Die meisten Aussagen über die Funktionen des Guten wurden bereits im letzten Kapitel angeführt:

1. Das Gute hat eine Funktion als Wert: Es ist das höchste Wertprinzip, das im menschlichen Bereich Tugend begründet und im Kosmos Schönheit und Bestheit verursacht.

2. Das Gute hat eine schöpferische Funktion: Es bringt Formen, Strukturen, Gestalten und Ordnungen hervor.
3. Es hat eine steuernde Funktion: Das Gute reguliert Bewegungsabläufe und verleiht dem Geschehen Gerichtetheit und Intentionalität.

Zur steuernden Funktion gehört auch die Lenkung des Vernunftvermögens. Im Rahmen der Gleichnisse der *Politeia* entwickelt Platon den Gedanken, dass das menschliche Erkenntnisorgan nicht als solches schon gut und nützlich ist, sondern einer Lenkung bedarf (rep. 518e). Durch Orientierung und Ausrichtung kann das Vermögen Erkenntnisfähigkeit ausbilden und zu seiner eigentlichen Leistung – der Vernunfteinsicht – gelangen. Als lenkende Kraft bestimmt Platon in diesem Kontext das Gute (rep. 508c/d). Das Gute ist insofern Ursache der Erkenntnis, wie im Sonnengleichnis ausgeführt wird (rep. 508e).

Dieser Gedanke ist für das Verständnis des Aufstiegs besonders aufschlussreich: Da im Aufstieg bereits auf den ersten Stufen Einsicht in die Sache erlangt wird, muss das Gute als Ursache der Erkenntnis von Anfang an wirksam sein. Das Gute ist folglich nicht nur Ziel, sondern zugleich auch Grund des Aufstiegs. Es dient der gesamten Erkenntnisbewegung als Fundament und gewinnt in deren Verlauf zunehmend an Gestalt und Festigkeit (rep. 533d1).

Auch im Liniengleichnis (rep. 509d–511e) wird das Gute als Erkenntnisgrund aufgezeigt. Platon unterscheidet hier zwischen der Methode der theoretischen Wissenschaften und dem Verfahren der dialektischen Philosophie: Die Wissenschaften zielen auf die Erfassung des Allgemeinen in ihren spezifischen Sachgebieten. Sie gelangen jedoch zu keiner begründeten Erkenntnis, weil sie von Voraussetzungen und Annahmen (*hypothéseis*) ausgehen, die keinem Rechtfertigungsverfahren unterzogen werden. Das wird am Beispiel der Mathematik genauer erklärt:

> dass die, welche sich mit der Messkunst und den Rechnungen und dergleichen abgeben, das Gerade und Ungerade und die geometrischen Figuren und die drei Arten der Winkel und was dem sonst verwandt ist, in jeder Verfahrensart voraussetzend, nachdem sie dies als wissend zugrunde gelegt haben, keine Rechenschaft weiter darüber weder sich noch anderen glauben geben zu müssen (*lógon didónai*), als sei dies schon allen deutlich, sondern hiervon beginnend gleich das Weitere ausführen und dann folgerechterweise bei dem anlangen, auf dessen Untersuchung sie ausgegangen waren. (rep. 510c/d)

Das Problem besteht darin, dass bestimmte Annahmen als ›Anfänge‹ (*archaí*) gesetzt werden. Sie bilden den Ausgangspunkt der Forschungen, Berechnungen und Beweisführungen und damit sozusagen das Fundament, auf dem die theoretischen Systeme errichtet werden. Da jedoch die Annahmen keinem Begründungsverfahren unterzogen werden, haben die auf ihnen basierenden Sätze und Aussagen einen unsicheren epistemischen Status:

> Denn wovon der Anfang (*arché*) ist, was man nicht weiß, Mitte und Ende also aus diesem, was man nicht weiß, zusammengeflochten sind, wie soll wohl, was auf solche Weise angenommen wird, jemals eine Erkenntnis sein können? (rep. 533c)

Platon spricht den theoretischen Wissenschaften den epistemischen Status eines Verstandeswissens (*diánoia*), das zwischen Meinung (*dóxa*) und Vernunfterkenntnis (*noûs*) angesiedelt ist, zu.

Die dialektische Philosophie bedient sich eines ganz anderen Verfahrens: Die Richtung des Denkens ist hier diametral entgegengesetzt. Die Philosophie macht die Annahmen zum Gegenstand der Untersuchung und geht schrittweise in den Voraussetzungen zurück. Die Prämissen werden geprüft und aufgehoben, bis ein letzter Grund erreicht ist. Die Dialektik betrachtet die Annahmen als »Einschritt und Anlauf, damit sie, bis zum Aufhören aller Voraussetzungen an den Anfang (*arché*) von allem gelangend, diesen ergreife« (rep. 511b). Der Prozess der Untersuchung und Aufhebung der Annahmen ist nach Platon also kein infiniter Regress, sondern gelangt irgendwann zu einem Ende. Es existieren sogenannte letzte Prämissen, deren Auflösung zu einem Grund führt, den das Liniengleichnis als das ›Nichtvoraussetzungshafte‹ (*anhypótheton*) (rep. 511b6 f.) oder als ›voraussetzungslosen Anfang‹ (*archè anhypóthetos*) (rep. 510b7) benennt. Nach Platon ist erst damit ein wirklicher Erkenntnisgrund erreicht. Der ›voraussetzungslose Anfang‹ begründet die Vernunfteinsicht, die über das Verstandeswissen hinausgeht (rep. 511e1), und ermöglicht die Erkenntnis der Formprinzipien (rep. 511b/c). Vom Anfang ausgehend sind auch jene Gegenstände erkennbar, auf die die theoretischen Wissenschaften bezogen sind, die sie jedoch aufgrund des voraussetzungshaften Verfahrens nicht hinreichend zu erfassen vermögen (rep. 511d3 f.).

Wie der Kontext deutlich macht, ist mit dem ›voraussetzungslosen Grund‹ das Gute gemeint. Diese Bestimmung des Guten ist für die Deutung des Aufstiegs interessant. Im Aufstieg zur Erkenntnis des Guten geht es demnach nicht um die Erfassung eines äußeren Gegenstandes, sondern um den Gewinn eines Erkenntnis- und Handlungsgrundes im Menschen selbst. Platon nimmt dabei ein prozessuales Geschehen an (rep. 533c/d). Der gemeinte Grund bildet sich im Verlauf des Aufstiegs allmählich aus. Er gewinnt zunehmend an Festigkeit, Stabilität und Gestalt, ist also einem Prozess des Werdens unterworfen.

Die Bestimmung des Guten im Liniengleichnis bleibt bei aller Klarheit der methodischen und funktionalen Aussagen letztlich doch sehr abstrakt. Etwas mehr Anschaulichkeit und Inhalt lassen sich durch die genauere Bestimmung der letzten Hypothesen gewinnen. Im Liniengleichnis selbst macht Platon dazu keine Angaben. Es bleibt offen, welche Voraussetzungen der Dialektiker untersucht, welches die letzten Prämissen sind, zu denen er vordringt.

Das Höhlengleichnis füllt diese Lücke, indem es die Grundlagen des ethischen Handelns als Gegenstand der Dialektik ausweist (rep. 517e1, rep. 520c6 f.). Es geht demnach um die Untersuchung und Aufhebung der Annahmen über die Tugend und das Gute, die als letzte Prämissen verstanden werden.[23] Diese Einschätzung ist in dem Gedanken begründet, dass die Annahmen über das Gute und das eigene Gutsein das Selbstverständnis der Person konstituieren und dieses Selbstverständnis sowohl der Wahrnehmung der sozialen als auch der natürlichen Welt zugrunde liegt. Unser Selbstbild und unser Selbstverhältnis bestimmen den Zugang zur Welt (Alk. I 133e). Die ethischen Überzeugungen sind insofern nicht nur die letzten Grundlagen des praktischen Handelns, sondern auch die letzten Grundlagen der theoretischen Forschung.

Wie eine dialektische Aufhebung der letzten Prämissen aussieht, wird in den Tugenddialogen vorgeführt. Hier präsentiert Platon einerseits ein voraussetzungshaftes Denken, das bestimmte Wertannahmen als ›Anfänge‹ setzt und auf deren Grundlage urteilt und handelt. Andererseits wird anhand der Sokrates-Figur das dialektische Denken dargestellt, das die Annahmen auflöst, indem es deren Unzulänglichkeit aufdeckt, das schließlich auch die letzte Prämisse – die Vorstellung vom Guten – aufhebt und in diesem Prozess der stufenweisen Auflösung aller Voraussetzungen einen neuen Grund gewinnt. In den Tugenddialogen wird freilich auch deutlich, dass dieser Grund gegen innere Widerstände errungen werden muss. Wie die Dialoge zeigen, sind die gängigen Wertannahmen von Habsucht, Eigennutzdenken und Selbstzentriertheit durchzogen. Die Aufhebung der letzten Voraussetzungen bedeutet, diese Einstellungen loszulassen. Der ›voraussetzungslose Grund‹, die *arché*, ist, so Platon, nur über den Weg der Auflösung der Selbstsucht erreichbar.

Inhaltliche Bestimmungen des Guten

In den platonischen Dialogen werden gelegentlich auch inhaltliche Bestimmungen des Guten gegeben. Diese Erklärungen beschreiben jedoch nicht das Gute selbst, sondern stellen eher Ausformungen und Manifestationen des Guten dar.

Im *Gorgias* (506d/e) bestimmt Platon das Gute als Ordnung der Seele (*psyché*). Ähnlich wie die technischen Werke, die lebendigen Organismen und der menschliche Körper eine bestimmte Ordnung (*táxis*) aufweisen, die ihre Funktionstüchtigkeit und Leistungsfähigkeit gewährleistet, existiert auch im seelischen Bereich eine Ordnung, die es herzustellen gilt, damit die Seele ihre spezifischen Aufgaben erfüllen kann. Die Ordnung ist nach Platon das, was ein Ding oder ein Lebewesen gut macht. Dabei wird mit dem Guten Tauglichkeit für einen bestimmten Zweck oder eine Aufgabe bezeichnet. »Eine gewisse eigentümliche Ordnung also, die sich in einem jeden bildet, macht jeden und jedes gut« (Gorg. 506e). Die Ordnung der menschlichen Seele identifiziert Platon in diesem Kontext mit der Tugend (*areté*).

Im *Euthydemos* (278e–282a) wird die Weisheit (*sophía*) als das Gute bestimmt. Alle Lebensgüter – Rohstoffe, Werkzeuge, Technik, materieller Besitz, physische Gesundheit – sind an sich weder gut noch übel, sondern werden erst durch den richtigen Gebrauch wertvoll und gut. Der richtige Gebrauch aber wird durch Einsicht und Weisheit gewährleistet. Die Weisheit ist folglich das Gute, das alles andere erst gut und nützlich macht (Euthyd. 281e).

Ein ganz ähnlicher Gedanke findet sich im Vorfeld der Gleichnisse (rep. 505a/b). Allerdings wird die Weisheit dort mit der Erkenntnis des Guten identifiziert, während im *Euthydemos* der Begriff der Weisheit sehr weit gefasst wird und die Sachkompetenz der hervorbringenden Künste miteinschließt.

Eine Thematisierung der Weisheit im engeren Sinn findet sich im vierten Buch der *Politeia* (rep. 428b–429a, 442c): Hier ist von der Weisheit als ethischer und politischer Tugend die Rede. Platon bestimmt die *sophía* an dieser Stelle als Erkenntnis des Zuträglichen für das Einzelne und das Ganze (rep. 442c). Mit der praktischen Urteilskraft sind weitere Qualitäten verbunden: Obhut, Fürsorge, Fähigkeit zu dialogischer Kommunikation, Fähigkeit des richtigen Umgangs mit sich und anderen (rep. 428d). Diese Erkenntnisleistungen und sozialen Kompetenzen bedürfen freilich einer Begründung, nämlich der Erkenntnis des Guten, die nach Platon den Inbegriff der Weisheit bildet (rep. 504a–505a).

Für die Thematik des Guten höchst aufschlussreich ist eine Passage in den *Nomoi* (leg. 731e–732b). Über den Weg einer Bestimmung des Üblen wird hier indirekt auf das Gute verwiesen. Als das größte Übel benennt Platon in den *Nomoi* die ›übermäßige Selbstliebe‹ (*sphódra heautoû philía*, leg. 731e4). Gemeint ist eine Einstellung, die primär auf den eigenen Vorteil bedacht ist und alle Dinge an den eigenen Interessen ausrichtet. Die selbstverliebte Person ist auf sich fokussiert und kreist in ihren Überlegungen vorrangig um die eigenen Belange. Im modernen Sprachgebrauch bezeichnen wir das Phänomen als ›Ichbezogenheit‹, ›Egozentrik‹, ›Eigennutzdenken‹ oder ›Selbstsucht‹.

Nach Platon ist die ›übermäßige Selbstliebe‹ Ursache aller Verfehlungen im Handeln. Der Grund dafür ist eine Verblendung (leg. 731e f.), die den Realitätssinn und die praktische Urteilskraft einschränkt. Der Selbstverliebte ist in einer Verklärung der eigenen Person befangen und daher kaum in der Lage, zu objektiv richtigen Urteilen zu gelangen. Seine Wahrnehmung der Realität und sein Urteilsvermögen sind verzerrt. Er schätzt Situationen und Akteure von Handlungen falsch ein, ist im Wunschdenken und in Illusionen befangen und verfehlt insbesondere das richtige

Urteil über das Gerechte, Gute und Schöne (leg. 731e6–7). Zu Fehlern im Handeln kommt es nicht zuletzt deswegen, weil sich der Selbstverliebte hinsichtlich seiner Kompetenzen und seines Erkenntniszustands überschätzt:

> Von eben diesem Fehler [sc. der übermäßigen Selbstliebe] rührt auch der her, dass die eigene Unwissenheit allen als Weisheit erscheint; die Folge ist, dass wir, während wir, genau gesagt, gar nichts wissen, dennoch alles zu wissen glauben, und weil wir nicht anderen das, was wir nicht verstehen, auszuführen überlassen, begehen wir unvermeidlich Fehler, wenn wir es selbst ausführen. (leg. 732a/b)

Diese Überlegungen verweisen indirekt auf das Gute: Das Gute erwächst aus der Überwindung der ›übermäßigen Selbstliebe‹. Die Auflösung von Verblendung und Selbstzentriertheit und die Befreiung von den verschiedenen Ausformungen des Mehrhabenwollens ermöglichen eine größere Objektivität in der Einschätzung von Situationen und Personen und ein besseres Urteil über das Gerechte und Gute im konkreten Fall. Ganz ähnlich wird im 10. Buch der *Politeia* erklärt, dass die Seele, »wenn sie sich reinigt […], viel bestimmter Gerechtigkeit und Ungerechtigkeit unterscheidet« (rep. 611c, 519b).

Der ›übermäßigen Selbstliebe‹ stellt Platon in den *Nomoi* mit der Liebe zum Gerechten eine ganz andere Art von Liebe gegenüber: »denn nicht sich selbst noch das Seine muss derjenige lieben, der ein großer Mann werden will, sondern das Gerechte, mag es nun bei ihm selbst oder bei einem andern mehr geübt werden« (leg. 732a). Platon verweist hier auf eine Neuausrichtung des Denkens und Wollens: Das ›Wahre‹, nämlich das objektiv Beste und Richtige, wird über die Eigeninteressen gestellt und höher geschätzt als diese (leg. 732a1), und das Verlangen nach dem Mehrhaben weicht der Neigung, das Gerechte zu tun. Im *Philebos* findet sich eine ganz ähnliche Aussage: In unserer Seele, so heißt es dort, ist von Natur ein Vermögen angelegt, »das Wahre zu lieben und alles um seinetwillen zu tun« (Phil. 58d, vgl. auch rep. 611e1). Je mehr dieses Vermögen verwirklicht wird, umso reiner und leistungsfähiger sind Vernunft und Einsicht. Das Vermögen der Liebe zum Wahren ist also ein Erkenntnisgrund (rep. 519b).

Das Gute als Lebenswirklichkeit

So sparsam Platon bei den inhaltlichen Aussagen über das Gute ist, so mitteilsam ist er bei der Darstellung der Sokrates-Figur. Platon entwirft mit dieser Gestalt ein anschauliches Bild des Guten. In den frühen und mittleren Dialogen wird das Panorama einer Lebenswirklichkeit geboten, die in Alltag und Philosophie an der Tugend orientiert ist. Sokrates erscheint bei Platon als Paradigma der menschlichen Bestheit.

Im *Symposion* (215a–222b) lässt Platon den ehrgeizigen jungen Aristokraten Alkibiades, der von der Persönlichkeit des Sokrates in besonderer Weise gefesselt ist, eine Lobrede auf Sokrates halten. Die Rede preist Sokrates' Tapferkeit im Krieg, seine Besonnenheit im Umgang mit den sinnlichen Begierden sowie die Vernunft und Weisheit der Tugendgespräche.

In der *Apologie* schildert Platon am Beispiel von Sokrates' Verhalten im sogenannten Arginusenprozess und während der Herrschaft der ›Dreißig Tyrannen‹ dessen unbeugsame Orientierung am Recht, die selbst unter drohender Todesgefahr nicht aufgegeben wurde (apol. 32b–33a).

Eine Haltung der Rechtlichkeit wird auch im *Kriton* beschrieben, wo Sokrates die Aufforderung seines Freundes, aus dem Gefängnis zu fliehen und sich der Todesstrafe zu entziehen, mit dem Argument der Achtung vor den Gesetzen und dem Recht zurückweist.

Auch die Tugend der Frömmigkeit findet sich in der Darstellung der Sokrates-Figur: Die *Apologie* beschreibt das sokratische Geschäft der ›Menschenprüfung‹ als ›Gottesdienst‹, den Sokrates dem Gott des delphischen Orakels (also Apollon) geleistet hat (apol. 23b/c). Freilich ist hier zu beachten, dass die Bezugnahme auf Apollon den Athener Richtern geschuldet war, die davon überzeugt werden mussten, dass die sokratische Prüfung nützlich und heilsam ist. Der Gott (*ho théos*, apol. 35d, 42a), dem sich Sokrates verbunden wusste, dürfte weit entfernt gewesen sein von den anthropomorphen Götterfiguren der Religion der Polis.

Sokrates zeichnet sich in der platonischen Darstellung nicht nur durch eine besondere Haltung im Alltag aus. Auch seine philosophische Tätigkeit ist durch menschliche Bestheit bestimmt. In der Prüfung der Wertvorstellungen verwirklicht Sokrates jene Tugenden, die Gegenstand der Untersuchung sind. Er bringt Tapferkeit ein, indem er beharrlich und unbeirrt nach der Sache sucht (Lach. 194a) und trotz Ablenkungsmanöver, verbaler Angriffe oder gar Drohungen der Gesprächspartner an der Suche nach Erkenntnis festhält. Er ist besonnen, indem er keinen Anspruch darauf, Wissen zu besitzen, erhebt und sich stets der gesuchten Sache unterordnet (Lach. 184d–185a, Charm. 165b/c, 166d/e). Gerechtigkeit verwirklicht Sokrates dadurch, dass er die Gesprächspartner von Wissensanmaßung sowie von Widersprüchlichkeit und Irrtum zu befreien sucht. Das ist das Gute, das er den anderen tut. Im *Gorgias* reflektiert Sokrates dieses Tun, indem er erklärt, dass es ein großes Gut sei, von falschen Meinungen befreit zu werden (Gorg. 458a). Auch die Frömmigkeit wird im Dialog verwirklicht. Sokrates vertraut darauf, dass es Tugend und das Gute gibt und ein richtiges Verständnis von diesen möglich ist. Und schließlich ist der Dialog auch der Ort der Weisheit. Sokrates gewinnt in der Prüfung Einsicht in die Tugend. Im sokratischen Dialog bilden Einsicht und Wirklichkeit der Tugend eine untrennbare Einheit. Die Suche bringt sowohl das Sein als auch die Erkenntnis hervor.

An der Sokrates-Figur zeigt Platon zudem auf, in welcher Weise das Verhältnis zum eigenen Selbst und das Verhältnis zum Anderen durch den Aufstieg zur Tugend beeinflusst werden. Platon zeichnet Sokrates als Persönlichkeit, die durch Einheit und Widerspruchsfreiheit im Denken und Handeln sowie durch Freundschaft mit sich selbst und anderen charakterisiert ist.

In den Tugenddialogen führt Platon diese Haltung in eindrucksvoller Weise vor. Während die Partner des Sokrates gegensätzliche Auffassungen der anderen Gesprächsteilnehmer sowie kritische Aussagen schnell als Bedrohung empfinden und zum Angriff übergehen, bewahrt Sokrates seine wohlwollende und wertschätzende Haltung selbst dann noch, wenn der andere ihm gegenüber feindlich und aggressiv auftritt. Diese Art von ›Feindesliebe‹ wird exemplarisch im Dialog mit Thrasymachos dargestellt (rep. 336b–342e). Sokrates lässt sich von den verbalen Ausfällen und persönlichen Angriffen des Sophisten nicht provozieren. Er bleibt im Gespräch grundsätzlich seinem Gegenüber zugewandt und versucht mit großer Ruhe und Beharrlichkeit, Thrasymachos in den gemeinsamen Dialog zurückzuholen.

In ähnlicher Weise beweist Sokrates im Gerichtsprozess gegenüber den Anklägern und den Athener Richtern seine ›Feindesliebe‹. Die sokratische Verteidigungsrede ist weniger von der Intention getragen, durch Nachweis der Unschuld das eigene Leben zu retten. Sokrates zielt mit seiner Rede vielmehr darauf ab, die Athener von ihrer falschen Meinung über die Wissensprüfung zu befreien und sie damit vor einer ungerechten Tat, nämlich der Verurteilung eines Unschuldigen, zu bewahren.

Die sokratische ›Feindesliebe‹ stellt das Gegenbild zu jenem reziproken Sozialverhältnis dar, das sich in Polemarchos' Definition von Gerechtigkeit (rep. 331e–336a) widerspiegelt. Das auf dem Prinzip der Wechselseitigkeit basierende Sozialverhalten teilt die Welt in Freund und Feind ein entsprechend dem Schaden oder Nutzen, den man von anderen empfangen hat. Sokrates hingegen orientiert sich ausschließlich am Prinzip des Guten. Das Verhalten der anderen ihm gegenüber ist als Maßstab für das eigene Sozialverhalten irrelevant. Sokrates tut das Gute, unabhängig davon, was der andere ihm zugefügt hat oder zufügen wird, und er tut dies um des Guten willen.

Die platonische Schilderung der sokratischen Lebenswirklichkeit gipfelt in der Darstellung der Todesstunde. Sokrates hat nicht nur im Leben, sondern auch im Sterben Tugend verwirklicht. Im Dialog *Phaidon* gibt Platon ein philosophisches Gespräch mit Freunden wieder, das Sokrates im Gefängnis kurz vor der Vollstreckung des Todesurteils geführt haben soll. Sokrates wird hier als souveräne Persönlichkeit gezeichnet, die durch eine Haltung der Furchtlosigkeit vor dem Tod und des Einklangs mit sich selbst charakterisiert ist. Von dieser inneren Übereinstimmung zeugen auch die letzten Worte, die Platon wie folgt überliefert: »O Kriton, wir sind dem Asklepios einen Hahn schuldig, entrichtet ihm den und versäumt es ja nicht« (Phaid. 118a). Asklepios ist in der griechischen Mythologie der Gott der Heilkunst. Mit dem Opfer soll Asklepios Dank geleistet werden für die Heilung von geistigen und seelischen Übeln im Leben. Dieser Dank ist als ein letztes Bekenntnis in Bezug darauf zu verstehen, dass der philosophische Weg erfolgreich war.

5. Bildung zum Aufstieg

Im Anschluss an das Höhlengleichnis widmet sich Platon in der *Politeia* der Frage, wie Personen dazu befähigt werden können, den Aufstieg zur Erkenntnis zu vollziehen (rep. 518d, 521c). Welche Beschäftigungen und Tätigkeiten erleichtern das Erkennen des Guten? Was trägt zur Vorbereitung dieser Forschungen bei?

Die Gründe für solch eine Vorbereitung (Propädeutikum) liegen in dem besonders hohen Schwierigkeitsgrad, Wahrheit zu erkennen. Jeder Tugenddialog gibt Kunde davon, wie schwer es ist, das Denken von den sinnlichen Erscheinungen zu lösen und auf die wesenhafte Beschaffenheit der Sache, auf die ›Sache selbst‹ (*tò prâgma autó*) auszurichten, wie Platon häufig das allgemeine Prinzip benennt. Die Frage nach dem Allgemeinen ist für das vorphilosophische Denken so unvertraut, dass es immer wieder zur gewohnten Perspektive der ›Schattenwirklichkeit‹ zurückzukehren sucht (rep. 515d–e).

Eine Vorbildung soll hier Abhilfe schaffen. In Abgrenzung von der sophistischen Konzeption von Bildung führt Platon aus, dass es im Propädeutikum nicht darum geht, Vorkenntnisse über den Gegenstand zu vermitteln (rep. 518b/c). Zweck der Unterrichtung ist vielmehr, die Fähigkeit des Erkennens auszubilden. So wie der Körper trainiert werden muss, um bestimmte sportliche Leistungen vollbringen zu können, so muss auch das Erkenntnisvermögen dazu befähigt werden, seine spezifische Leistung der Einsicht zu erlangen. Dies geschieht durch eine bestimmte Lenkung des Erkenntnisorgans. Platon spricht in diesem Zusammenhang von einer Umlenkung (*periagogé*) vom Werdenden zum Seienden (rep. 518c). Gemeint ist damit die Aufhebung der Fixierung auf die wahrnehmbare Wirklichkeit – wie natürliche Phänomene, materielle Güter, Verhaltensmuster – und die Ausrichtung auf die immateriellen Gesetze und Formprinzipien. Das Denken wird vom Vielen zum Einen, vom Sinnlichen zum Geistigen gelenkt.

Um diese Ausrichtung einzuüben, sind, so Platon, die theoretischen Wissenschaften besonders gut geeignet. Platon hat dabei vor allem die mathematischen und astronomischen Wissenschaften, nämlich Arithmetik, Geometrie, Stereometrie, Astronomie und Harmonik im Blick. Die Beschäftigung mit den Gegenständen dieser Disziplinen regt die Tätigkeit der Vernunft an und führt zu einer Reinigung des Erkenntnisorgans. Die mathematischen und astronomischen Wissenschaften sind allerdings nur dann für die Bildung der Vernunft förderlich, wenn sie nicht anwendungsbezogen oder empirisch betrieben werden. Unter Absehung des praktischen Nutzens sollen die Gegenstände der mathematischen Wissenschaften rein für sich selbst und um der Erkenntnis willen betrachtet werden (rep. 525c–e).

Platon führt im Einzelnen aus, um welche konkreten Gegenstände es in solch einer reinen Mathematik und Astronomie geht. Die reine Arithmetik beschäftigt sich mit der Natur der natürlichen Zahlen. Die Geometrie erforscht das Allgemeine der zweidimensionalen Figuren: Punkt, Gerade und Ungerade, Winkel, Kreis, Dreieck, Viereck. Die Stereometrie untersucht die Wesensmerkmale der dreidimensionalen Körper, etwa den Würfel, die Kugel, das Prisma, den Quader. Die Astronomie, die die Positionen, Bewegungen und Eigenschaften der Himmelskörper zum Gegenstand hat, ist in ihrer reinen Form auf das Wesen der Bewegung, der Geschwindigkeit, der Zeit und der Kugelform bezogen.

Die Harmonik nimmt sich in diesem Reigen zunächst etwas fremd aus. Die Zuordnung zu den astronomischen Wissenschaften erschließt sich jedoch vor dem Hintergrund der antiken Konzeption der Sphärenharmonie. Nach pythagoreischer Auffassung, auf die sich Platon hier ausdrücklich bezieht (rep. 530d), entstehen bei den Bewegungen der Himmelskörper und der sie umgebenden Sphären Töne, die einen harmonischen Zusammenklang ergeben. Die Harmonik ist insofern mit der Astronomie verwandt.

Die reine Harmonik beschäftigt sich mit den Zahlen und Zahlenverhältnissen der Akkorde und Tonsysteme.

Der propädeutische Durchgang durch diese Disziplinen folgt einem System der Wissenschaften, das am Kriterium der Ausdehnung der Figuren orientiert ist (rep. 528a–d). Das Grundprinzip, auf dem alle Figuren basieren, ist das der Zahl. Die erste Ausdehnung besteht in den zweidimensionalen Figuren, die zweite Ausdehnung in den dreidimensionalen Körpern und die dritte Ausdehnung in der Rotationsbewegung.

Die Gegenstände der reinen Mathematik und Astronomie sind, so Platon, durch eine innere Verwandtschaft und Gemeinsamkeit ausgezeichnet, die es am Ende des Propädeutikums zu erschließen gilt (rep. 531c/d).

Platon liefert eine eingängige Begründung dafür, warum die Gegenstände der theoretischen Wissenschaften für die Ausbildung der Vernunft besonders gut geeignet sind: Die sinnliche Wahrnehmung gelangt hinsichtlich der mathematischen Gegenstände zu keiner eindeutigen und widerspruchsfreien Auffassung und fordert damit das Vermögen der Vernunft heraus, hier nachzuforschen. Bei anderen Gegenständen ist das nicht der Fall. Ein Finger zum Beispiel erscheint in der Wahrnehmung immer als Finger, unabhängig davon, aus welcher Perspektive man ihn betrachtet. Wesentlich problematischer ist es da schon, die Beschaffenheit des Fingers zu bestimmen. Hier gelangt die sinnliche Wahrnehmung zu keinem eindeutigen Urteil. Ein und derselbe Finger erscheint in der Wahrnehmung als groß und klein, als weich und hart, als dick und dünn. Durch die mangelnde Eindeutigkeit der Wahrnehmung verschwimmen die Kategorien der Bestimmung und drohen sich ineinanderaufzulösen: Das Kleine erscheint zugleich als das Große, das Weiche als das Harte usw. Das Denkvermögen kann hier Abhilfe schaffen und für Klarheit sorgen. Das Denken sondert und unterscheidet die Kategorien voneinander und erforscht ihren spezifischen Bedeutungsgehalt (rep. 523c–524c).

In ähnlicher Weise verhält es sich auch bei den mathematischen Gegenständen: Die Zahlen stellen sich in der Wahrnehmung nicht eindeutig dar. Ein und dasselbe Ding kann als eines und zugleich auch als vieles erscheinen. Die Gleichzeitigkeit von gegensätzlichen Wahrnehmungen nötigt das Denken dazu, die Natur der Zahlen zu untersuchen: Was ist die Eins bzw. die Einheit selbst? Was ist die Zweiheit und die Vielheit (rep. 524d–525b)?

Die Vernunft wird also immer dann zur Tätigkeit angeregt, wenn sich in der sinnlichen Wahrnehmung Widersprüchliches und Gegensätzliches zeigt. Der Widerspruch treibt das Denken dazu, nach Eindeutigkeit und Widerspruchsfreiheit zu suchen (vgl. Tht. 154c–155d).

Die theoretischen Wissenschaften haben nach Platon noch einen anderen äußerst heilsamen Effekt: Sie besitzen nicht nur eine anregende, sondern auch eine kathartische Wirkung, wenn sie in der richtigen Weise betrieben werden. Die Bezogenheit auf einen Gegenstand und die Gebundenheit der theoretischen Disziplinen an bestimmte Methoden befreien von subjektiver Willkür und Selbstzentriertheit. Die Intention der Forschung sowie das selbstzweckhafte Streben nach Erkenntnis üben zudem die Liebe zum Wahren ein (rep. 527b). Das Propädeutikum stellt insofern bereits eine Bildung der Persönlichkeit dar.

Die Beschäftigung mit den reinen Wissenschaften bildet

nach Platon das Vorspiel (*prooímion*) zur Dialektik (rep. 531d), die die eigentliche ›Melodie‹ bezeichnet. Auch wenn die mathematischen Wissenschaften Hilfe und Unterstützung bei der Vorbereitung des Aufstiegs leisten, birgt die Dialektik noch einmal besondere Herausforderungen in sich. Bei den Gegenständen der Tugend und des Guten zeigt sich das Problem, dass diese Dinge mit vielen Vorurteilen behaftet sind und in der Regel ein verfestigter Anspruch auf Wissen erhoben wird. Das Gute ist insofern ein viel schwierigerer Gegenstand als die Zahl, der Kreis oder der Würfel. In der Dialektik geht es nicht nur darum, das Denken vom Sinnlichen zum Geistigen, vom Vielen zum Einen umzulenken, sondern eine Umkehr von der Unterstellung der Erkenntnis zur Suche nach ihr zu vollziehen.

Platons Rede von einem ›Vorspiel‹ macht unmissverständlich klar, dass die mathematischen Wissenschaften nur Mittel zum Zweck und nicht das eigentliche Objekt des Aufstiegs zur Erkenntnis sind. In der Forschung wird jedoch zuweilen die Mathematik als vorrangiges Erkenntnisziel der platonischen Philosophie herausgestellt. Meist beruft man sich dabei auf einen Kommentar zum Höhlengleichnis, mit dem die Ausführungen zum Propädeutikum abschließen (rep. 532a–c).[24] Platon wiederholt dort jedoch lediglich die These, dass die Befassung mit den theoretischen Wissenschaften die Fähigkeit zur Erkenntnis ausbildet und dadurch die Voraussetzung für die im Aufstieg zu erwerbende Erkenntnis des Guten geschaffen wird (rep. 532c5–8).

Unabhängig davon spricht noch ein anderes Argument gegen die mathematische Wissenschaft als vorrangiges Erkenntnisziel: Platon präsentiert in keinem der Dialoge eine mathematische Untersuchung über das Wesen der Zahlen, des Kreises oder der Kugel.[25] Doch führt er in vielen Dialogen eine dialektische Untersuchung über das Wesen der Tugend vor. Wie im Kontext der Gleichnisse wiederholt betont wird (rep. 517 d/e, 520c, 537e–539d), bildet die Tugend den zentralen Gegenstand des Aufstiegs zur Erkenntnis.

Ohne jeden Zweifel spielt jedoch die Mathematik in der platonischen Philosophie eine bedeutende Rolle, und zwar nicht nur im Rahmen des Propädeutikums, sondern auch bei der Erschließung des Guten als allumfassender Ursache, die dem Aufstieg zur Tugend folgt. Die Grundsätze der reinen Mathematik und Astronomie bezeichnen nach Platon die Ordnungsprinzipien der physikalischen Wirklichkeit. Ähnlich wie die Gerechtigkeit, die Besonnenheit und die anderen Tugenden die Prinzipien der menschlichen Bestheit darstellen, sind Zahlen, geometrische Figuren, dreidimensionale Körper und Bewegungsgesetze die Prinzipien der kosmischen Bestheit. Sie bewirken im Bereich der physikalischen Materie Symmetrie, Harmonie, Schönheit, Regelmäßigkeit. Über die reine Mathematik und Astronomie kann, so Platon, die Ordnung des Kosmos erschlossen werden, die mit der Ordnung der menschlichen Seele durch die beiden gemeinsame Ursache verbunden ist. Wie bereits erwähnt, gründen nach Platon sowohl die ethischen als auch die kosmischen Prinzipien im Guten.

Auch wenn Platon der Mathematik eine hohe Bedeutung einräumt, bleibt er bis zuletzt der Auffassung treu, dass der Erkenntnis der Tugend der Vorrang gebührt. Diese Hierarchie der Erkenntnisgegenstände wird etwa im *Philebos* angedeutet, wo der Bereich der reinen Erkenntnis wie folgt ausgemessen wird:

Es sei uns also zuerst ein Mensch richtig denkend in Absicht der Gerechtigkeit, was sie ist, und habe auch seiner Einsicht (*phrónesis*, *nóesis*) angemessene Reden (*lógos*) darüber; und auch in Absicht auf alles Übrige, was ist, habe er ebensolche Einsicht. (Phil. 62a, vgl. leg. 965b–966b)

Im folgenden Satz wird deutlich, dass mit dem ›Übrigen‹ vorzugsweise die mathematischen Gegenstände gemeint sind. Platon erklärt an dieser Stelle, dass es nicht genügt, nur die reine Erkenntnis der Gesetzmäßigkeit der Kugel und des Kreises zu haben, sondern dass darüber hinaus das Wissen um deren Anwendung notwendig ist (Phil. 62a/b). Im Gegensatz zum Propädeutikum, das aufgrund des besonderen Ziels der Vernunftausbildung vom praktischen Nutzen abstrahiert hat, wird jetzt der Aspekt der Anwendung mit in die Überlegungen einbezogen und auf diese Weise der Bereich der Erkenntnis vervollständigt.

6. Der sokratische Weg des Aufstiegs

Neben dem mathematischen Propädeutikum kennt Platon noch einen ganz anderen Weg zum Aufstieg zur Tugend, der weitaus schwieriger und langwieriger ist. In verschiedenen Dialogen wird eine philosophische Erforschung der Ursache beschrieben, die von der Naturphilosophie über die Sophistik bis hin zur sokratischen Prüfung der Tugend führt. Dieser Erkenntnisweg schafft im Unterschied zur mathematischen Vorbildung nicht nur die Voraussetzungen für den Aufstieg zur Tugend, sondern bringt diesen in einer originären Denkleistung allererst hervor. Im kritischen Durchgang durch die philosophischen Ansätze der Vorsokratik wird hier eine ganz neue Art der Suche nach der Ursache kreiert. Diesen Weg präsentiert Platon in Form von autobiographischen Erzählungen der Sokrates-Figur. Solche autobiographischen Passagen sind verstreut im ganzen Werk, vor allem aber in den Dialogen des mittleren Werks zu finden.

Im *Phaidon* lässt Platon Sokrates einen Weg von der Naturphilosophie über Anaxagoras' Nous-Lehre bis zur Ideentheorie schildern. Im *Parmenides* erleben wir einen jungen Sokrates, der im Disput mit Eleaten eine Ideenlehre präsentiert, die ihm dann von Parmenides zerpflückt wird. Im *Symposion* werden Erfahrungen mit dem sophistischen Denken und der Mysterienreligion dargestellt. Im Frühwerk finden sich autobiographische Bezüge vor allem in der Orakelerzählung der *Apologie*.

Diese biographischen Erzählungen schildern so unterschiedliche Denkerfahrungen, dass es zunächst abwegig erscheint, hier einen systematischen Zusammenhang zu vermuten. Bei genauerer Betrachtung zeigt sich jedoch, dass die Berichte zu einer in sich zusammenhängenden geistigen Entwicklungsgeschichte zusammengefügt werden können.[26]

Die Authentizität der autobiographischen Passagen ist in der Forschung umstritten: Häufig werden sie als Mischung aus platonischen und sokratischen Denkerfahrungen[27], als rein platonische Autobiographie[28] oder als eine Fiktion Platons[29] interpretiert. Als Argument gegen eine rein sokratische Biographie wird meist angeführt, dass die in der *Phaidon*-Erzählung geschilderte Ideentheorie platonische Lehre ist.[30] Wie schon erwähnt, findet sich jedoch solch eine ideentheoretische Ursachenlehre im platonischen Werk an keiner anderen Stelle außer im *Sophistes* und *Parmenides*, wo sie kritisch reflektiert wird. Das Argument ist insofern wenig überzeugend.

Die Frage, ob und inwieweit die biographischen Berichte dem historischen Sokrates oder Platon zuzuordnen sind, ist jedoch letztlich sekundär. Viel entscheidender ist die Aussage über den Wert der Tugenddialoge, die die Erzählungen vermitteln. Sie verweisen darauf, dass den Tugenddialogen eine kritische Auseinandersetzung mit einflussreichen Strömungen der Vorsokratik vorausgegangen ist und der Dialog als Vollendung eines langen geistigen Entwicklungsweges anzusehen ist. Das ist eine überaus wichtige Aussage über die philosophische Bedeutung der Tugenddialoge. Aus der Zuordnung der Tugenddialoge zu den frühen platonischen Schriften hat man oft geschlussfolgert, dass diese Dialoge unbedeutende Anfänge des platonischen Philosophierens seien. Das Gegenteil ist jedoch der Fall: Platon beginnt sein schriftliches Werk mit dem Wichtigsten und Wertvollsten und entwickelt in den späteren Dialogen ethische, politische, psychologische und kosmologische Konzeptionen, die stets auf den Aufstieg zur Tugend zurückverweisen.

Von der Naturforschung zur Ideentheorie (Phaidon *96a–102a*)

Passagen, die einen intellektuellen Werdegang schildern, finden sich vor allem in den Dialogen *Phaidon* und *Symposion*. In der autobiographischen Erzählung des *Phaidon*

(96a–102a) wird ein durchgehender Entwicklungsweg von der empirischen Naturforschung bis zur Ideentheorie geschildert. Platon lässt Sokrates hier über den Beginn seiner philosophischen Laufbahn reflektieren. In der Erzählung werden drei philosophische Denkerfahrungen geschildert:

1. die naturphilosophische Forschung,
2. die Hinwendung zu Anaxagoras' Nous-Lehre,
3. der Rückgang zu den Logoi und die Vorstellung von Ideen.

Die Erzählung beginnt mit der Schilderung, wie sich Sokrates in jungen Jahren für naturphilosophische Forschungen interessierte. In seiner Jugend, so Sokrates im *Phaidon*, hatte er das Bestreben, eine Erklärung für die Phänomene in der Natur zu finden. Er wendete sich den zeitgenössischen naturwissenschaftlichen Theorien zu und betrieb naturphilosophische Forschungen. Als antreibendes Moment dieser Untersuchungen nennt er das Verlangen, die Ursache (*aitía*) von allem zu erkennen, »wodurch jegliches entsteht und wodurch es vergeht und wodurch es besteht« (Phaid. 96a). Die empirische Naturforschung führte ihn jedoch in die Aporie. Das grundsätzliche Problem beschreibt Sokrates wie folgt: Auf der materiellen Ebene gelangt man zu keiner konsistenten, einheitlichen Erklärung der Dinge, sondern trifft stets auf eine Vielzahl von stofflichen Elementen, Organen und Prozessen sowie auf die Gegensätzlichkeit der kausal wirkenden Bewegungen und Kräfte (Phaid. 96c–97b).

Einen Ausweg aus der Aporie schien die Lehre des Anaxagoras zu bieten: Nach der anaxagoreischen Theorie ist der Nous – die kosmische Vernunft – die Ursache von allen

Dingen (Phaid. 97b/c). Mit der Hinwendung zur Nous-Lehre vollzog Sokrates einen Wechsel der Ebenen und dachte die physikalische Welt von einem geistigen Grund her, der im Stofflichen wirkt und alle Entstehungsprozesse und Bewegungsvorgänge lenkt. Die Wirksamkeit des kosmischen Nous erklärt diese Theorie über die Setzung von Zwecken und die Orientierung am Guten. Der Nous gestaltet das Sosein der Dinge und den Kosmos im Ganzen nach dem Prinzip des Besten und Zweckmäßigen (Phaid. 97c–98b). Als Inbegriff des Guten fällt die gedachte kosmische Vernunft mit dem letzten Zweck der Dinge zusammen. Hier wird also der Übergang von der Stoffursache zur Zweckursache vollzogen.

Die *Phaidon*-Erzählung deutet an, dass die Nous-Theorie als solche keineswegs gescheitert ist. Problematisch war jedoch der Versuch, mit Hilfe der Beobachtung der Natur deren geistige Ursache zu erkennen (Phaid. 98b–99c). Mit den Methoden der empirischen Naturforschung waren allenfalls die Beschaffenheit, Struktur und Funktionsweise der physikalischen Phänomene zu erschließen, nicht aber deren geistiger Grund. Daraus resultierte ein Dilemma, das im *Phaidon* mit der Metapher der Blendung (Phaid. 99e) beschrieben wird: Der Nous muss notwendigerweise gedacht werden können, ist aber unmöglich zu erkennen.

Als Ausweg aus dieser Aporie schildert Sokrates in der *Phaidon*-Erzählung eine Änderung der Ausrichtung und der Verfahrensweisen, die er mit der Metapher der ›zweitbesten Fahrt‹ umschreibt (Phaid. 99d). Der Blick wurde von der kosmischen Vernunft auf die Logoi gelenkt, also auf die Begriffe, Prinzipien und Gesetze, die in der eigenen Vernunft anzutreffen sind (Phaid. 99e–100a).

Die Hinwendung zu den Logoi führte dazu, dass Sokrates eine neue Art von Ursache, nämlich die Idee (*idéa*), entdeckte. Durch Beobachtung der Denkvorgänge, die bei der Verarbeitung der sinnlichen Wahrnehmungen stattfinden, wurden die allgemeinen Begriffe aufgefunden und als intelligible Muster der sinnlichen Dinge gedeutet (Phaid. 100b). Die Leistung der aufgefundenen Idee bestand in der Erklärung der spezifischen Beschaffenheit und Qualität der Einzeldinge. Das Ding erhält nach dieser Theorie sein So-Sein durch Teilhabe an der Idee. Das schöne Ding ist durch Anwesenheit des Schönen schön (Phaid. 100c/d).

Mit der Idee war im Unterschied zu den vorangegangenen Ansätzen eine andere Art der Ursache gefunden worden, nämlich die Formursache. Dieser Ansatz basiert auf der Unterscheidung zwischen Einzelding und allgemeinem Prinzip, dem eine gesonderte Existenz zugesprochen wird. Die Auffassung der Idee als eine vom Sinnlichen getrennte, eigenständige Entität führte allerdings zu unlösbaren Problemen. Die Annahme von zwei gesonderten Ebenen des Seins warf die Frage nach der Möglichkeit der Verbindung auf. Wie ist die Teilhabe des sinnlichen Dings an der Idee zu denken?

Widerlegung der Ideentheorie (Parmenides 130a–135c)

Im *Parmenides* werden die Schwierigkeiten der Ideenlehre aufgezeigt. Platon schildert hier eine Begegnung des jungen Sokrates (Parm. 127c5) mit dem alten Parmenides, der kritische Einwände gegen diese Theorie vorträgt. Es ist oft angezweifelt worden, ob solch eine Begegnung tatsächlich stattgefunden hat. Doch, wie bereits bemerkt, ist die Frage der Historizität von sekundärer Bedeutung. Entscheidend ist vielmehr der systematische Zusammenhang der Berichte. Die große Ähnlichkeit der hier vorgetragenen Auffassung über die Ideen mit der Lehre des *Phaidon* legt eine enge Verbindung zwischen den beiden Dialogen nahe. In autobiographischer Hinsicht lässt sich das Scheitern der Ideentheorie im *Parmenides* als intellektuelle Erfahrung lesen, die im Anschluss an die Auffindung der Idee als Ursache der Dinge gewonnen wurde.

Gegen die Ideentheorie werden im *Parmenides* Einwände formuliert, die die ganze Problematik dieser Lehre aufzeigen. Die Untersuchung wird von der Frage geleitet, wie die Idee als solche sowie die Teilhabe von Idee und Ding zu denken ist. Drei grundsätzliche Möglichkeiten werden in Erwägung gezogen:

1. die Idee im Ding,
2. die Idee im Denken und
3. die Idee als getrennte Entität.

Alle drei Positionen scheitern. Wird die Idee als im Ding seiend gedacht, und zwar entweder als Teil oder als Ganzes, so entsteht das Problem der Vielheit und Verstofflichung des einen immateriellen Formprinzips (Parm. 130e–132b). Wird die Idee hingegen unstofflich als Geistförmiges bzw. als Gedanke angenommen, so folgt daraus eine Homogenisierung und Vergeistigung aller stofflichen Dinge. Alle Dinge müssten unter dieser Voraussetzung als Gedanken und denkende Substanzen oder als Denkinhalte ohne Denkaktivität betrachtet werden, was jeweils als unsinnig verworfen wird (Parm. 132b/c). Denkt man die Ideen schließlich als Entitäten, die abgesondert von den Dingen und den denkenden Subjekten existieren, so entsteht das Problem der getrennten Welten mit der Konsequenz, dass die Idee unerkannt bleibt. Aus der gänzlichen Absonderung der Idee folgt, dass die intelligible Welt der Ideen und die sinnliche Welt der Dinge streng voneinander getrennte Bereiche ausmachen, die in keiner Beziehung zueinander stehen. Die Welt der Ideen bleibt für die sinnliche Welt unerkennbar und ist damit für diese ohne jede Bedeutung (Parm. 133b–134e).

Am Ende der Untersuchung wird folgende Aporie formuliert: Die Idee ist unverzichtbar für die wissenschaftliche Forschung und die philosophische Unterredung, die auf ein Allgemeines als Gegenstand angewiesen sind. Zugleich ist sie jedoch unmöglich zu denken bzw. unerkennbar (Parm. 135a–c).

Die Ideentheorie endet somit in einer ähnlichen Aporie wie die Nous-Reflexion. Das Denken gelangt hier wie dort zu notwendigen Annahmen, die jedoch auf der jeweils gewählten Reflexionsebene nicht begründet werden können.

*Von der sophistischen Eros-Theorie zum Aufstieg zur Schönheit (*Symposion *201d–212b)*

Neben dem *Phaidon* und dem *Parmenides* wird in einem dritten Dialog auf eine mögliche intellektuelle Biographie des Sokrates verwiesen: Im *Symposion* lässt Platon Sokrates von seinen Erfahrungen mit der Sophistik und der Mysterienreligion berichten.

Der Dialog beschreibt ein zu Ehren des Tragödiendichters Agathon gehaltenes Trinkgelage, bei dem Lobreden auf Eros gehalten werden. Die Redner sind Dichter und Intellektuelle, die mit sophistischem Gedankengut vertraut sind. Der Reigen der Liebesreden gipfelt in der Rede des Sokrates, die eine Erzählung mit autobiographischem Charakter enthält. Sokrates berichtet über Lehrgespräche mit Diotima[31], einer Priesterin der Mysterienreligion (symp. 201d). Die Erzählung gibt darüber Auskunft, dass Sokrates vor dieser Unterrichtung einer Konzeption des Eros folgte, die im sophistischen Milieu verbreitet war und im *Symposion* von den Vorrednern vertreten wird (symp. 201e). Die von Sokrates geschilderten Lehren der Diotima umfassen eine Reinigung und Transformation dieses Eros-Verständnisses.

Der Prozess der Reinigung erfolgte über verschiedene Stufen: Nach der Widerlegung der Annahme, dass Eros ein Gott und Inbegriff des Guten und Schönen ist (symp. 201e–202d), folgte ein Lehrgespräch über das wahre Wesen und Werk des Eros (symp. 202d–209e). Die priesterliche Unterweisung gipfelte, so die Erzählung des Sokrates, in der Darstellung eines Aufstiegs, der als Einführung in die höchsten Weihen angekündigt wurde (symp. 210a–212a). Der dargebotene Aufstieg zur Schönheit beginnt auf der Ebene der Sinnlichkeit, bei der Liebe zum schönen Körper, schreitet zum Schönen in den charakterlichen Haltungen und Sitten fort und erreicht schließlich die Sphäre der Wissenschaften und Erkenntnisse, um dort das Schöne aufzusuchen (symp. 210c/d). Der Aufstieg mündet in die Schau (symp. 210e3) eines absolut Schönen (symp. 210e–211b). Die autobiographische Erzählung endet mit der Aussage, dass Sokrates diesen Reden große Bedeutung beigemessen und sie ernst genommen hat (symp. 212b).

Diese Erzählung unterscheidet sich thematisch gesehen ganz erheblich vom *Phaidon*-Bericht. Das leitende Motiv bildet nicht die Suche nach den Prinzipien und Ursachen der Natur, sondern die Beschäftigung mit dem Wesen des Eros sowie mit den Wertprinzipien der Tugend und des Schönen. Dieser Wandel des philosophischen Nachdenkens lässt sich als Umkehr zum Menschen deuten. Nachdem alle Ansätze einer Erklärung der physikalischen Welt gescheitert sind, bestand der Ausweg aus der Aporie offenbar darin, sich vom Kosmos ab- und zum Menschen hinzuwenden.[32]

Mit diesem Schritt war ein neues Verständnis der Ursache verbunden. Der Mensch, der seine Lebenswelt und die Natur theoretisch und praktisch gestaltet, wurde jetzt als Ursache betrachtet. Dem Eros kommt in dieser Theorie eine besondere Bedeutung zu. Grund dafür ist ein Eros-Verständnis, das sich von unserer heutigen Auffassung ganz erheblich unterscheidet. Eros wird hier als Grundantrieb des Menschen verstanden, als eine Strebenskraft, die nicht nur die Sinnlichkeit, sondern alle Bereiche der menschlichen Tätigkeit durchzieht. Mit dem Eros-Gedanken wird im Vergleich zu den Kausalitäten der Naturphilosophie eine ganz andere Art der Ursache entworfen. Als hervorbringende, antreibende Kraft ist Eros ein bewegendes Prinzip.

Die autobiographische Erzählung im *Symposion* verweist darauf, dass diese Erklärung der Ursache ebenso gescheitert ist wie die naturphilosophischen Ansätze (symp. 201e–202d). Das Problem der hier zugrunde gelegten Auffassung des Eros besteht darin, dass dieser als Fülle, als Inbegriff des Guten gesetzt wurde. Diese Setzung widerspricht der Struktur des Eros. Eros ist als Verlangen und Begehren, so die Unterweisung der Mysterienpriesterin Diotima, auf ein Sein bezogen, dessen er bedürftig ist, das er also nicht selbst ist oder hat (symp. 202d). Er verkörpert entsprechend nicht selbst das Gute und Schöne, sondern strebt danach, an diesen teilzuhaben.

Die Mysterienpriesterin hat Sokrates der Erzählung zufolge jedoch nicht nur von einem problematischen Verständnis des Eros befreit, sondern darüber hinaus einen Ausweg aus der Aporie gewiesen: Der von Diotima beschriebene Aufstieg richtet die erotische Kraft auf ein höchstes Wertprinzip aus. Die Erotik findet ihren Bezugspunkt im Schönen, das zunächst als das sinnlich Anziehende erfahren und im Durchgang durch charakterliche Qualitäten, Wissenschaften und Erkenntnisse bis hin zu einem Absoluten zunehmend tiefer erfasst wird (symp. 211a/b).

Der Aufstieg im *Symposion* wird häufig als Inbegriff des platonischen Aufstiegs zur Erkenntnis gedeutet. Dagegen spricht jedoch die deutliche Distanzierung, die Platon vornimmt, indem er die Priesterin Diotima diese Konzeption vortragen lässt. Inwieweit Platon hier eine Überformung und Bearbeitung der religiösen Vorstellungsmuster vorgenommen hat, mag dahingestellt bleiben. Aufgrund der Zuordnung dieses Aufstiegs zur Tradition der Mysterien wird man diese Konzeption jedenfalls nicht vorbehaltlos mit platonischer Lehre identifizieren können.

Gewichtiger ist jedoch das Argument, dass Platon in der Alkibiades-Rede am Ende des Dialogs zu verstehen gibt, dass die Vollendung der Erotik erst im sokratischen Tugenddialog erreicht wird (symp. 221d–222a). Ein Vergleich zwischen dem Aufstieg im *Symposion* und den Tugenddialogen zeigt, dass hier tatsächlich erhebliche Unterschiede bestehen. Während die allgemeinen Wertüberzeugungen in den Tugenddialogen eine eingehende Prüfung erfahren, bleiben diese im *Symposion* unhinterfragt. Zwar wird die Identifizierung des Eros mit dem höchsten Wertprinzip aufgehoben und eine Hinwendung zum Gegenstand vollzogen; das Verständnis des Schönen bleibt jedoch ungeprüft. Die Bestimmung der schönen Phänomene im leiblichen, seelischen, geistigen Bereich und die Generalisierungen auf jeder Stufe erfolgen nach Maßgabe des eigenen Vorverständnisses des Schönen, das keine kritische Reflexion erfährt. Das am Ende erreichte Absolute bleibt insofern dem eigenen Verständnishorizont unterworfen und bezeichnet keinen Durchbruch zu einem unabhängigen Sein.

Der Aufstieg im *Symposion* ist ebenso wenig Inbegriff des Platonismus wie die ideentheoretische Ursachenlehre des *Phaidon*. Hier wie dort handelt es sich um Vorstellungsmuster, die im Kern der vorsokratischen Philosophie bzw. der religiös-dichterischen Tradition zuzuordnen sind. Platon gebraucht diese Vorstellungen, um das Denken der Dialogpartner vom Sinnlichen zum Geistigen umzulenken und zum Aufstieg zur Tugend hinzuführen. Sie erfüllen eine ganz ähnliche propädeutische Funktion wie das mathematische Curriculum.

Erkenntnis der Ursache im Aufstieg zur Tugend (Apologie)

Der Aufstieg zur Tugend bildet die letzte Stufe des von Platon beschriebenen intellektuellen Werdegangs. Auch diese Stufe wird in Form einer autobiographischen Erzählung dargestellt. In der *Apologie* lässt Platon Sokrates über den Orakelspruch berichten, den dessen Freund Chairephon in Delphi eingeholt hat (apol. 21a). Chairephon habe der Pythia die Frage gestellt, ob irgendjemand weiser als Sokrates sei, woraufhin diese antwortete: Keiner ist weiser. Der Kern der Erzählung bezieht sich auf Sokrates' Erforschung des Orakelspruchs (apol. 21b–23c). Die Antwort der Pythia, die Sokrates als den Weisesten auszeichnete, war für diesen Anlass, prüfende Gespräche mit den als kompetent und weise geltenden Politikern, Dichtern und Handwerkern zu führen. Das Resultat dieser Forschungen bestand in der Einsicht, dass Sokrates tatsächlich einen Vorsprung an Weisheit besitzt: Seine Weisheit besteht darin, dass er keine ungerechtfertigten Wissensansprüche erhebt und infolge der Haltung des wissenden Nichtwissens und der Suche nach Weisheit eine innere Einheit mit sich selbst erlangt hat (apol. 21d/e, 22e). Die Orakelerzählung verbindet diese Einsicht mit der als Gottesauftrag gedeuteten Mission, die Athener Bürger durch das prüfende Gespräch zur Selbsterkenntnis zu führen (apol. 23b).

Trotz der religiösen Überformung klingt das zunächst äußerst bescheiden. Man würde aufgrund dieser Darstellung kaum auf die Idee kommen, dass hier der erfolgreiche Abschluss eines langen intellektuellen Weges beschrieben wird. Der Bericht mutet eher wie eine Abkehr von hohen

Zielen und eine demütige intellektuelle Selbstbescheidung an.

Die Orakelerzählung ist häufig in diesem Sinn gedeutet worden. Die von Sokrates angeführte ›menschliche Weisheit‹ hat man als skeptische Einsicht in die Beschränktheit des Erkenntnisvermögens und die Grenzen des menschlichen Wissens interpretiert. Solch einer skeptischen Deutung stehen jedoch alle Aussagen entgegen, die an späterer Stelle der *Apologie* getroffen werden. In der Rede zum Strafmaß erklärt Sokrates, dass es das ›größte Gut‹ (*mégiston agathón*) für den Menschen sei, das prüfende Gespräch über die Tugend zu führen, und ein Leben ohne Selbstprüfung keinen großen Wert besitzt (apol. 38a). Zudem wird betont, dass der Tugenddialog zum wahren Glück und zur Daseinserfüllung (*eudaimonía*) führt (apol. 36e). Diese hohe Wertschätzung des Tugendgesprächs erfährt noch eine religiöse Überformung, indem sich Sokrates in Hinblick auf den delphischen Orakelspruch als Geschenk des Gottes Apollon an die Athener bezeichnet (apol. 31a). Das klingt nicht nach demütiger Selbstbescheidung. Das sind vielmehr die selbstbewussten Worte eines Philosophen, der sein Lebensziel offenbar erreicht hat.

Der Tugenddialog, der in der *Apologie* in seiner Bedeutung und seinem Wert reflektiert wird, bildet das Finale der sokratischen Ursachenforschung. Er ist das Ergebnis eines langen Weges, der durch höchst unterschiedliche Denkansätze sowie durch zahlreiche Aporien und Umwendungen gekennzeichnet ist. Der Schlüssel zum Verständnis dieses Weges ist die Intention der Ursachensuche, die im *Phaidon* beschrieben wird (Phaid. 96a). Die verschiedenen Theorien, die in den autobiographischen

Erzählungen dargestellt werden, bilden jeweils Antworten auf die Frage nach der Ursache. Das Besondere dabei ist, dass die Antworten jeweils auseinander hervorgehen und in einem inneren Zusammenhang stehen, der sich wie folgt skizzieren lässt:

Die sokratische Suche wendete sich entsprechend der *Phaidon*-Erzählung zunächst der Naturforschung zu. Die Widersprüchlichkeit der Theorien über stoffliche Ursachen führte zur Annahme einer geistigen Zweckursache – dem Nous. Die Problematik der Nous-Lehre löste eine Umwendung zu den Logoi, zum Erkenntnisvermögen und den dort enthaltenen Prinzipien und Gesetzen aus. In der Betrachtung der Logoi wurde die Idee als Formursache der Dinge aufgefunden, die sich jedoch in der kritischen Reflexion als ebenso problematisch wie die Nous-Lehre herausstellte. Das Scheitern der Ideentheorie führte zu einer grundsätzlichen Neuorientierung: zu einer Abkehr von der Natur und einer Hinwendung zum Menschen, dessen Grundantrieb – der Eros – als Ursache gesetzt wurde. Die Problematik des vorausgesetzten Eros-Verständnisses erforderte nochmals einen Neuansatz, der in der Ausrichtung des Eros auf ein höchstes Wertprinzip – das Schöne – bestand.

In diesen Zusammenhang ist der Tugenddialog einzuordnen. Dieser knüpft erkennbar an den Aufstieg zur Schönheit an. Auch hier geht es um die Ausrichtung auf ein höchstes Wertprinzip. Auch im Tugenddialog wird die Suche am Menschen, im Durchgang durch die verschiedenen Vermögen von der Sinnlichkeit bis zum Geistigen vollzogen. Und auch hier absolviert das Denken einen Stufenweg, also einen Aufstieg.

Neben diesen Gemeinsamkeiten bestehen jedoch auch erhebliche Differenzen: Im Unterschied zum Aufstieg des *Symposions* erfolgt im Tugenddialog eine Ausrichtung auf das Gute als Ursache und letztes Wertprinzip. Wie Platon in der *Politeia* deutlich macht, wird das Schöne durch das Gute allererst begründet (rep. 506a). Das Gute bildet insofern den höheren Erkenntnisgegenstand.

Der zweite große Unterschied besteht in der Voraussetzungslosigkeit des Erkennens: Im Gegensatz zum Aufstieg des *Symposions* erfolgt im Aufstieg des Tugenddialogs der Zugang zum höchsten Wert nicht auf der Basis der als wahr gesetzten Grundannahmen, sondern über die Aufhebung und Prüfung der Wertüberzeugungen. Dem Aufstieg zum Guten liegt eine Umkehr (*periagogé*) von der Voraussetzung der Erkenntnis des Guten zur Suche nach ihr zugrunde. Diese Umkehr ist die letzte und maßgeblichste in dem langen Lebensweg, den uns Platon schildert.

Ein besonderes Merkmal des Aufstiegs zum Guten besteht darin, dass hier alle zentralen Elemente der vorherigen Denkerfahrungen aufgegriffen werden, als da wären: die Idee eines begründenden Vernunftprinzips, das Konzept eines Allgemeinen, die Unterscheidung zwischen sichtbaren Phänomenen und der Sache selbst, Eros als bewegende, antreibende Kraft, die Ausrichtung auf die Tugend und der Gedanke eines Stufenweges, der durch alle menschlichen Vermögen führt. Im Aufstieg zum Guten werden all diese Elemente zu einer Einheit zusammengefügt und neu begründet.

Betrachtet man die Tugenddialoge unter dieser Perspektive, so wird noch einmal mehr deutlich, welches philosophische Gewicht diesen zukommt. Nach platonischer Auffassung überwindet der Tugenddialog die Aporien der vorsokratischen Ursachentheorien und führt zu einer Erkenntnis der Ursache, die sowohl das naturphilosophische Wissen eines letzten Prinzips als auch das sophistische Maß des Menschen überschreitet.

III. Das Gute in Seele, Polis und Kosmos

Der Aufstieg zur Erkenntnis des Guten bildet bei Platon das Fundament aller theoretischen Überlegungen. Das wird insbesondere in den großen Dialogen des mittleren und späten Werks deutlich. Platon entwickelt dort Konzepte einer seelischen, politischen und kosmischen Ordnung, die als Versuche zu verstehen sind, Mensch und Natur vom Guten her zu sehen. Dabei wird stets darauf verwiesen, dass die seelische und politische Ordnung ein Ideal ist: Platon beschreibt in seinen Entwürfen keine gegebene, reale Wirklichkeit, sondern entwickelt Paradigmen, die der Orientierung dienen.

Die Ordnung der Seele bestimmt er als eine Harmonie der inneren Vermögen, die auf Vernunfteinsicht basiert. Die Vernunft reguliert die Bedürfnisse und Wünsche, schlichtet den Streit zwischen den seelischen Kräften und sorgt für einen Zustand der Freundschaft und wechselseitigen Anerkennung. Die Tugend besteht nach Platon in der besten Verfassung der seelischen Vermögen und der Seele im Ganzen.

Die Ordnung der Seele bildet bei Platon das Vorbild für die politische Ordnung. Die Gemeinschaft wird als eine Seele im Großen vorgestellt, die sich aus ähnlichen Kräften zusammensetzt wie die individuelle Person und dieselben Prinzipien aufweist. Platon bestimmt auch hier die Vernunft als steuernde Kraft, die Interessenkonflikte und Spannungen auflöst und heterogene gesellschaftliche Kräfte zusammenführt. Das zentrale Prinzip der Politik bildet im platonischen Verfassungsmodell die Gerechtigkeit, die nicht als Ausgleich und Güterverteilung verstanden wird, sondern als Verantwortung für den je eigenen Aufgabenbereich.

In der Naturphilosophie seines Spätwerks dehnt Platon die Perspektive auf den Kosmos aus und entwirft in Analogie zum menschlichen Bereich eine Ordnung der Natur. Bei der Darstellung der kosmischen Wirkkraft gebraucht Platon das Bild vom göttlichen Demiurgen, der die formlose Urmaterie in eine Ordnung bringt und dabei von der Intention geleitet ist, alles Stoffliche der eigenen Vollkommenheit anzugleichen. Ähnlich wie bei den ethischen und politischen Ordnungsentwürfen erscheint in der platonischen Kosmologie die Vernunft als gestaltende Kraft, die Bestheit, Schönheit und Zusammenstimmung hervorbringt. Anders als im menschlichen Bereich wird die Vernunft hier jedoch als Inbegriff des Guten gedacht (Phil. 22c). Der kosmische Nous stellt selbst die höchste Vollkommenheit dar.

Häufig wird angenommen, dass die Naturordnung bei Platon als Muster für die ethischen und politischen Entwürfe dient. Platon verfährt jedoch in genau umgekehrter Richtung. Die im Aufstieg zur Tugend begründete Ordnung der Seele ist das Vorbild für eine gute politische Verfassung, an der sich wiederum der Entwurf einer Ordnung des Alls orientiert. Der Mensch wird bei Platon also nicht von der Natur her, sondern die Natur vom Menschen her gedacht. Diesen Ansatz teilt er mit den Sophisten, und dies unterscheidet ihn von der vorsokratischen Naturphilosophie. Im Gegensatz zur Sophistik betrachtet Platon jedoch nicht den Menschen an sich als Paradigma, sondern den gebildeten Menschen, der im Aufstieg zur Erkenntnis seine Vermögen kultiviert und alle seelischen Kräfte zur Bestheit aufgerichtet hat. Bei Platon gibt der Weise das Muster vor, an dem sich die ethische, politische und naturphilosophische Theorie orientiert.

Die Ordnungen von Seele, Polis und Kosmos stellt Platon in den großen Dialogen des mittleren und späten Werks, in der *Politeia* und im *Timaios*, dar. Die *Politeia* gilt zu Recht als Platons Hauptwerk: Der Dialog enthält nicht nur einen exemplarischen Aufstieg zur Erkenntnis (Buch 1), eine gleichnishafte Darstellung der Idee des Guten (Bücher 6–7) sowie ein umfassendes Bildungskonzept (Bücher 2–3, Buch 7), sondern bietet darüber hinaus einen ethischen und politischen Entwurf (Buch 2–5). Der dialektischen Untersuchung der Gerechtigkeit im ersten Buch folgt eine Abhandlung über die Entstehung und das Wesen des gerechten Staates, die in den Büchern 8 und 9 durch eine Darstellung der Verfallsformen der besten Verfassung ergänzt wird. In den politischen Entwurf wird eine Tugendlehre eingefasst, die die Kardinaltugenden der Besonnenheit, Tapferkeit, Gerechtigkeit und Weisheit bestimmt. Anlass der Darstellung der gerechten Polis ist der von den Gesprächspartnern Glaukon und Adeimantos erhobene Zweifel am Nutzen der Gerechtigkeit (rep. 357b–367e). Sokrates unterbreitet den Vorschlag, die Gerechtigkeit des Staates heranzuziehen, um sie im ›Größeren‹ besser erkennen und beurteilen zu können (rep. 368d–369a).

Angesichts des aporetischen Ausgangs des ersten Buches verblüffen die positiven Bestimmungen der Tugend in den mittleren Büchern zunächst. Wie verhalten sich die dialektische Prüfung der Tugend und die anschließenden Ausführungen zueinander? Häufig wird angenommen, dass Platon im ersten Buch die vorherrschenden Gerechtigkeitstheorien kritisiert, während er in den folgenden Büchern seine eigene Konzeption entwickelt. Der negativen Dialektik folgt der positive Wissensentwurf, so die gängige Meinung. Diese Deutung übersieht jedoch, dass Platon in den mittleren Büchern darauf verweist, dass eine Theorie der Gerechtigkeit einer Begründung bedarf, nämlich der Erkenntnis des Guten (rep. 504a–505b), und diese nur durch die Prüfung der Vorstellungen von der Tugend zu erlangen ist (rep. 517d/e, 537e–539d).

Der Zusammenhang zwischen dem ersten Buch und den folgenden Büchern der *Politeia* stellt sich dann ganz anders dar: Die Prüfung der Tugend bildet demnach nicht nur den kritischen Ausgangspunkt des eigenen Entwurfs, sondern das sachliche Fundament des ethischen und politischen Wissens. Anders formuliert: Die ethische und politische Theorie der *Politeia* stellt eine begriffliche Darstellung jener Wirklichkeit der Tugend dar, die im Aufstieg zur Erkenntnis erreicht wird. Platon beginnt in der *Politeia* mit einer philosophischen Grundlegung der Tugend (Buch 1), entwickelt anschließend eine darauf basierende Wissenschaft der Tugend (Buch 2–5) mit dem Verweis auf die Erkenntnis des Guten als Begründung (Buch 6–7) und bietet am Ende des Dialogs Bilder der Tugend – Gleichnisse und Mythen, die das Wesen und den Nutzen der Gerechtigkeit in anschaulicher Form beschreiben (Buch 9–10). Die folgende Darstellung wird zunächst die Grundzüge der in der *Politeia* entworfenen Ethik skizzieren und im Anschluss den Entwurf des besten Staates vorstellen.

1. Tugend als Ordnung der Seele

Platons Ethik ist eine Tugendethik. Hier geht es also nicht um Sittengesetze und ethische Pflichten, sondern um die Ausbildung von geistigen Orientierungen und charakterlichen Haltungen (*héxis*) als Bestimmungsgrund für das Handeln. Platon nimmt im Menschen eine Vielzahl von Kräften und Strebungen an, die oft im Konflikt miteinander stehen. Ethische Bildung besteht nach platonischer Auffassung darin, diese verschiedenen Kräfte zu harmonisieren und in eine Ordnung zu bringen. Tugend (*areté*) ist eine Ordnung der Seele (*psyché*). Der Begriff der Seele findet heute in Philosophie und Wissenschaft kaum noch Verwendung. Häufig wird der Begriff mit religiösen und metaphysischen Vorstellungsmustern assoziiert, die im modernen Denken als überholt gelten. Bevor man jedoch das platonische Denken von den modernen Vorurteilen her als rückständig einstuft, sollten wir uns fragen, was bei Platon eigentlich mit Seele gemeint ist.

Seele als Bewegung

In der modernen Leib-Seele-Debatte wird Platon meist mit einem cartesianischen Substanzdualismus in Verbindung gebracht.[1] Die Seele ist demnach eine vom Körper unabhängige immaterielle Substanz, die als Träger der mentalen Eigenschaften dient. Dabei werden insbesondere die statischen Momente der Seele wie Beharrung, Unveränderlichkeit, Unvergänglichkeit betont. Dieses substanztheoretische Verständnis, das im neuzeitlichen Rationalismus

Karriere gemacht hat und dann von Friedrich Nietzsche (1844–1900) und den nachfolgenden antimetaphysischen Denkströmungen radikal bekämpft wurde, bildet in der Platon-Forschung das bis heute vorherrschende Deutungsmuster. Löst man sich jedoch von der Fixierung auf den *Phaidon*, der meist als Beleg für diese Lesart herangezogen wird (vgl. Phaid. 79b), und bezieht das gesamte platonische Werk in die Betrachtung ein, so begegnet man Aussagen, die in eine ganz andere Richtung weisen. Platon bestimmt die Seele in den mittleren und späten Dialogen vor allem durch kinetische und dynamische Momente:

Seele als sich selbst bewegende Bewegung: In den *Nomoi* definiert Platon die Seele als eine selbstanfängliche Bewegung. Die Seele bedarf keines äußeren Impulses, sondern entfaltet aus sich selbst heraus ihre Aktivität: »Welches ist nun die Definition dessen, was den Namen ›Seele‹ trägt? Haben wir eine andere als die eben angegebene: die Bewegung, die sich selbst bewegen kann?« (leg. 895e9–896a2).

Diese Definition ist bemerkenswert, weil sie das kinetische Moment zum Wesensmerkmal der *psyché* erhebt. Die Seele *ist* Bewegung. Diese Eigenschaft hat sie mit den Prozessen und Vorgängen auf der stofflichen Ebene gemeinsam, auch wenn deren Bewegung von ganz anderer Art ist (leg. 893b–894b). Spezifisch ist der immateriellen seelischen Bewegung, so Platon, das selbstbewegende Prinzip. Dieses Merkmal weist das Stoffliche nicht auf. Der Stein kann sich nicht selbst bewegen, sondern es bedarf einer äußeren Kraft, die ihn in Bewegung setzt. Tiere können sich zwar selbst bewegen, aber nur deswegen, weil sie beseelt sind.

Durch die Eigenschaft der Selbstbewegung gewinnt die Seele Unabhängigkeit und Autarkie sowie die Fähigkeit, als Ursache des Stofflichen zu wirken (leg. 894e–895b). Die Seele bildet nach Platon zudem das belebende Prinzip (leg. 895c7–8). Der hier zugrunde liegende Gedanke besteht in der Verknüpfung von Bewegung und Leben: Das Sich-selbst-Bewegende ist das wesenhaft Lebendige, das den materiellen Körpern Leben verleiht (leg. 895c11–12; vgl. auch Krat. 399d/e, Phaid. 105c/d).

Seele als ewige Bewegung: Die Bewegung der Seele ist nach Platon kontinuierlich. Sie hat keinen zeitlichen Anfang und kein zeitliches Ende, ist ungeworden und unvergänglich und besitzt somit das Merkmal der Ewigkeit. Der Gedanke einer konstanten Selbstbewegung ist im *Phaidros* Grundlage eines Unsterblichkeitsarguments:

> Jede Seele ist unsterblich. Denn das sich selbst Bewegende ist unsterblich, was aber anderes bewegt und selbst von anderem bewegt wird und also ein Aufhören der Bewegung hat, hat auch ein Aufhören des Lebens. Nur also das sich selbst Bewegende, weil es nie sich selbst verlässt, wird auch nie aufhören, bewegt zu sein (Phaidr. 245c5–9).

Im platonischen Werk finden sich noch andere Argumente für eine Unsterblichkeit der Seele, so zum Beispiel im 10. Buch der *Politeia*. Dort wird gezeigt, dass jedes Seiende ein spezifisches Erhaltendes und Zerstörendes hat und ein Ding nur durch das ihm eigentümliche Schlechte verdorben werden kann. Daraus wird geschlussfolgert, dass physische Krankheit und Schwäche nur den Leib zerstört, aber nicht die Seele auflösen kann (rep. 608c–611a).[2] Darüber hinaus bietet Platon in vielen Dialogen Mythen über das

Jenseits, die eine Fortdauer der individuellen Seele beschreiben (Gorg. 523a ff., Phaid. 107d ff., rep. 614a ff.).

Bei diesen bildhaft ausgeschmückten Erzählungen ist freilich Vorsicht geboten. Platon betont stets, dass es hier um Glaubensannahmen, nicht um Erkenntnis geht (Phaid. 114d). Außerdem ist immer deren Funktion im Kontext des Dialoges zu beachten: Die mythischen Erzählungen verfolgen nicht das Ziel, das Diesseits zu entwerten und das Jenseits als wahre Welt anzupreisen, sondern haben die Funktion, zur Bildung der Seele zu motivieren.

Auch der Mythos über das Jenseits im *Menon* ist von dieser Intention bestimmt. In Anknüpfung an die orphisch-pythagoreische Tradition wird dargelegt, dass die Seele einen zyklischen Wechsel zwischen Exkarnation und erneuter Inkarnation vollzieht und im Verlauf der zahlreichen Lebenszyklen Kenntnisse von allen Dingen erworben hat, die sie ihrerseits durch Wiedererinnerung aktivieren kann (Men. 81a–e). Diese Stelle wird häufig als Beleg für die sogenannte Anamnesis-Lehre angeführt. Darunter wird die Theorie einer pränatalen Erkenntnis des Seins sowie die Annahme eines Zugangs zu diesem Wissen durch Erinnerung verstanden. Da Platon die Vorstellungen von der Seelenwanderung und des vorgeburtlichen Wissens im Bereich des Glaubens und nicht im Bereich der Erkenntnis ansiedelt (Men. 81e1, Phaidr. 114d), kann hier jedoch kaum von einer ›Lehre‹ gesprochen werden. Platon verwendet die mythische Erzählung von der Wiedererinnerung vor allem als didaktisches Instrument, um die Möglichkeit und Notwendigkeit der Suche nach Erkenntnis plausibel zu machen und zum Aufstieg anzuregen.

Seele als komplexe Einheit von Bewegungen: Die Seele

bildet nach Platon eine komplexe Einheit von vielen verschiedenen Bewegungen. In den *Nomoi* wird angedeutet, worin die spezifischen Bewegungen der Seele bestehen. Im Rahmen einer Erörterung der seelischen Steuerungsfunktion erklärt Platon, dass die Seele alles Materielle »durch ihre Bewegungen«, also durch »Wollen, Erwägen, Fürsorgen, Beraten, richtiges oder falsches Meinen, Freude oder Schmerz, Mut oder Furcht, Hass oder Liebe« lenkt (leg. 896e/897a). Alle Akte des Denkens und Wollens und alle Gefühlsregungen werden hier als Bewegungen verstanden, durch die die stofflichen Körper gesteuert werden. Während Platon an der Stelle vor allem kognitive Handlungen und Willensakte sowie Affekte nennt, führt er in der *Politeia* (437b–439d) und im *Timaios* (42a, 69c–d) im Rahmen einer Thematisierung der leibgebundenen menschlichen Seele auch Begierden wie Hunger, Durst, sexuelles Begehren an. Diese Begierden sind zwar dem Leib viel näher als andere Seelenstrebungen, bezeichnen aber dennoch Bewegungen der Seele.

Dieses komplexe Modell wirft die Frage auf, worin das einheitsstiftende Moment besteht. In der *Politeia* ist vom ›inneren Menschen‹ (rep. 589b1) die Rede, der die Kräfte der Seele lenkt. Gemeint ist damit die Vernunft, die aufgrund ihrer spezifischen Fähigkeiten über das Seelenganze zu walten vermag.[3]

Seele als Bewegung des Leibes: Platon beschäftigt sich in vielen Dialogen mit dem Verhältnis von Seele und Leib (*sôma*). Die Seele wird dabei stets als das Wertvollere im Vergleich zum stofflichen Körper geltend gemacht, weil sie im Gegensatz zu diesem über Fähigkeiten zur Regierung und Anleitung verfügt. Der Leib kann sich nicht selbst bestimmen und in Bewegung setzen, sondern bedarf der Seele, die durch Setzung von Zwecken und Strebungen des Willens dem Körper den Impuls zur Bewegung mitteilt (Alk. I 129e–130c, Phaid. 98c–99b). Die Seele ist das Herrschende, der Leib das Dienende, lautet Platons Bestimmung im *Phaidon* (Phaid. 80a, vgl. leg. 726a f.). Damit ist keineswegs ein repressiver Umgang mit dem Leiblichen gemeint. Vielmehr wird die Seele als Organ der Steuerung angesehen, die den Leib als Mitursache zur Erreichung ihrer Ziele gebraucht.

Die hierarchische Bestimmung des Verhältnisses zwischen Leib und Seele ist vielfach als Feindschaft gegenüber dem Leib gedeutet worden. Entsprechend häufig bescheinigt man Platon eine Abwertung des Leibes, die bis zur Leibesverachtung reicht. Für diese Lesart scheinen einige Aussagen in den früheren und mittleren Dialogen zu sprechen: Der Leib wird dort zuweilen als ›Grab‹ (Gorg. 493a), ›Gefängnis‹ (Krat. 400c, Phaid. 62b) oder ›Kerker‹ (Phaidr. 250c, Phaid. 82a) der Seele bezeichnet. Im *Phaidon* findet sich eine fiktive Rede der ›wahren Philosophen‹ (Phaid. 63e–67b), die für Enthaltsamkeit und Abkehr vom Leib plädiert. Diese Rede enthält zweifellos leibfeindliche Tendenzen. Doch handelt es sich hier keineswegs um platonische Auffassungen, sondern um orphisch-pythagoreische Vorstellungsmuster, die Sokrates aufgreift, um die beiden pythagoreisch geschulten Gesprächspartner Simmias und Kebes auf der Basis ihrer eigenen Annahmen zu der Einsicht zu führen, dass der Tod nicht zu fürchten ist.

Auch in den anderen Dialogen weist Platon auf die orphisch-pythagoreische Tradition als Quelle hin.[4] Diese Tradition ist durch zwei Grundannahmen bestimmt:

1. Das leibliche Dasein ist ein Übel, weil es die Seele aus einem ursprünglichen göttlichen Zustand in einen mit Leid verbundenen Zustand der Beschränktheit und Begrenztheit verbannt. Der physische Leib ist als Ausdruck dieser Beschränktheit Inbegriff des Übels.
2. Das leibliche Dasein ist eine Strafe für Freveltaten.

Platon teilt jedoch weder die eine noch die andere Annahme. Als Übel betrachtet er nicht den Leib, sondern Fehlhaltungen der Seele wie etwa Wissensanmaßung, Selbstverkennung, Selbstsucht, übermäßige Selbstliebe. Der Leib ist, so Platon, als solcher weder gut noch schlecht. Sein Wert oder Unwert bestimmt sich nach der seelischen Verfassung der jeweiligen Person (Euthyd. 281d, Men. 88d/e, leg. 661a–d). Ist die Seele von Ungerechtigkeit und Maßlosigkeit durchzogen, dient das leibliche Dasein dem Laster und wird damit selbst zum Übel (Gorg. 512a/b, leg. 661d). Zeichnet sich die Seele hingegen durch Vernunft und Gerechtigkeit aus, so erhält das leibliche Dasein Wert und wird zu einem großen Gut.

Ebenso wenig teilt Platon die Annahme, dass das verkörperte Dasein eine Vergeltung für begangene Freveltaten ist. Das Leben in der physischen Welt ist nach platonischer Auffassung keine Strafe, sondern Bedingung der Möglichkeit der Selbstvervollkommnung. Wie der *Timaios* andeutet, können die Anlagen zu Vernunft, zu schöpferischer Gestaltungskraft und Tugend nur in der Verbindung der Seele mit einem Leib entfaltet werden (Tim. 41a–42e). Der Leib und die stoffliche Wirklichkeit bilden den Möglichkeitsgrund einer freien und selbstverursachten Angleichung an die Vollkommenheit des Nous.

Die platonische Wertschätzung des Leibes spiegelt sich schließlich nicht zuletzt in den Ausführungen zur Sorge um den Leib wider. Zur Pflege des Körpers empfiehlt der *Timaios* einen Ausgleich zwischen körperlichen und geistigen Tätigkeiten, eine ausgewogene Ernährung und körperliche Bewegung (Tim. 87c–89d). Ähnliche Ausführungen zur Kultivierung des Leibes finden sich auch in der *Politeia* (403c–404e) und den *Nomoi* (795d–796d).

Begierden, Wille und Vernunft

In der *Politeia* (rep. 435a–441c) entwickelt Platon das Modell einer vielschichtigen, komplexen Seele des Menschen, die durch drei Grundkräfte bestimmt ist: 1. Vernunft, 2. Wille und 3. Begierden.

Die Vernunft (*logistikón*) ist das Denkende, Lenkende (rep. 439d). Sie umfasst alle kognitiven Tätigkeiten: zu beraten, zu überlegen, zu planen, zu schlussfolgern, zu denken. Die Vernunft im weiteren Sinn bezieht sich auf alle Arten des Wissens: auf technisches Wissen, anwendungsbezogene und theoretische Wissenschaften, praktische Urteile, ethische Einsichten sowie auf die Erkenntnis von Werten (Phil. 62a–d). Die Vernunft im engeren Sinn, die im Kontext der Tugendlehre der *Politeia* meist gemeint ist, besteht in der praktischen Überlegung und Beratung über das jeweils Beste (rep. 442c). Das Gemeinsame der verschiedenen Akte der Vernunft ist das Streben nach Erkenntnis. Darin besteht die spezifische Intention dieses Vermögens. Aufgrund dieses Wesensmerkmals umschreibt Platon die Vernunft häufig mit der Metapher ›Auge der Seele‹ (rep. 533d).

Der Wille ist das Vermögen, das auf die Ausführung von Handlungen zielt (rep. 439e–441c). Da Handlungsaktivitäten im gesellschaftlichen Kontext mit sozialer Wertschätzung und Anerkennung verbunden sind, führt Platon häufig auch die Ehre (*timé*) als Ziel an. Die Willenskraft wird in der platonischen Seelenlehre mit dem Ausdruck *thymoeidés*, das ›Mutartige‹, ›Tatkräftige‹, ›Eifernde‹ bezeichnet. Der Ausdruck verweist auf das Vermögen, leidenschaftlich für etwas einzutreten, für eine Sache zu ›brennen‹, für ein Ziel zu kämpfen oder etwas mit Nachdruck zu verteidigen.

Das Begehrungsvermögen (*epithymetikón*: das ›Begehrende‹, ›Verlangende‹, ›Wünschende‹) ist wohl die schillerndste Kraft im platonischen Seelenmodell. In seiner Vielfältigkeit ist es schwer fassbar. Epithymetikón bildet in der platonischen Seelenlehre einen Sammelbegriff für ganz verschiedene Begierden, Bedürfnisse und Wünsche. Das gemeinsame Merkmal besteht in der Bezogenheit auf den Leib und alles, was in Zusammenhang mit dem leiblichen Wohl steht. Mit dem Begehrungsvermögen ist das Verlangen nach Nahrung, Fortpflanzung, Wohnraum, Kleidung und ganz allgemein das Streben nach materiellem Besitz gemeint (rep. 439d).

Für Platon sind all diese seelischen Kräfte erotische Bewegungen, also unterschiedliche Ausformungen des Eros. Die Vernunft ist das Weisheitsliebende und Lernbegierige, der Wille ist das Tatendurstige und Ehrliebende, und die Begierden sind das Besitzliebende (rep. 545c ff.).

Alle Seelenkräfte haben nach Platon eine spezifische Funktion für das Ganze. In dieser Annahme ist eine Wertschätzung *aller* seelischen Strebungen eingeschlossen. Die leibbezogenen Begierden der Seele werden hier ebenso wenig wie der physische Leib als Übel gebrandmarkt. Die Funktionen der Seelenkräfte bestimmen sich nach den jeweiligen Intentionen. Die Vernunft ist aufgrund ihrer Ausrichtung auf Einsichten und Erkenntnisse geeignet, Funktionen der Lenkung und Steuerung auszuüben sowie Sorge für das Ganze zu tragen (rep. 441e). Der Wille besitzt aufgrund seiner handlungsaktiven Kraft die Funktion der Umsetzung und Verteidigung der von der Vernunft bestimmten Ziele und Entscheidungen (rep. 441e). Und die Begierden, die auf Nahrung, Fortpflanzung und Besitz ausgerichtet sind, haben die Funktion, die Person in ihrem leiblichen Dasein zu erhalten (rep. 437d). Platon weist zwar immer wieder auf die Gefahr der Maßlosigkeit dieser Strebungen hin, plädiert jedoch nicht für einen repressiven Umgang. Die leibbezogenen Strebungen sind zu regulieren, aber nicht zu bekämpfen (rep. 589b).

Die Seelenkräfte zeichnen sich nach Platon durch ein hohes Maß an Dynamik aus. Sie können zum einen ihre Intensität verändern: Sie können wachsen und zunehmen, aber auch schwächer werden und schrumpfen. Zum anderen sind die Kräfteverhältnisse und Konstellationen Veränderungen unterworfen. Die Seelenkräfte interagieren miteinander und beeinflussen sich wechselseitig. Dabei kommt es häufig zu Zwist und Konflikten (rep. 439e–440d, 588e–589b). Streit und Unordnung entstehen dann, wenn bestimmte Kräfte, die instrumentellen Charakter haben, wie etwa die auf physische Erhaltung bezogenen Strebungen, eine übermäßige Dominanz gewinnen und alle anderen Vermögen beherrschen. Wie kommt es dazu?

Begierden und Wünsche haben, so Platon, kein eigenes inhärentes Maß und bergen von daher die Gefahr in sich, maßlos zu werden. Entscheidend ist dabei die Verschiebung von Begleitaffekt und dem eigentlichen Ziel des Strebens. Die Erfüllung des Strebens ist jeweils mit der Empfindung von Lust verbunden, die stimulierende Wirkung hat, aber auch schnell zum eigentlichen Ziel des Verlangens avancieren kann. Die Strebung verliert in diesem Fall ihre Bezogenheit auf eine bestimmte Sache und verfällt zum bloßen Verlangen nach Lust, das bei entsprechender Intensität schnell zur Sucht werden kann. Platon beschreibt in anschaulicher Weise die verschiedenen Arten der Sucht wie Völlerei, Trunksucht, Wollust, Habsucht, Prunksucht (rep. 545d–576b). Die Sucht stellt jedoch nicht nur bei den Begierden eine Gefahr dar, sondern kann ebenso die Willenskraft betreffen. Erhebt der Wille die mit erfolgreichen Ausführungen von Handlungen verbundene Lust an sozialer Anerkennung und eigener Stärke zum vorrangigen Ziel des Strebens, so entsteht die Sucht nach Ehre, Ruhm und Macht.

All diese Süchte sind verschiedene Ausprägungen der Selbstsucht, die Platon als größtes Übel bezeichnet (leg. 731d7). Das eigentlich Verderbliche der verschiedenen Formen von Sucht besteht nach Platon darin, dass sie alle anderen Seelenkräfte unterjochen und auch die Vernunft für ihre Zwecke instrumentalisieren (rep. 588e–589a). Bei entsprechender Stärke einer maßlosen Begierde werden sämtliche Handlungen der Vernunft – alle Überlegungen, Schlüsse, Entscheidungen und Pläne – von dieser beherrscht. Aus dem regierenden, steuernden Vermögen wird in diesem Fall eine instrumentelle Vernunft, die nicht mehr aus sich selbst heraus Zwecke setzt und somit ihre regulative Fähigkeit verliert.

Tugend als beste Verfassung der Seele

Die Bildung der Seele besteht nach Platon in einer Mäßigung und Harmonisierung der Kräfte. Die Vermögen müssen in eine ausgewogene Ordnung gebracht werden. Eine gute und stabile Ordnung ist dann gegeben, wenn sich jede Grundkraft in der bestmöglichen Verfassung befindet. Alle Vermögen der Seele haben, so Platon, ihre spezifische Tugend (*areté*), die es zu verwirklichen gilt.

Die Tugend der Vernunft ist die Weisheit (*sophía*). Als Weisheit wird in der *Politeia* die Erkenntnis dessen bestimmt, was jedem einzelnen Seelenteil und dem Ganzen der Seele zuträglich ist (rep. 442c). Durch Weisheit besitzt die Vernunft praktische Urteilskraft. Sie kann in der konkreten Situation beurteilen, was jeweils anzustreben und zu meiden ist, was der Seele und ihren einzelnen Vermögen schadet und was ihnen heilsam und förderlich ist.

Die Tugend der Willenskraft ist die Tapferkeit (*andreía*). Tapferkeit ist in der platonischen Tugendlehre eine Form der Beharrlichkeit, die auf Vernunfteinsicht beruht. Platon bestimmt sie als eine Bewahrung und Aufrechterhaltung der Urteile der Vernunft über das situativ Gute und Üble (rep. 442c). Gemeint ist damit die Fähigkeit, auch in stark affektiven Zuständen, wenn große Lust oder Furcht die Seele vereinnahmt, oder in gefährlichen und verlockenden Situationen an den Handlungsvorgaben der Vernunft festzuhalten und nicht dem Affekt oder der Verführung nachzugeben. Die Willenskraft bildet bei Platon ein mittleres Vermögen, das im Idealfall der Vernunft folgt und im Verbund mit dieser die Begierden reguliert. Sie kann jedoch auch von den Begierden instrumentalisiert werden. Das geschieht dann, wenn die Vernunft aufgrund mangelnder Bemühungen um Erkenntnis schwach ausgebildet ist und die auf den Leib bezogenen Strebungen zu übermäßiger Stärke angewachsen sind.

Die Tugend des begehrenden Seelenteils ist die Besonnenheit (*sophrosýne*). Die Sophrosyne ist Mäßigung und Selbstbeherrschung. In der platonischen Tugendlehre besteht diese Form der Zurücknahme der eigenen Wünsche und Bedürfnisse darin, das von der Vernunft vorgegebene Maß anzuerkennen. Die Besonnenheit ist jedoch nicht nur die Tugend des begehrlichen Seelenteils, sondern kommt allen Kräften zu: Platon bestimmt die Sophrosyne als Freundschaft und Zusammenstimmung aller Vermögen, die auf der wechselseitigen Anerkennung und der Übereinstimmung darüber basiert, dass die Vernunft regieren soll (rep. 442c/d). Die Besonnenheit ist also jene Tugend, die den Machtkampf in der Seele beendet und zu einem inneren Frieden führt.

Die Tugend der Gerechtigkeit (*dikaiosýne*), die vierte Kardinaltugend, ist dann umgesetzt, wenn alle Kräfte ihre spezifische Funktion erfüllen und nicht auf die Aufgaben der anderen Vermögen übergreifen. Gerechtigkeit ist das ›Tun des Guten‹ gegenüber Menschen und Göttern, das auf einer bestimmten Ordnung und Verfassung der seelischen Kräfte, auf dem ›Tun des Seinen‹, basiert (rep. 442e–443d).

Die Tugend der Seele bildet nach Platon die Voraussetzung dafür, dass sie ihre eigentümliche Aufgabe erfüllen kann. Der griechische Ausdruck *areté* bedeutet ›Tauglichkeit‹, ›Brauchbarkeit‹, ›Tüchtigkeit‹, ›Bestheit‹. Gemeint ist damit die Eignung für eine bestimmte Funktion oder Tätigkeit. Tugendhaft in diesem Sinn können nicht nur Personen, sondern auch Gebrauchsgegenstände, Nutztiere oder physische Organe sein (rep. 352e–353b). Ein Messer besitzt Tugend, wenn es scharf geschliffen und aufgrund dieser Qualität für die Funktion des Schneidens bestmöglich geeignet ist. Das Auge kann seine visuelle Funktion der Wahrnehmung nur dann erfüllen, wenn es seine spezifische Tugend, die Scharfsichtigkeit, besitzt (rep. 353b/c).

In ähnlicher Weise hat auch die Seele eine spezifische Funktion, für deren Erfüllung sie der Tugend bedarf. Als Aufgabe der Seele bestimmt Platon in der *Politeia* Tätigkeiten, die dem Bereich der Organisation und Leitung zugeordnet sind, wie etwa zu regieren, zu beraten, für etwas zu sorgen, sich für etwas zu entscheiden, Handlungsziele zu bestimmen (rep. 353d). Für die bestmögliche Ausführung dieser Tätigkeiten benötigt die Seele die Tugenden der Gerechtigkeit und Weisheit (rep. 353d/e). Diesen Gedanken verbindet Platon mit dem Ideal eines glücklichen Lebens. Wenn sich eine Person unter Zuhilfenahme der Tugend gut berät und bestmögliche Entscheidungen trifft, führt dies zu Handlungserfolgen und einem gelingenden, erfüllten Lebensvollzug (rep. 353e–354a, 443e).

Weisheit als Ursache der seelischen Ordnung

Im platonischen Tugendmodell kommt der Vernunft eine besondere Rolle zu: Sie ist die ordnungsstiftende, gestaltende Kraft. Ihre spezifische Tugend – die Weisheit – befähigt sie dazu, das richtige Maß zu finden und den überschießenden Bedürfnissen, Affekten und Leidenschaften Grenzen zu setzen. Mit Hilfe der Einsicht stellt die Vernunft Eintracht und Freundschaft zwischen den Kräften her (rep. 589a/b). Die Weisheit ist somit Ursache der seelischen Ordnung.

Die *sophía* bildet bei Platon nicht nur die wichtigste Kardinaltugend, die alle anderen Tugenden begründet, sondern auch die komplexeste Tugend. Sie umfasst neben Erkenntnis und Einsicht die Fähigkeit des richtigen Umgangs mit sich und anderen, eine Kompetenz, Konflikte zu lösen, sowie Gestaltungskraft und Fürsorge. In dem Bild vom Seelentier (rep. 588c–589b) beschreibt Platon die umfassenden Fähigkeiten der Weisheit in eindrucksvoller Weise. Die menschliche Seele wird hier mit einem Fabelwesen verglichen, das aus verschiedenen Gestalten zusammengewachsen ist. Es birgt ein vielköpfiges, buntes Tier in sich, einen Löwen sowie ein verständiges Wesen, das als ›innerer Mensch‹ bezeichnet wird. Ist der ›innere Mensch‹, der hier für die Vernunft steht, durch geistige Nahrung gekräftigt, so vermag er richtig mit dem Löwen sowie dem vielköpfigen Tier, nämlich mit Willen und Begierden, umzugehen (rep. 589a/b).

Die tiefste Bestimmung der Weisheit findet sich in den Gleichnissen der *Politeia* (504a–505b). Weisheit ist bei Platon letztlich Erkenntnis des Guten, die im Aufstieg zur Tugend erzielt wird. Die Erkenntnis des Guten begründet sowohl die praktische Urteilskraft als auch die Fähigkeiten zu Fürsorge, Lösung von Konflikten und Harmonisierung aller Kräfte. Im Prozess des Aufstiegs wird die Seele von falschen Zielbestimmungen und Wertorientierungen gereinigt. Die Einübung einer vorurteilsfreien Suche nach dem Besten fördert die Einsichts- und Urteilsfähigkeit. Die Vernunft erfährt dabei eine Bildung und Entwicklung. Dadurch kann sie die Funktion der Regierung ausüben und regulierend auf Körper und Seelenkräfte einwirken. Das wiederum bildet die Voraussetzung dafür, eine Ordnung der Seele herzustellen, in der alle Strebungen ihre spezifische Funktion erfüllen und harmonisch miteinander verbunden sind. Platon weist freilich wiederholt darauf hin, dass die Ordnung der Seele aufgrund der Dynamik der Kräfte eine Aufgabe darstellt, die immer wieder neu angegangen werden muss. Ähnlich wie die Erkenntnis selbst muss auch die seelische Ordnung gepflegt und durch stetige Erneuerung und Wiederherstellung erhalten werden (rep. 589a/b, Tim. 89d–90d).

2. Gerechtigkeit als Ordnung der Polis

Die Ordnung der Seele ist bei Platon das Musterbild (*parádeigma*) für den Entwurf einer politischen Ordnung.[5] Da zwischen Polis und Seele eine Wesensähnlichkeit hinsichtlich der Kräfte besteht, die Gemeinschaft sich also aus ähnlichen Teilen zusammensetzt wie die einzelne Seele (rep. 435e, 544d/e), bestehen auch Übereinstimmungen hinsichtlich der besten Verfassung und der Ordnung der Kräfte.

Platon konzipiert das Verfassungsmodell in der *Politeia* als Gegenentwurf zum Staat der Selbsterhaltung, der vom Sophisten Protagoras im gleichnamigen platonischen Dialog (Prot. 320c–322d) beschrieben wird. Der beste Staat zielt nicht auf das Überleben, auf die Sicherung von Eigentum und physischem Dasein, sondern auf das gute Leben ab, das im Hinblick auf die ethischen Qualitäten und höchsten Wertprinzipien bestimmt wird.

Die Darstellung des besten Staates folgt einem genetischen Modell: Platon entwirft zunächst eine Ur-Polis, die durch eine einfache und genügsame Lebensweise charakterisiert ist. Aus der Ur-Polis entsteht durch Zuwachs an Bedürfnissen die aufgeschwemmte Stadt, in der Ungerechtigkeit und Maßlosigkeit herrschen. Durch Reinigung und Neuorientierung geht daraus schließlich die gerechte Polis hervor. Dieses Stufenmodell mit der Abfolge von ursprünglicher Unschuld – Frevel – Umkehr ähnelt religiösen Vorstellungsmustern, die Platon zum Zweck der Darstellung der Gerechtigkeit hier aufgreift.

Die Stufenfolge von Ur-Polis, ungerechtem und gerechtem Staat beschreibt keine historische Wirklichkeit, sondern ist eine idealtypische Darstellung, die verschiedene Intentionen verfolgt: Platon geht es zum einen darum, die Gerechtigkeit als Bewältigung von Unrecht darzustellen. Das Gute erwächst nur aus der reflektierten Auseinandersetzung mit dem Übel und der bewussten Entscheidung für ein besseres Leben. Zum anderen aber soll die Gerechtigkeit als Wandlungsprozess dargestellt werden. Die gerechte Polis ist kein statischer Zustand, sondern der Dynamik des Werdens unterstellt.

Platon verfolgt mit diesem groß angelegten Konzept einer gerechten Ordnung die Intention, ein Musterbild (*parádeigma*) zu entwerfen, das der Orientierung dient (rep. 472d/e). Die Möglichkeit, dieses politische Modell auch tatsächlich zu realisieren, wird zwar nicht ausgeschlossen, aber für wenig wahrscheinlich gehalten (rep. 502c).

Gemeinschaftsbildung aus dem Bedürfnis

Ein verbreitetes Vorurteil, mit dem sich Sokrates bereits im ersten Buch der *Politeia* gründlich auseinandersetzt, lautet: Gerechtes Handeln ist zwar ehrenwert und schön, geht jedoch auf Kosten des eigenen Vorteils (rep. 343a–354c). Allerdings bleibt das ohne nachhaltige Wirkung bei den Gesprächsteilnehmern, die nach Ende der Untersuchung erneut die Auffassung, Gerechtigkeit sei ein fremdes Gut, vortragen (rep. 357a ff.). Für Sokrates ist der Zweifel am Nutzen der Gerechtigkeit Anlass, die Tugend ›im Größeren‹ der Polis aufzuzeigen (rep. 368e), um sie leichter erkennen zu können. Die Darstellung des gerechten Staates hat also didaktische Gründe: Es geht darum, ein richtiges Urteil über den Wert der Tugend zu ermöglichen und zur Ausbildung der ethischen Qualitäten zu motivieren. Gleichwohl kann die *Politeia* als politische Theorie verstanden werden, da hier Grundprinzipien einer Ordnung der Polis zur Sprache kommen.

Sokrates entwirft zunächst eine Ur-Polis, die durch Einfachheit, Genügsamkeit und Kooperation charakterisiert ist. Die Darstellung beginnt mit Ausführungen zum Ursprung der Gemeinschaft: Das Zusammenleben erwächst aus den menschlichen Grundbedürfnissen, so die Ausgangsthese (rep. 368b/c). Der Mensch ist nicht autark, sondern hat als sinnliches Wesen viele Bedürfnisse. Diese beziehen sich in ihrer elementaren Form auf das Lebensnotwendige, also auf Nahrung, Wohnraum und Kleidung (rep. 369d). Bei der Beschaffung und Herstellung dieser Güter ist der Einzelne auf den Zusammenschluss mit anderen angewiesen. Nur in der Gemeinschaft ist ein Überleben möglich.

Ein wesentliches Merkmal der Ur-Polis besteht in der Arbeitsteilung. Um eine gute Versorgung mit allen wichtigen Lebensgütern zu gewährleisten, wird die Arbeit auf verschiedene Personen aufgeteilt (rep. 369d ff.). So begegnen in der Polis Landwirte, Baumeister, Weber, Schuster und Produzenten von Werkzeugen. Aufgrund von Spezialisierung und Fachwissen können diese Berufsgruppen die Gemeinschaft viel besser und effizienter mit allen Gütern versorgen, als wenn jeder Einzelne sich selbst um alle Dinge kümmern müsste, also jeder sein eigenes Kleid weben, sein eigenes Haus bauen und sein eigenes Feld bestellen würde. Den Gedanken der Arbeitsteilung begründet Sokrates zudem mit der Annahme, dass es verschiedene Veranlagungen und Begabungen gibt und jeder zu einer anderen Aufgabe geeignet ist (rep. 370b/c).

Unter der Hand ist damit eine Vorform der Gerechtigkeit in den Blick geraten. Das Gerechte ist das ›Tun des Seinen‹ – die Ausrichtung auf eine den eigenen Anlagen entsprechende Aufgabe innerhalb der Gemeinschaft. In dieses Prinzip ist die Idee der Kooperation und des Austauschs eingeschlossen. Der Einzelne liefert der Gemeinschaft durch seine Arbeit ein notwendiges Gut und wird im Gegenzug von ihr mit anderen Gütern versorgt. Es ist also ein Geben und Nehmen.

Der einfache Warentausch wird bereits in der Ur-Polis durch den Bezug der Waren über Zahlungsmittel abgelöst (rep. 371b). Die Produkte werden auf dem Markt eingekauft und verkauft. Der Handel bleibt dabei nicht auf den Binnenmarkt beschränkt, sondern wird auf andere Städte ausgedehnt, da die Polis nicht über alle Rohstoffe und landwirtschaftlichen Erzeugnisse selbst verfügt und diese von anderen beziehen muss. Auf diese Weise entstehen ganz neue Berufszweige wie etwa Verkauf, Außenhandel, Logistik.

Die Lebensweise in der Ur-Polis bestimmt Sokrates als gesund, friedlich, maßvoll, genügsam. Es gibt noch keine ausschweifenden Bedürfnisse, die über das Lebensnotwendige hinausgehen, und es gibt keine kriegerischen Konflikte, die es erfordern würden, einen militärischen Stand auszubilden.

Das ändert sich in der zweiten Form der Polis, die als ›üppige‹, ›aufgeschwemmte‹ Stadt beschrieben wird (rep. 372e). Grund für die Veränderung ist die Ausdehnung der Bedürfnisse. Platon macht hier die Erfahrung geltend, dass das Bedürfnis als solches kein Maß in sich trägt und zur Ausweitung und Zügellosigkeit neigt. Ist das Überleben gesichert, stellen sich viele Wünsche und Begehrlichkeiten ein wie verfeinerte Speisen, Süßigkeiten, Düfte, kostbare Stoffe, Luxuskleidung, bequeme Möbel, Unterhaltung durch Musiker, Schauspieler, Tänzer (rep. 373a–c), die über das Lebensnotwendige hinausgehen. Das einfache Dasein der Ur-Polis verwandelt sich zunehmend in ein Leben, das nach Lustbefriedigung, Vergnügen und Luxus strebt.

Das Anwachsen der Bedürfnisse zieht viele Veränderungen in der Polis nach sich. Es bilden sich Neid und Habsucht heraus, die zu Streitigkeiten zwischen den Bürgern führen. Das hat zur Folge, dass mit Richtern und Anwälten, die für Schlichtung der Konflikte und Ausgleich sorgen, eine ganz neue Berufssparte entsteht. Auch Ärzte werden verstärkt benötigt, da die ungesunde Lebensweise Ursache für viele Krankheiten ist.

Entscheidend für die weitere Entwicklung der Stadt ist

jedoch eine ganz andere Berufsgruppe: Der Stand der Krieger und Wächter wird immer wichtiger. Die aufgeschwemmte Stadt bedarf der militärischen Expertise, weil die Befriedigung des Mehrhabenwollens (*pleonexía*) einen Zuwachs an Grund und Boden durch Landnahme erforderlich macht (rep. 373d). Damit die Krieger ihre Aufgabe erfüllen können, müssen sie gegensätzliche Charakterhaltungen ausbilden: Sie sollen tapfer und willensstark sein, um fremde Staaten angreifen bzw. deren Angriffe abwehren zu können, zugleich aber müssen sie Sanftmut und Besonnenheit im Umgang mit den eigenen Bürgern zeigen.

Eine der zentralen Eigenschaften des Wehrstandes besteht in der Urteilskraft, die hier als eine Vorform der philosophischen Ausrichtung bestimmt wird (rep. 375e). Die Wächter müssen in der Lage sein, Freund und Feind zu unterscheiden, um ihre kriegerischen Qualitäten nicht gegen die Bürger der eigenen Polis zu wenden. Gefordert ist, sowohl das Verwandte als auch das Fremdartige zu erkennen (rep. 376b). Damit ist die Fähigkeit gemeint, die eigenen Bürger und die wohlgesonnenen Städte einerseits und die feindlichen Städte und Personen andererseits als solche zu identifizieren. Wie an späterer Stelle deutlich gemacht wird, bezieht sich die Urteilskraft zuletzt auf das Gute und Üble.

Die Verteidigung der Stadt nach innen und außen erfordert bei den Wächtern eine am Wohl des Staates ausgerichtete Gesinnung und eine Mäßigung der eigenen Bedürfnisse. Die Wächter müssen in der Lage sein, ihre Wünsche und Begehrlichkeiten hinter den Dienst an der Stadt zurückzustellen.

Damit kommt es zu folgendem Paradox: Um die Befriedigung der angewachsenen Bedürfnisse der Polis zu gewährleisten, ist eine Begrenzung der Bedürfnisse notwendig. Hier liegt der in der Entwicklungsgeschichte der Polis entscheidende Wendepunkt. Die Ausbildung der Wächter macht eine Orientierung an Tugend und Gemeinsinn notwendig, die die ganze Stadt zunehmend von der Pleonexie reinigt und eine ganz neue politische Ordnung hervorbringt.

Die Begründung dafür, dass die Wendung zur gerechten Polis vom Wächterstand ausgeht, findet sich in der Seelenlehre der *Politeia*. Das den Wächtern entsprechende Vermögen der Willenskraft wird dort als mittlerer Seelenteil bestimmt, der verschiedene Richtungen wählen kann: Er kann sich auf Vernunft und Tugend ausrichten oder sich von Begierden und Affekten bestimmen lassen (rep. 439e–441c). Zur Ausbildung von Vernunft und Tugend der gesamten Seele kommt es nur dann, wenn sich der Wille dafür entscheidet und die entsprechende Orientierung wählt.

Die Erziehung der Wächter wird in der *Politeia* ausführlich geschildert: Die zukünftigen Hüter der Stadt absolvieren sowohl eine gymnastische als auch eine musische Erziehung (rep. 376c–412b). Beides dient letztlich der Ausbildung von seelischen Qualitäten. Durch die Beschäftigung mit Mythen und Werken der Dichtkunst lernen die Wächter Vorbilder eines tugendhaften Verhaltens kennen, die zur Nachahmung animieren und die ethische Urteilskraft ausbilden sollen. Die Erziehung zu Tapferkeit und Besonnenheit verfolgt den Zweck, die gegensätzlichen Charakteranlagen der kriegerischen Angriffslust und der Sanftmütigkeit miteinander zu versöhnen und Seele und Leib zu harmonisieren. Besonderes Augenmerk wird auf die Vermittlung einer richtigen Meinung über Gott und die Götter gelegt (rep. 377c–383c). Diese theologische Grundbildung hat den Sinn, die Anerkennung eines übergeordneten Maßstabs und die Ausrichtung auf etwas vollkommen Gutes zu fördern.

Aus der Gruppe der Wächter werden die fähigsten Personen ausgewählt und einer höheren Bildung zugeführt, die ihrerseits dazu befähigen soll, den Staat möglichst gut zu regieren (rep. 412c/d, 535a ff.). Die künftigen Regenten bedürfen sowohl der vernünftigen Einsicht als auch der politischen Kompetenz. Die Fähigkeit der Vernunft wird durch eine langjährige Beschäftigung mit den mathematischen Wissenschaften und die Einübung in das dialektische Denken erworben. Der Bildungsgang mündet in den Aufstieg, der die Tugend und das Gute zum Gegenstand hat (rep. 504a ff.). Die Ausbildung der Regenten wird durch eine erste Tätigkeit im politischen Bereich abgeschlossen, die dem Zweck dient, praktische Erfahrungen sowie Übung im Umgang mit verschiedenen gesellschaftlichen Kräften und kollidierenden Interessen zu erwerben (rep. 539e).

Die im Bildungsgang erzielte Erkenntnis von Werten kann als Begründung für jenes maßvolle Leben verstanden werden, das die Ur-Polis auszeichnet. Sowohl die einfache Polis als auch die aufgeschwemmte Stadt sind in sich ambivalent und nicht vollkommen gut oder schlecht. Die Ur-Polis ist zwar durch eine friedfertige, mäßige Lebensweise charakterisiert. Aufgrund der fehlenden Vernunfteinsicht ist sie jedoch stets der Gefahr ausgesetzt, in Zügellosigkeit und Habsucht umzuschlagen. Die üppige Polis hingegen ist zwar einerseits von Maßlosigkeit und Ungerechtigkeit durchzogen, bringt jedoch andererseits Kultur, Wissenschaft und Politik hervor und gibt Anlass, nach dem Guten zu fragen. Das Gute wird erst dann zum Gegenstand der Suche, wenn üble Zustände dazu herausfordern.

Ernährer, Hüter und Regenten

Die idealtypische Entwicklung der Polis von der einfachen Gemeinschaft bis hin zum gerechten Staat ist durch einen stetigen Zuwachs an Tätigkeitsfeldern und Professionen gekennzeichnet. Die Entstehung der Berufsgruppen erklärt Platon, wie bereits erwähnt, durch Bedürfnisse und Problemlagen. Ackerbau, Viehzucht, Baugewerbe und Textilproduktion erwachsen aus dem Grundbedürfnis nach dem Lebensnotwendigen. Viele weitere Gewerbe und Berufe entstehen aus dem wachsenden Verlangen nach dem Angenehmen und dem Wunsch nach Steigerung der Lebensqualität. Auch die Entwicklung von Militär, Polizei und politischer Führung haben ihren Ursprung in ausgeweiteten Bedürfnissen oder neuen Problemlagen. Die aufgeschwemmte Polis bedarf des Militärs, um einerseits den eigenen Expansionsdrang zu befriedigen und andererseits Eigentum, Freiheit und Leben vor fremder Habsucht zu schützen. Und sie bedarf der politischen Führung, die in destabilisierenden, bedrohlichen Situationen Entscheidungen trifft.

Im besten Staat sind alle Berufsgruppen vertreten. Die Genese dieses Staates wird zwar mit einer Reinigung von ausufernden Bedürfnissen und Gewerben verbunden, jedoch keineswegs als Rückkehr zum einfachen Staat der zivilisatorischen Frühzeit verstanden. Bei der Darstellung des Wesens der gerechten Ordnung nimmt Platon eine starke Typisierung vor. Er unterscheidet drei Stände voneinander, in denen Berufe mit ähnlichen Funktionsmerkmalen zusammengefasst sind, nämlich

1. Ernährer,
2. Hüter und
3. Regenten.

Diese Stände nehmen die zentralen Aufgaben in der Polis wahr.

Der Nährstand schafft die materiellen Grundlagen für die Gesellschaft und ist für die Versorgung der Stadt mit allen wichtigen Lebensgütern zuständig. Zu den Ernährern gehören alle ökonomisch ausgerichteten Berufszweige wie Landwirtschaft, die Produktion von Gütern, die Herstellung von Werkzeugen, sowie Handel, Gewerbe, Transport. Es geht hier also um die gesamte Wirtschaft. Als gemeinsames Merkmal dieses Standes bestimmt Platon die Ausrichtung auf Besitz und Erwerb. Darin ist sowohl das Gemeinschaftliche als auch das Private enthalten. Der ökonomische Stand sorgt für das Gemeinwohl und für den eigenen Besitz.

Der gesamte ökonomische Bereich ist im besten Staat selbstverwaltet. Es gibt kein von der Regierung festgelegtes Wirtschaftsrecht (rep. 425c/d). Den Verzicht auf eine gesetzliche Regulierung des ökonomischen Bereichs begründet Platon mit dessen Teilhabe an der Tugend. Die mäßige und rechtliche Einstellung der Ernährer macht ein umfangreiches Gesetzeswerk überflüssig und versetzt diese in die Lage, selbst alle erforderlichen Regeln festzulegen (rep. 425d/e).

Der Wächterstand ist für innere und äußere Sicherheit, Schutz und Verteidigung sowie für die Umsetzung der politischen Richtlinien der Regierung zuständig. Die Wächter sind die Helfer und Mitarbeiter der Regierung, die dafür sorgen, dass deren Entscheidungen und Ziele verwirklicht werden und kein Zwiespalt zwischen den Bürgern entsteht. Zu den Hütern gehören nicht nur Militär und Polizei, sondern auch Lehrer und Verwaltungsbeamte. Ein wesentliches Merkmal dieses Standes besteht darin, dass er sich um die Gemeinschaft sorgt. Die Hüter sind nicht auf ihr Eigeninteresse ausgerichtet, sondern gehen ganz im Dienst an der Polis auf. Die Orientierung am Gemeinwohl liefert den Grund dafür, dass die Wächter im Gegensatz zum ökonomischen Stand kein Privateigentum besitzen (rep. 416d/e). Sie werden mit allem Lebensnotwendigen vom Nährstand versorgt.

Die Regenten schließlich besitzen die Macht, politisch zu entscheiden und zu gestalten. Sie geben Ziele und Richtlinien vor und bestimmen in der konkreten Situation, was zu tun ist. Zu den Aufgaben der Regenten gehört es, darauf zu achten, dass jeder das ›Seine‹ tut, also dass jeder eine Aufgabe ausübt, die seinen eigenen Potentialen und Kompetenzen entspricht. Über den Platz in der Gemeinschaft entscheidet nicht die Herkunft, sondern die individuelle Anlage und Begabung, die ihrerseits frühzeitig zu erkennen sind. Die Regenten haben zudem darauf zu achten, dass in der Stadt weder Armut noch Reichtum vorherrschen (rep. 421d–422a). Es gilt das richtige Maß zu finden, um eine Spaltung der Gesellschaft zu vermeiden. Das wesentliche Merkmal der Regenten besteht in deren Ausrichtung auf das Gute. Sie gehen in der Fürsorge für die Gemeinschaft auf (rep. 412d f.) und bedenken das Beste für alle Einzelnen und den Staat insgesamt. Ähnlich wie die Wächter besitzen auch die Regenten kein Privateigentum und werden vom Nährstand mit allen notwendigen Lebensgütern versorgt.

Gerechtigkeit als Prinzip der guten Ordnung

Die Stände im besten Staat parallelisiert Platon, wie schon erwähnt, mit den Vermögen der Einzelseele. Der Nährstand entspricht dem begehrlichen Seelenteil, der Wehrstand der Willenskraft und die Regenten der Vernunft. Eine Entsprechung besteht auch bezüglich der Tugend. Ähnlich wie den Kräften in der geordneten Seele kommt auch den Ständen im besten Staat eine spezifische Tugend zu: Die Ernährer zeichnen sich durch Mäßigkeit und Selbstbeherrschung, die Wächter durch Tapferkeit und die Regenten durch Urteilskraft und Weisheit aus. An der Gerechtigkeit als vierter Kardinaltugend haben alle Stände teil.

Die Weisheit (*sophía*) bestimmt Platon im Rahmen des politischen Ordnungsentwurfs als Wohlberatenheit (*eubulía*) (rep. 428b), die in Erkenntnis (*epistéme*) gründet. Gemeint ist die Einsicht, wie die Polis mit sich selbst und mit anderen Städten am besten umgehen soll (rep. 428b–d). Voraussetzung für den richtigen Umgang ist die Kenntnis der Interessen und Ziele der verschiedenen Stände sowie die Einsicht in das Zuträgliche für das Einzelne und das Ganze (rep. 442c). Der Regent muss sich sowohl auf die faktischen Bedürfnisse der Bürger als auch auf das Gute verstehen. Dabei wird betont, dass das Beste in der konkreten Situation durch Überlegung und Beratung stets neu zu ermitteln ist. Ein wesentliches Merkmal der Weisheit ist die Fähigkeit zu guter Kommunikation und kompetenter Vermittlung in Streitfragen. Der Weise ist aufgrund seiner Einsicht dazu fähig, den Dialog mit den Bürgern zu führen und diese zu Tugend und Einsicht zu führen.

Die Hüter und Wächter der Stadt zeichnen sich durch Tapferkeit (*andreía*) aus, die Platon analog zur Tugend der Einzelseele als Bewahrung und Aufrechterhaltung der richtigen Meinung über das Schädliche und Nützliche bestimmt (rep. 429c/d, 430b). Die Wächter verfügen nicht nur über natürliche Charakterhaltungen wie Mut, Opferbereitschaft, Standfestigkeit, sondern weisen darüber hinaus eine bestimmte geistige Orientierung auf. Erst diese kultiviert den natürlichen Mut zur Tugend der Tapferkeit. Die richtige Meinung über das Üble und Gute wird durch Erziehung vermittelt. Die gymnastische und musische Bildung bewirkt eine innere Verankerung der richtigen Vorstellungen, die deren Beständigkeit garantieren soll. Ein wesentliches Merkmal der Tapferkeit besteht in der Fähigkeit, auch in Gefahren und in affektiven Zuständen der Lust, des Schmerzes oder der Furcht die Orientierung am Guten sowie an den Beschlüssen der Regierung beizubehalten (rep. 429d–430b). Diese Art von Beharrungskraft ist erforderlich, um die Aufgaben im Rahmen von Verteidigung, Sicherheit und Verwaltung in optimaler Weise erfüllen zu können.

Die Tugend des ökonomischen Standes besteht in der Besonnenheit (*sophrosýne*). Die Sophrosyne bestimmt Platon zunächst in Anknüpfung an die herkömmliche Auffassung als Mäßigung der Begierden und als Selbstbeherrschung (rep. 430e–431d). Da der ökonomische Stand auf den Gütererwerb zielt und das ›Besitzliebende‹ zum Mehrhabenwollen neigt, wird eine Begrenzung durch Maß und Tugend notwendig. Die Zügelung des Besitzstrebens ist mit dem Verzicht auf den Herrschaftsanspruch und einer Zustimmung zur Herrschaft der Vernunft verbunden. Im besten Staat gibt nicht die Wirtschaft der Politik die Ziele vor, sondern die Vernunftziele bestimmen die Wirtschaft.

Die Besonnenheit als Zustimmung zur Vernunftherrschaft zeichnet nicht nur den ökonomischen Stand aus, sondern durchzieht alle gesellschaftlichen Gruppen (rep. 431d–432b). Die Besonnenheit ist insofern eine Tugend, die allen Ständen zukommt. In der Polis besteht Einvernehmen (*homónoia*) hinsichtlich der Machtfrage sowie ein gesellschaftlicher Konsens in Bezug darauf, dass die durch Weisheit und Einsicht ausgezeichneten Personen regieren sollen. Die Führung im besten Staat besteht nicht darin, autoritär oder autokratisch Macht auszuüben, sondern mit Zustimmung der Bürger zu regieren.

Die Zustimmung zur Vernunftregierung bedeutet zuletzt eine Übereinstimmung (*symphonía*) bezüglich der Ausrichtung auf das Gute. In der Polis ist das Handeln durch die Orientierung am Gemeinwohl bestimmt. An diesem Prinzip haben alle Stände teil, auch wenn die Überwindung von Eigennutzdenken und Habsucht in unterschiedlichem Grad verwirklicht wird und nur bei den Regenten durch die Erkenntnis der Wertprinzipien begründet ist. Durch die gemeinsame Ausrichtung der Bürger entstehen in der Polis Einklang und Harmonie.

Die Gerechtigkeit (*dikaiosýne*) bestimmt Platon als ›Tun des Seinen‹. Das Prinzip wird im besten Staat dadurch verwirklicht, dass jeder Einzelne die Aufgabe erfüllt, zu der er von seiner Natur her am besten geeignet ist, die er aufgrund von Anlage und erworbenen Kompetenzen am besten ausüben kann (rep. 433a/b). Die Konzentration auf die eigene Aufgabe hat eine mäßigende Wirkung auf die Begierden. Das übermäßige Streben nach Lust, Vergnügen und Güterkonsum, das in der aufgeschwemmten Stadt vorherrschend war, wird durch die Ausrichtung auf eine sinnvolle und gemeinwohlfördernde Tätigkeit eingedämmt (rep. 420e f.). Das ›Tun des Seinen‹ vermeidet zudem Zerstreuung in einer Aufgabenüberflutung, der ›Vielgeschäftigkeit‹, und verhindert die Einmischung in andere Aufgabenbereiche, die ›Fremdgeschäftigkeit‹ (rep. 434a/b).

Die zentrale Idee der platonischen Gerechtigkeitskonzeption besteht in der Einheit von der Orientierung am Gemeinwohl und der Erfüllung des individuellen Glücksbedürfnisses. Durch die allgemeine Ausrichtung auf das Wohlergehen der Gemeinschaft und die Verteilung der Aufgaben nach dem Prinzip der Eignung und fachlichen Kompetenz werden zum einen die bestmögliche Versorgung, Verteidigung und Regierung der Stadt gewährleistet. Qualitätsmängel und Dysfunktionalität in den einzelnen Bereichen können weitgehend vermieden werden. Zum anderen aber fördert das ›Tun des Seinen‹ die Selbstverwirklichung des Einzelnen. Das Tätigsein gemäß den individuellen Anlagen führt zur optimalen Entfaltung der eigenen Kräfte, was mit Erfüllung und Glück verbunden ist.

Ein zentrales Merkmal des gerechten Staates ist dessen Einheitlichkeit. Platon bestimmt die Einheitlichkeit als ›größtes Gut‹ für das Bestehen eines Staates: »Gibt es nun wohl ein größeres Übel für den Staat als das, welches ihn zerreißt und zu vielen macht anstatt zu einem? Oder ein größeres Gut als das, was ihn zusammenbindet und zu einem macht?« (rep. 462a/b). Gemeint ist eine Überwindung von Spaltung und Zwist und die Herstellung von Harmonie und Verbundenheit aller gesellschaftlichen Schichten. Das Einheitsstiftende ist die gemeinsame Orientierung an der Tugend und dem Guten. Die Einheit des Staates geht in der platonischen Konzeption keineswegs auf Kosten von Differenz und Vielheit. Analog zur Ordnung der Seele geht es Platon um eine Zusammenstimmung der vielen, verschiedenen Kräfte. Die gute politische Ordnung ist eine komplexe Einheit der Vielfalt.

Weisheit als Ursache des gerechten Staates

Die Weisheit ist im besten Staat von besonderer Bedeutung. Sie schafft und erhält die gute Ordnung (*eunomía*) und begründet das ethisch richtige Handeln. Die Weisheit bestimmt auch im ökonomischen Bereich das richtige Maß. Sie vermittelt richtige Vorstellungen davon, was jeweils förderlich oder schädlich ist. Sie kann zudem beurteilen, ob jemand für bestimmte Aufgaben und Ämter geeignet ist. Von der Weisheit ist die Freundschaft zwischen den Bürgern und der gesellschaftliche Zusammenhalt abhängig. Die weisen Herrscher bringen durch ihre Fürsorge und ihr Wirken das Gute ein (rep. 412c–e), welches sich im gemeinwohlorientierten Handeln der Bürger widerspiegelt und alle gesellschaftlichen Kräfte zu einer Einheit verbindet.

Platon identifiziert die Weisheit in der *Politeia* zuletzt mit der Philosophie (rep. 473b ff.). Der Weise und Tugendhafte ist der Philosoph. Das wird verständlicher, wenn man genauer untersucht, was Platon unter Philosophie versteht. Ein Philosoph ist hier nicht ein weltfremder akademischer Gelehrter oder praxisferner Theoretiker, sondern jemand, der sowohl im Bereich der Erkenntnis als auch im Bereich der Praxis erfahren ist. Platon hat das Ideal einer Persönlichkeit vor Augen, die dialektisches Denken und Erkenntnisfähigkeit sowie praktische Kompetenzen wie Urteilskraft, Fürsorge, Fähigkeit zu angemessener Kommunikation, Entscheidungskraft und Souveränität im Umgang mit Dingen und Menschen in sich vereinigt. Der Weg zur Verwirklichung dieses Ideals ist der Aufstieg zur Erkenntnis (rep. 504a ff.), den die Regenten des besten Staates zu absolvieren haben. Im Aufstieg wird nicht nur die für die politische Praxis notwendige Erkenntnis der ethischen Wertprinzipien und des Guten gewonnen, sondern zugleich eine ethische Bildung der Person verwirklicht.

Wie schon häufig erwähnt, stellt für Platon Sokrates das Paradigma des Weisen dar. Die Fähigkeit, sich im politischen Bereich geschickt zu bewegen, ist dabei stets mitgemeint. Im *Gorgias* wird Sokrates als der einzig wahre Staatsmann (*politikós*) bezeichnet (Gorg. 521d/e). Sokrates betreibe die ›wahre Staatskunst‹, indem er nicht auf das Angenehme, sondern auf das Beste für die Bürger sehe und diese zu Tugend und Selbsterkenntnis anzuregen suche (Gorg. 521d/e).

Platon bestimmt zwar den Entwurf des besten Staates als Musterbild (*parádeigma*), das vor allem zur Orientierung dient (rep. 472c/d). Er schließt jedoch nicht die Möglichkeit aus, dass solch ein Staat tatsächlich existieren könnte, auch wenn er diese für wenig wahrscheinlich hält (rep. 502c).

Im 5. Buch der *Politeia* werden die Voraussetzungen für die Verwirklichung der besten Verfassung erörtert. Der beste Staat ist nur unter der Bedingung möglich, dass Philosophie und politische Macht eine Einheit bilden. In der *Politeia* findet sich der vielzitierte und berühmte Satz, dass die gerechte Ordnung nur dann Realität wird, wenn »entweder die Philosophen Könige werden in den Staaten oder die jetzt so genannten Könige und Gewalthaber wahrhaft und gründlich philosophieren« (rep. 473c/d). Bezüglich der Verwirklichung solch einer Vereinigung von Geist und Macht hat sich Platon keinen Illusionen hingegeben. Zwar ist es nach ihm nicht ausgeschlossen, aber höchst unwahrscheinlich, dass eine der beiden Möglichkeiten in Realität umgesetzt werden kann. Von idealistischen Träumereien weit entfernt, ging Platon davon aus, dass Regierungen und staatliche Verfassungen auch künftig weniger vom Prinzip der Gerechtigkeit als vielmehr von Unrecht, Machtkämpfen und Korruption bestimmt sein werden.

Nach der Darstellung des gerechten Staates beschreibt Platon in der *Politeia* einen Verfall der besten Verfassung (rep. 543a ff.). Dass es überhaupt zur Auflösung solch einer stabilen und guten Ordnung kommen kann, begründet Platon mit dem Gesetz des Werdens und Vergehens, dem alles Entstandene unterliegt: »Aber weil allem Entstandenen doch Untergang bevorsteht, so wird auch eine solche Einrichtung nicht die gesamte Zeit bestehen, sondern sich auflösen« (rep. 546a). Nach dieser grundsätzlichen Überlegung beschreibt Platon einen Prozess des Verfalls, der schrittweise von der besten zur schlechtesten Verfassung führt. Ähnlich wie bei der Darstellung der Genese des besten Staates geht es Platon hier nicht darum, einen Prozess abzubilden, der in der Geschichte zwingend so verläuft. In dem Verfallsmodell sollen vielmehr allgemeine Gesetzmäßigkeiten der Entwicklung aufgezeigt werden.

Platon beschreibt eine Abfolge von vier Verfassungen, die als Verfallsformen des gerechten Staates kenntlich gemacht werden: Aus der ›Herrschaft der Besten‹, der Aristokratie, entsteht die Timokratie, die Herrschaft der Wächter, die bei der Verteilung von Ämtern nicht mehr an Qualifikation und Leistung, sondern am Grundbesitz der Bürger orientiert sind. Die Timokratie geht in die Oligarchie über, in die ›Herrschaft der Reichen‹, die nur am Eigennutz und der Anhäufung von Geldvermögen interessiert sind und die Gesellschaft in Reiche und Arme aufspalten. Die sozialen Spannungen führen schließlich zu einer neuen Verfassungsform: der Demokratie, in der die Vielen herrschen und ein unbeschränkter Freiheitswille dominiert. Das bis zur Anarchie gesteigerte Streben nach Freiheit schlägt schließlich in die bitterste Knechtschaft um, in die Tyrannis, in der ein Gewaltherrscher alle Bürger unterjocht.

Die vier Verfassungsformen zeichnet aus, dass sie die Orientierung an Vernunft und Tugend schrittweise aufgeben und zunehmend auf andere Ziele ausgerichtet sind. Die Timokratie zielt auf Ehre, Ruhm und Anerkennung, die Oligarchie auf Besitz, die Demokratie ist von einer Herrschaft der vielfältigen Bedürfnisse bestimmt, die kein übergeordnetes Maß mehr anerkennen, und die Tyrannis ist die Herrschaft der vollkommenen Habsucht und Machtgier. All diesen Verfassungen ist gemeinsam, dass die jeweils Herrschenden ohne Einsicht in das Zuträgliche des Ganzen agieren und ihre Einzelinteressen zum Maßstab des politischen Handelns erheben.

Neben dem Ordnungsmodell der *Politeia* findet sich im platonischen Werk noch ein weiterer Entwurf zu einer Verfassung. In den *Nomoi* wird eine als zweitbeste Verfassung deklarierte Ordnung entwickelt, die ähnlich wie der beste Staat auf Tugend, Mäßigung, Harmonie und Eintracht ausgerichtet ist, im Unterschied zu diesem jedoch nicht primär durch Weisheit und begründete Einsicht, sondern durch Gesetze konstituiert wird. Mit diesem Verfassungsmodell trägt Platon dem Umstand Rechnung, dass philosophische Erkenntnis nur schwer zu erreichen und die Wahrscheinlichkeit einer auf Weisheit gegründeten politischen Ordnung eher gering ist. Dabei wird jedoch stets betont, dass die begründete Einsicht dem Gesetz überlegen und deshalb der bloßen Gesetzesherrschaft vorzuziehen ist (leg. 875c/d, vgl. auch polit. 294a–c).

3. Vernunft als Ordnung des Kosmos

Platon begnügt sich keineswegs damit, das Gute im menschlichen Bereich auszuloten. Im Spätwerk unternimmt er den Versuch, die Natur von einer ersten Ursache her zu verstehen, die Schönheit, Bestheit und Harmonie bewirkt. Hier wird also die Perspektive nochmals erweitert und der Blick über die menschlichen Gemeinschaften und Kulturen hinaus auf das Universum gelenkt, in das der Mensch als Teil eingebunden ist.

Die im *Timaios* entfaltete Kosmologie knüpft erkennbar an jene Vorstellungsmuster an, die bereits in der platonischen Ethik und Politik Eingang gefunden haben. Ähnlich wie in den ethischen und politischen Ordnungsentwürfen bestimmt Platon in der Kosmologie die Vernunft (*noûs*) als Gestaltungsmacht, die vorhandene Kräfte formt und miteinander harmonisiert. Um das Wirken des Nous anschaulich zu machen, greift Platon auf das Paradigma des Werkmeisters (*demiourgós*) zurück, der aus einem Rohmaterial nach bestimmten Mustern Werke hervorbringt. Als Werke des göttlichen Demiurgen werden der Kosmos im Ganzen und die Vielfalt der körperlichen Dinge und Lebewesen bestimmt. Die Rede vom ›göttlichen Demiurgen‹ ist allerdings nicht wörtlich zu nehmen, sondern sollte im metaphorischen, gleichnishaften Sinn aufgefasst werden.

Platon greift im *Timaios* viele Erkenntnisse der zeitgenössischen Naturphilosophie auf. Insbesondere knüpft er an Vorstellungen des Pythagoreismus an. Diese Bezugnahme spiegelt sich in der Figur des Timaios[6] wider, dem Platon den naturphilosophischen Vortrag in den Mund legt. Timaios wird im Dialog zwar nicht als Pythagoreer eingeführt, doch verweist seine Herkunft aus Süditalien indirekt auf die Nähe zur pythagoreischen Bewegung (Tim. 20a, 27a).

Während Platon in der *Politeia* Sokrates den Dialog führen lässt, bedient er sich im *Timaios* also einer ganz anderen Figur. Das mag zum einen darin begründet sein, dass die Naturphilosophie vom Schwerpunkt des sokratischen Philosophierens deutlich weiter entfernt ist als die politische Theorie. Zum anderen wird im *Timaios* die Form des wissenschaftlichen Vortrags gewählt, die als solche der sokratischen Methode zuwiderläuft. Der Dialog tritt hier noch stärker zurück als in *Politeia* II–X. Ein weiterer Unterschied zum sokratischen Verfahren besteht in der epistemischen Einschränkung. Der Vortrag über die Genese des Kosmos und des Menschen wird als Erzählung bezeichnet, die der

Wirklichkeit allenfalls nahezukommen vermag, aber selbst keinen Erkenntnisstatus hat (Tim. 29b–d).

Die platonische Kosmologie lässt sich besser verstehen, wenn man deren praktische Intention beachtet. Im Unterschied zur vorsokratischen Naturphilosophie wird der Kosmos bei Platon um des Menschen willen betrachtet (Tim. 19b–20c, 27a/b). Platon entwirft eine Vorstellung von der Entstehung und Ordnung des Alls, um den Standort des Menschen im Ganzen zu bestimmen und auf dessen ureigenste Möglichkeiten zu verweisen. Es geht Platon auch hier letztlich um die Motivation zum Aufstieg zur Tugend. Ähnlich wie der Entwurf des besten Staates dient das Modell einer kosmischen Ordnung als Orientierung und Vorbild für die ethische Selbstformung. So wie die *Politeia* die Tugend auf den Staat entwirft, um sie ›im Größeren‹ deutlicher sichtbar werden zu lassen, so überträgt der *Timaios* das Prinzip des Guten auf das All, um auf diese Weise das Musterbild einer auf Vernunft basierten Ordnung zu zeichnen.

Kosmos als beseeltes Lebewesen

Der Grundgedanke der platonischen Kosmologie besteht in der Annahme, dass die physikalische Wirklichkeit eine geistige Ursache hat. Platon wendet sich damit gegen den Atheismus und materialistische Erklärungen der physikalischen Welt.

Die Annahme einer immateriellen Ursache wird zu Beginn des *Timaios* (Tim. 27d–29d) entwickelt: Alles Werdende hat eine Ursache. Der Kosmos gehört als etwas Wahrnehmbares, Sichtbares zur Gattung des Gewordenen und immer Werdenden. Folglich besitzt er auch eine Ursache. Aus der Schönheit und Gesetzmäßigkeit des Universums schließt Timaios auf das Muster eines vollkommenen Seins. Der Kosmos ist demnach ein Abbild eines vollkommenen Vorbildes (*parádeigma*). Das Vorbild bestimmt Timaios als unkörperliches, ewiges Lebewesen (*zôon*), welches alle Gesetzmäßigkeiten und Formprinzipien in sich birgt (Tim. 30c/d). Hinter dieser etwas dunkel und geheimnisvoll klingenden Erklärung verbirgt sich zuletzt ein Konzept von Gott. Das Sein, dem die sichtbare Welt gleicht, ist ein Wesen, das durch vollkommene Vernunft, Weisheit und Wirkmächtigkeit ausgezeichnet ist (Tim. 29e–30b; vgl. Phil. 30b–e).

Dieses göttliche Wesen grenzt Platon deutlich von den Götterfiguren der olympischen Religion ab, die nicht nur durch positive Wesenszüge charakterisiert sind, sondern auch solche Eigenschaften wie Neid (*phthónos*), Missgunst und Eifersucht aufweisen. Der *Timaios* nimmt hier eine Korrektur vor: Gott ist vollkommen gut und kann als solcher nur das Gute intendieren und hervorbringen (Tim. 29e, vgl. rep. 379a–c). Sein Wollen ist darauf ausgerichtet, dass alles ihm möglichst ähnlich ist (Tim. 29e). Aus diesem Grund führte er die ungeordnete Urmaterie in eine Ordnung:

> Indem nämlich der Gott wollte, dass alles gut und nach Möglichkeit nichts schlecht sei, so nahm er also alles, was sichtbar war und keine Ruhe hielt, sondern in ungehöriger und ordnungsloser Bewegung war, und führte es aus der Unordnung zur Ordnung (Tim. 30a).

Der rationale Kern dieser bildhaften Schöpfungserzählung besteht im Entwurf eines geistigen Prinzips, das darauf abzielt, das Sein im Stofflichen hervorzubringen. Die geistige Ursache strebt sich selbst im Anderen ihrer selbst an.

Der Kosmos hat als Abbild an allen Wesensmerkmalen des vollkommenen Seins teil, also an Vernunft, Seele, Leben, Selbstbewegung, Ewigkeit, Bestheit, Schönheit, Harmonie, Autarkie. Timaios bestimmt den Kosmos als beseeltes Lebewesen, dem Geist und Intentionalität innewohnen (Tim. 30b–c). Als unvergängliches Lebewesen hat es auch an der Ewigkeit teil. Zwar ist der Kosmos durch Entstehung und immerwährendes Werden charakterisiert. Er kennt jedoch kein Vergehen im Sinn einer vollständigen Auflösung in das Nichts (Tim. 37d–38c). Bei aller Ähnlichkeit weist er allerdings einen wesentlichen Unterschied zum vollkommenen Sein auf: Während das göttliche Sein ein unköperliches, gestaltloses Lebewesen ist, hat das All eine sichtbare Gestalt. Timaios spricht von einem ›Weltkörper‹, dem die ›Weltseele‹ innewohnt (Tim. 34b). Der Kosmos weist also im Verhältnis zum Vorbild sowohl Ähnlichkeit als auch Differenz auf. Diese Einheit von Gleichartigkeit und Verschiedenheit bringt Timaios in der Formel vom wahrnehmbaren Gott zum Ausdruck: Unsere Welt ist »ein sichtbares Lebewesen [...], Abbild des nur denkbaren Lebewesens, ein wahrnehmbarer Gott, der größte und beste, schönste und vollkommenste« (Tim. 92c).

Nach den grundsätzlichen Überlegungen zur Entstehung des Kosmos beschreibt Timaios die Genese von Weltkörper und Weltseele sowie im Anschluss die Entstehung der Einzelwesen.

Der sichtbare kosmische Körper besteht, so Timaios, aus

den vier Elementen Feuer, Erde, Wasser und Luft, die nach mathematischen Verhältnissen zu einem Ganzen zusammengefügt worden sind (Tim. 31b–34a). Die hergestellte Proportionalität hat den Sinn, den dauerhaften Zusammenhalt der Elemente und damit die Unauflösbarkeit des kosmischen Körpers zu gewährleisten. Um dem Weltkörper Vollkommenheit zu verleihen, hat der Urheber hier die ideale Gestalt und Bewegungsform nachgebildet und den kosmischen Körper als Kugel geformt, die sich gleichmäßig um die eigene Achse dreht (Tim. 33a–34b).

Der Weltkörper ist nach Timaios durch Selbstbewegung charakterisiert, bedarf also keines äußeren Bewegungsimpulses. Diese Fähigkeit besitzt er aufgrund der ihm einwohnenden Seele. Die Weltseele bestimmt Timaios als steuerndes Prinzip, das den Weltkörper innen durchdringt und außen umhüllt (Tim. 34b, 36e). Sie ist früher als der Körper entstanden und hat sowohl am Sein als auch am Werden Anteil. Der *Timaios* beschreibt ein kompliziertes mathematisches Verfahren der Mischung aus Werden und Sein (Tim. 34c–36d). Der tiefere Sinn dieser Darstellung besteht in dem Verweis darauf, dass die Weltseele zwar Anteil am göttlichen Sein hat, jedoch nicht denselben Grad an Vollkommenheit besitzt. Als ›Abbild‹ bleibt sie stets hinter dem ›Vorbild‹ zurück. Gleichwohl wird die Weltseele als das Beste alles Erschaffenen ausgezeichnet (Tim. 37a).

Der *Timaios* enthält eine Lehre von den Elementen (Tim. 53c–61c), die in der modernen Physik auf viel Interesse gestoßen ist.[7] Die vier Elemente Feuer, Wasser, Erde und Luft bestehen dieser Lehre zufolge aus Elementarkörpern, die auf der geometrischen Figur des Dreiecks basieren. Als Grundlage dienen zwei Arten von Dreiecken, nämlich gleichschenklig rechtwinklige und ungleichschenklig rechtwinklige Dreiecke. Die aus diesen gebildeten dreidimensionalen Elementarkörper haben die Gestalt von regelmäßigen konvexen Polyedern (Tetraeder, Oktaeder, Ikosaeder, Würfel). Das Element Feuer ist aus tetraedrischen Körpern, die Luft aus oktaedrischen, das Wasser aus ikosaedrischen und die Erde aus würfelförmigen Bausteinen gebildet. Ein fünftes Polyeder – das Dodekaeder – wird in Zusammenhang mit der Gestaltung des Weltalls angeführt.

Die Materie ist demnach in ihren Mikrobausteinen durch Zahlenverhältnisse, Proportionen und geometrische Formen bestimmt, die die Eigenschaften der Symmetrie und ästhetischen Schönheit aufweisen (Tim. 53e). Die Annahme einer mathematisch-geometrischen Grundstruktur der Materie birgt die Einsicht in sich, dass das Stoffliche zuletzt etwas Geistiges ist.

Im Anschluss an die Genese des beseelten Weltkörpers beschreibt Timaios die Entstehung der einzelnen Lebewesen, die das All bevölkern (Tim. 39e ff.). Im Gegensatz zum Kosmos, dessen Singularität betont wird (Tim. 31b), nimmt Timaios bei den Einzelwesen eine Vielzahl und Vielfalt an Formen an. Dabei unterscheidet er zwischen zwei Gattungen, nämlich unvergänglichen Wesen – also Göttern – und vergänglichen Wesen – also Menschen, Tieren und Pflanzen. Timaios benennt zwei Arten von Gottheiten: himmlische Fixsterne und personale Gottheiten, die er in Anknüpfung an die traditionelle Religion und Theologie beschreibt (Tim. 40d–41a).

Eine solche Bestimmung von Himmelskörpern als Gottheiten ist für unser naturwissenschaftlich geprägtes modernes Denken schwer nachvollziehbar. Die Vorstellung wird jedoch vor dem Hintergrund der griechischen Naturauffassung etwas verständlicher. Im mythologischen und kosmologischen Denken der Antike galten die Himmelskörper nicht als bloße stoffliche Gebilde, sondern als beseelte Wesen. Ähnlich wie der Weltkörper haben nach dieser Vorstellung auch die Sterne teil an den Prinzipien der Seele, nämlich Selbstbewegung und Vernunft, die sich in der Gesetzmäßigkeit der Bewegungen zeigt. Diese Prinzipien wurden mit dem Göttlichen assoziiert, so dass folglich die Sterne als Gottheiten galten.

Dem *Timaios* zufolge weisen alle Lebewesen dieselben Strukturmerkmale auf wie der Kosmos im Ganzen. Allerdings ist der Grad der Vollkommenheit geringer. Das wird sowohl an der unterschiedlichen Mischung und Zusammensetzung der Seelen als auch hinsichtlich der Teilhabe am Geistigen kenntlich gemacht. Die göttlichen Lebewesen haben in ihren Seelen einen größeren Anteil an Sein und Vernunft als die übrigen Wesen (Tim. 40a/b, 41d). Ihnen kommt daher eine mittlere Stellung zwischen dem kosmischen Ganzen und den sterblichen Lebewesen zu. Der Mensch wiederum nimmt in der Rangfolge den Platz zwischen Göttern und Tieren ein. Die hochrangige Stellung der Götter ist mit einer besonderen Funktion verbunden, die Timaios in bildhafter Weise beschreibt. Nach seiner Erzählung haben die Götter den Auftrag erhalten, in Nachahmung der demiurgischen Schöpferkraft die sterblichen Lebewesen zu erzeugen und sie zu regieren (Tim. 42d/e).

Einer der Grundgedanken des *Timaios* besteht in der Annahme, dass alle Wesen miteinander und mit dem geistigen Grund verbunden sind. Die graduelle Teilhabe aller Einzelwesen an den Prinzipien des Seins begründet deren innere Verwandtschaft und die Nähe zum Ursprung allen Seins. In der platonischen Kosmologie besteht keine strikte Trennung zwischen der ersten Ursache und dem Verursachten, also zwischen Gott und Welt.

Im *Timaios* erfährt die Entstehung der menschlichen Lebewesen besondere Beachtung. Die Darstellung der Genese des Menschen beginnt mit einer mythischen Erzählung über die Erschaffung und Unterweisung der Seelen (Tim. 41d–42d). Die menschlichen Seelen wurden demnach aus denselben Bestandteilen und nach demselben Mischverhältnis wie die Weltseele, allerdings mit einem geringeren Grad an Reinheit hervorgebracht. Nach ihrer Erzeugung wurden sie verschiedenen Gestirnen zugeteilt und in die Natur des Alls sowie in die allgemeinen Gesetzmäßigkeiten eingewiesen. Timaios schildert an dieser Stelle eine Ansprache des göttlichen Demiurgen an die unverkörperten Seelen (Tim. 41e–42d). Die zentrale Aussage dieser fiktiven Ansprache besteht darin, dass die Seelen im inkarnierten Zustand die Aufgabe haben, den physischen Körper und die sterblichen Seelenvermögen mit Hilfe der Vernunft zu regieren und ein Leben im Recht zu führen. Gelingt dies, kann die Seele zu ihrem Heimatstern zurückkehren. Scheitert sie jedoch, wird sie so lange wiedergeboren, bis sie die beste Verfassung erreicht hat. Die Rede betont, dass alle Seelen dieselben Ausgangsbedingungen haben und der Erschaffer keine Schuld an deren Schlechtigkeit trägt (Tim. 42d; vgl. rep. 617e).

Die weitere Genese der menschlichen Lebewesen beschreibt Timaios als Werk der Götter. Den Göttern wurde die Aufgabe erteilt, die menschlichen Seelen in einen Körper zu pflanzen und die für das irdische Dasein notwendigen Seelenteile der unsterblichen Vernunftseele hinzuzufügen (Tim. 42d/e). Nach der Einbindung der Seelenumläufe in den aus stofflichen Elementen geformten Körper entstand aufgrund der Stärke der sinnlichen Eindrücke und der Ernährungs- und Wachstumsvorgänge zunächst Unordnung in der Seele. Die größte Herausforderung des verkörperten Daseins besteht dem *Timaios* zufolge darin, durch Gewöhnung und richtige Bildung die ursprüngliche Ordnung wiederherzustellen (Tim. 42c/d).

Die Schöpfungserzählung des *Timaios* zielt auf die Einsicht, dass die Bildung der Seele die zentrale Aufgabe des Lebens ausmacht und der Mensch Verantwortung für sein Leben trägt. Sinn und Ziel des menschlichen Daseins bestehen darin, die gegebene Vernunftanlage durch philosophische Suche nach Erkenntnis auszubilden und mit Hilfe der Einsicht Körper und Seele zu einem harmonischen Ganzen zu ordnen. Durch die Selbstbildung wird das göttliche Formungsprinzip nachgeahmt und die dem Kosmos zugrunde liegende Intention erfüllt, die Materie an das vollkommene Sein anzugleichen.

Dieser Gedanke hat weitreichende Konsequenzen für die Bewertung des körperlichen Daseins: Platon deutet, wie bereits erwähnt, das irdische Dasein nicht als Strafe, sondern als Möglichkeit einer auf eigener Verantwortung und Anstrengung beruhenden Teilhabe an der Vollkommenheit.

Werdendes, Seiendes, Raum und Zeit

Die platonische Auffassung von Zeit und Raum ist weit entfernt von Albert Einsteins (1879–1955) Relativitätstheorie. Raum und Zeit existieren nach antiker Vorstellung objektiv und unabhängig von Bezugssystemen und vom Bewegungszustand eines Körpers. Der *Timaios* weist jedoch trotz dieser aus unserer Sicht überholten Vorstellungen interessante Perspektiven auf, die eine Beschäftigung mit dieser Theorie auch für den modernen Leser fruchtbar macht.

Im *Timaios* wird der Raum als eine der Gattungen (*génos*) definiert, die die physikalische Wirklichkeit bestimmen. Zu Beginn der Abhandlung werden zunächst die zwei ontologischen Gattungen des Werdenden (*tò gignómenon*) und des Seienden (*tò ón*) voneinander unterschieden (Tim. 27d–28a). Das Werdende ist durch die Merkmale der Zeitlichkeit, Räumlichkeit, Relativität, der Veränderung und der räumlichen Fortbewegung charakterisiert. Das Seiende zeichnet sich durch Identität mit sich selbst, absolute Bestimmtheit, Zeitlosigkeit, Körperlosigkeit und Unwandelbarkeit aus. Zum Werdenden gehören die wahrnehmbaren sinnlichen Dinge, zum Seienden die durch Vernunft erkennbaren Formprinzipien und mathematischen Gesetzmäßigkeiten. Der Raum (*chóra*) wird als dritte Gattung eingeführt (Tim. 48e f.). Sein spezifisches Merkmal besteht im Vermögen, etwas in sich aufzunehmen. Timaios definiert den Raum als unsichtbare und formlose Gestalt, die alle stofflichen Körper in sich birgt und das ›Worin‹ jeglichen Entstehens ausmacht (Tim. 50b–51b).

Das Verhältnis zwischen den drei Gattungen beschreibt er in höchst anschaulicher Weise. Das unwandelbare Muster der sinnlichen Dinge sowie die Wirkursache werden mit einem Vater verglichen, der Raum, in dem etwas entsteht, mit der Mutter, und das Entstehende mit dem Kind. Die bergende und aufnehmende Funktion des Raumes wird auch mit der Metapher von der ›Amme des Werdens‹ veranschaulicht (Tim. 49a).

Timaios bestimmt den Raum durch verschiedene Wesensmerkmale:

1. *Selbstidentität:* Im Gegensatz zu den Elementen, die in einem zyklischen Prozess ineinander übergehen und sich unablässig wandeln, bleibt der Raum stets dasselbe. Er zeichnet sich durch gleichbleibende Bestimmtheit aus (Tim. 50b). Obgleich sich der Raum hinsichtlich seiner wesenhaften Natur nicht wandelt, kann er jedoch unterschiedliche Erscheinungsformen annehmen. Timaios verwendet hier das Bild einer Prägemasse, die von den Dingen, die in sie eingefügt werden, immer wieder neu gestaltet wird (Tim. 50c).
2. *Unvergänglichkeit:* Der Raum bietet zwar allem Werdenden und Vergehenden Platz, entsteht und vergeht selbst jedoch nicht. Er ist immer seiend (Tim. 52a/b).
3. *Gestaltlosigkeit:* Der Raum als solcher hat keine sinnlich wahrnehmbare Gestalt oder Form (Tim. 50e).
4. *Unstofflichkeit:* Mit der Gestaltlosigkeit eng verbunden ist das Merkmal der Unstofflichkeit. Der Raum ist immateriell. Er hat also weder die Beschaffenheit der Elemente noch der Körper, die aus den Elementen entstehen (Tim. 51a).
5. *Beweglichkeit:* Der Raum hat keine Eigenbewegung, er kann jedoch von den Elementen in Bewegung versetzt

werden. Timaios beschreibt an dieser Stelle einen Urzustand vor der Ordnung des Alls, in dem der Raum von einer inhomogenen Urmaterie erfüllt war, die durch ihre ungleichmäßigen und ungeordneten Bewegungen den Raum schwanken ließ (Tim. 52e f.). Er betont die Regellosigkeit der Bewegungen und unterscheidet diese von den geordneten Bewegungen des Kosmos nach der demiurgischen Gestaltung der Urmaterie durch Formen und Zahlen.

Die Zeit deutet der *Timaios* als Abbild der Ewigkeit. Durch das messbare, ewige Fortschreiten der Zeit wird die Ewigkeit im Sinnlichen nachgebildet (Tim. 37d/e). Timaios führt die Entstehung der Zeit auf die Absicht des göttlichen Urhebers zurück, den Kosmos an das eigene Sein anzugleichen. Diese Intention umgreift auch den Aspekt der Unvergänglichkeit: Der Kosmos sollte durch Dauerhaftigkeit und Beständigkeit bestimmt sein (Tim. 37c/d). Da das All als Erzeugtes dem Werden unterworfen ist und ihm daher die Eigenschaft der zeitlosen, im Selben verharrenden Ewigkeit nicht zukommen kann, hat der Urheber ein bewegliches Abbild der Ewigkeit erzeugt. Dauer und Beständigkeit erhält das All demnach durch kontinuierliche gleichmäßige Umlaufbewegungen der Himmelskörper. Mit den Bewegungen der Sterne und Planeten wurde zugleich die Zeit erzeugt, die den Umlauf der Gestirne in Zahlen und Intervallen widerspiegelt (Tim. 38c–39e).

Die Zeit wird im *Timaios* also als Funktion der Bewegungen der Gestirne im Raum bestimmt. Timaios geht dabei von einem System der Himmelskörper aus, welches aus Sonne, Mond und fünf Planeten besteht. Diese Körper bewegen sich in sieben Umlaufbahnen mit unterschiedlicher Geschwindigkeit. Dem Ganzen liegt ein geozentrisches Weltbild zugrunde: Die Erde steht im Mittelpunkt (Tim. 38c/d).

Timaios unterscheidet zwischen Teilen und Formen der Zeit (Tim. 37e). Die Zeitabschnitte Tag, Nacht, Monat, Jahr definiert er als ›Teile‹ der Zeit. Als Formen der Zeit werden Vergangenheit, Gegenwart und Zukunft bestimmt. In diesem Kontext erörtert Timaios auch die falsche Anwendung der Zeitformen auf das ewige Sein (Tim. 37d–38a). Durch die Übertragung des ›war‹ und ›wird sein‹ auf das Sein wird dieses verzeitlicht und damit in seinem eigentlichen Wesen verfehlt. Die Zeitformen können nur dem Werdenden sinnvoll zugesprochen werden.

Nous als Ursache der kosmischen Ordnung

Der *Timaios* beschreibt das All als Kosmos, als eine Ordnung. Die Ordnung des Universums ist durch Regelmäßigkeit und Gesetzmäßigkeit der Bewegungsabläufe, durch Hierarchien sowie durch eine komplexe Einheit von heterogenen Kräften bestimmt. Timaios versteht den Kosmos nach Art eines lebendigen Organismus, in dem alle Teile in wechselseitiger Beziehung und in Funktionszusammenhängen stehen. Diese Ordnung führt er auf eine Formung zurück. Im Gegensatz zum Chaos muss Ordnung erst hergestellt werden. Dazu bedarf es einer Kraft, die wirkmächtig ist und alle Formprinzipien in sich birgt. Das ist der Nous – der universale Geist, der durch Macht, Weisheit und Güte ausgezeichnet ist. Die Wirkmächtigkeit des Nous beschreibt Timaios, wie schon erwähnt, mit dem Bild des göttlichen Demiurgen, der den Urstoff in eine Form bringt und die Kräfte zusammenfügt. Die Weisheit des Nous wird durch die Prinzipien kenntlich gemacht, die bei der Formung der Materie zur Anwendung kommen: mathematische Gesetze, geometrische Formen, ästhetische Prinzipien der Symmetrie und des Maßes, Musterbilder der sinnlichen Dinge. Die Güte des Nous bestimmt Timaios als Intention, den Kosmos sich selbst anzugleichen und Bestheit und Schönheit hervorzubringen (Tim. 29e f.).

Als Inbegriff des vollkommenen Seins ist der Nous nicht nur Wirkursache, sondern zugleich Zweckursache. Er ist Grund und Ziel des Werdens, das Telos, auf das alles hingeordnet ist und zu dem alles strebt. Dieser Gedanke ist freilich erklärungsbedürftig. Wenn der Nous das Stoffliche nach dem Prinzip der Ähnlichkeit mit sich selbst gestaltet, also eine vollkommene Schöpfung hervorbringt, wieso ist dann noch ein Streben nach Vollkommenheit nötig? Das Problem lässt sich durch die Klärung des Begriffs einer vollkommenen Schöpfung lösen. Gemeint ist damit nicht das vollendete Sein, sondern die Ausstattung des Kosmos mit allen Kräften und Anlagen, die zur Verwirklichung des Seins notwendig sind. Die im *Timaios* geschilderte Entstehung des Menschen veranschaulicht diesen Gedanken. Der Mensch wurde der Schöpfungserzählung des *Timaios* zufolge mit allem ausgestattet, was ihn im inkarnierten Dasein befähigt, Vernunft zu verwirklichen und die Seele zu Harmonie und Ordnung zu führen (Tim. 69a–81e). Selbst die Körperteile wurden von den Göttern so gestaltet und angeordnet, dass sie der Vernunfttätigkeit förderlich sind bzw. diese nicht behindern. Hinsichtlich seiner Anlagen ist der Mensch somit als Gattungswesen durch Bestheit ausgezeichnet. Die auf Ähnlichkeit mit sich selbst zielende Intention des Nous findet jedoch erst dann ihre Erfüllung, wenn der Mensch die Anlagen entfaltet und Vernunft und das Gute verwirklicht. Erst die eigene Hervorbringung des Seins macht aus dem Menschen ein wahres Ebenbild des Göttlichen. Der Gedanke verweist darauf, dass die von Platon gemeinte ›Gottähnlichkeit‹ auf Freiheit und Selbstverantwortung basiert. Das kosmische Ganze und die einzelnen Lebewesen werden im *Timaios* nicht nach Art eines Mechanismus gedacht, der vom Urheber konstruiert, in Gang gesetzt und am Laufen gehalten wird. Timaios beschreibt vielmehr einen durch Selbstbewegung bestimmten Organismus sowie lebendige Wesen, die durch Eigenständigkeit bestimmt sind und aus eigener Wahl zum ›Mitschöpfer‹ werden (vgl. rep. 617d–620d). Die Freiheit birgt freilich immer die Möglichkeit der Entscheidung gegen die Vernunft in sich (Tim. 42b/c).

Der Nous wird im *Timaios* zwar als erste Ursache, aber nicht als einzige Ursache des Kosmos bestimmt. Nachdem er das durch Vernunft Hervorgebrachte dargestellt hat, setzt Timaios noch einmal neu an und erörtert die Formung des Stofflichen unter Einbezug der Ursache der Notwendigkeit (*anánke*) (Tim. 47e ff.). Der Kosmos ist demnach aus dem Zusammenwirken von Notwendigkeit und Nous entstanden (Tim. 68e–69a). Die Notwendigkeit führt Timaios als eine der Urmaterie inhärente Wirkursache ein, die regellose, zufällige Bewegungen hervorbringt. Aufgrund dieser Bewegungsform bezeichnet sie Timaios auch als ›umherschweifende Ursache‹ (Tim. 48a). Die *anánke* besitzt weder Einsicht noch Entscheidungsfähigkeit und wirkt blind.

Die beiden Wirkursachen stehen zueinander in einem hierarchischen Verhältnis. Die Vernunft herrscht über die Notwendigkeit, indem sie diese zum Besten überredet (Tim. 48a). Die *anánke* wird im *Timaios* im Gegensatz zur eindeutigen Wertbestimmtheit des Nous als ambivalent beschrieben. Einerseits ist sie Mitursache im Prozess der Angleichung der Materie an das vollkommene Sein. Andererseits stellt sie jedoch ein widerstrebendes Moment dar, das nur begrenzt zulässt, den Stoff zu formen.

Hinter den Überlegungen zu einer zweiten Ursache steht der Gedanke, dass die Materie keine dumpfe, träge Masse ist, die widerstandslos jede Form annimmt, sondern Eigenbewegung und dadurch Eigenständigkeit und Lebendigkeit aufweist. Dem entspricht die Konzeption der Vernunftherrschaft als Führung, Steuerung und Lenkung. Das Verhältnis zwischen Materie und Nous wird im *Timaios* analog zum Verhältnis zwischen leibbezogenen Seelenteilen und Vernunftseele im Menschen gedacht. Hier wie dort geht es um eine ›Überredung zum Besten‹, um eine Formung also, die die Eigenständigkeit des Stofflichen bzw. der leibbezogenen Strebungen anerkennt und auf Zustimmung zum Formprinzip basiert. Darin ist der Gedanke eingeschlossen, dass selbst die ungeformte Urmaterie nicht das vollkommen Andere der Vernunft ist, sondern durch Zustimmungsfähigkeit in gewisser Weise bereits teilhat am Geistigen.

Ein im *Timaios* nicht mit letzter Klarheit gelöstes Problem besteht darin, ob der Nous eine ›Creatio ex nihilo‹, eine Schöpfung aus dem Nichts, vornimmt oder ob es eine unerschaffene Urmaterie neben dem Geistprinzip gibt. Oder anders ausgedrückt: Geht der *Timaios* von einem

Monismus oder von einem Dualismus zwischen Geist und Materie aus?

Die Frage nach dem Ursprung der Urmaterie wird im *Timaios* zwar aufgeworfen, ihre Beantwortung aber unter Verweis auf die begrenzte Untersuchungsmethode offengelassen (Tim. 48c). Die Abhandlung umfasst jedoch Aussagen, die auf einen Dualismus hinzuweisen scheinen. An vielen Stellen ist von einem gegebenen Urstoff die Rede, der vom Nous nach Prinzipien der Vernunft gestaltet wird (Tim. 53a/b, 30a). Allerdings ist zu beachten, dass Timaios hier zum Zweck der Anschaulichkeit an traditionelle Vorstellungsmuster einer göttlichen Ordnung des Chaos[8] sowie an das Muster des Werkmeisters, der ein gegebenes Rohmaterial formt, anknüpft. Diese Vorstellungen, die dem Verständnishorizont der zeitgenössischen Leser entsprechen, erwecken den Eindruck eines Dualismus, der jedoch im Text nicht argumentativ untermauert wird. Die Frage bleibt letztlich unbeantwortet. Vielleicht will Platon sie aber auch bewusst unbeantwortet lassen, um nicht die Illusion zu fördern, hinsichtlich dieses Gegenstandes echtes Wissen zu besitzen. Wie am Anfang der Abhandlung ausgeführt worden war, können wir uns von Ursprung und Entstehung des Kosmos lediglich eine Vorstellung bilden. Wirkliche Erkenntnis aber ist in diesem Bereich nicht möglich.

IV. Rückstieg: Kritik der Vorsokratik

In vielen Dialogen setzt sich Platon kritisch mit Positionen und Methoden der vorsokratischen Philosophie auseinander. Die Kritik durchzieht das ganze platonische Werk:

In den frühen Dialogen steht das sophistische Denken auf dem Prüfstand, das mit Hilfe der elenktischen Dialektik in seiner Widersprüchlichkeit aufgezeigt wird.

In den Dialogen des mittleren Werks wird eine Auseinandersetzung mit wichtigen Strömungen der vorsokratischen Naturphilosophie geführt, die Platon, wie bereits erwähnt, als intellektuelle Biographie der Sokrates-Figur darstellt.

Die späteren Dialoge schließlich wenden sich den großen Debatten der Naturphilosophie und Sophistik zu. Die mit viel Scharfsinn und intellektuellem Aufwand ausgetragenen Kontroversen befassen sich mit den Grundfragen der Philosophie: Was ist das Sein? Was ist Erkenntnis? Was ist das gute Leben?

Platons Kritik an diesen Debatten unterscheidet sich erheblich von der Auseinandersetzung mit der Vorsokratik im mittleren Werk: Während dort eine Suche nach der *arché* geschildert wird, die die Ansätze der Vorsokratik erprobt und hinter sich lässt und dabei einen Aufstieg zur Erkenntnis vollzieht, wird im späteren Werk in umgekehrter Richtung – nämlich vom Aufstieg her eine kritische Betrachtung der vorsokratischen Positionen und Methoden vorgenommen.

Die späteren Dialoge führen sozusagen einen Rückstieg vor. Dieser Rückstieg hat den Sinn, die Leistungen und Grenzen der vorsokratischen Ansätze auszuloten und Auswege aus den Aporien zu weisen. Vor allem aber geht es Platon darum aufzuzeigen, dass auf die Grundfragen der Philosophie keine konsistente Antwort gefunden werden kann, solange die Prämissen des Denkens unerforscht bleiben. Ohne Selbstprüfung, die die letzten Voraussetzungen untersucht und aufhebt (rep. 511b–d), ist, so Platon, eine widerspruchsfreie Antwort auf die Frage nach dem Sein, der Erkenntnis, der Tugend und des Guten kaum zu erlangen.

Die Themen der naturphilosophischen und sophistischen Debatten, die Platon in den späteren Dialogen aufgreift, sind vielfältig:

Im *Sophistes* thematisiert er die ›Gigantenschlacht‹ zwischen Materialisten und Idealisten um die richtige Theorie des Seins.

Im *Parmenides* geht es ebenfalls um die ontologische Frage, die hier am Beispiel des Streites zwischen Eleaten, nämlich den Vertretern einer Lehre vom Sein als ungeteilter, unbewegter Einheit, und Herakliteern, den Verfechtern einer Theorie, die das Sein als bewegliche Vielheit auffasst, dargestellt wird.

Im *Theaitetos* setzt sich Platon kritisch mit zwei vorherrschenden erkenntnistheoretischen Positionen auseinander: Empirismus und Rationalismus.

Der *Kratylos*, der zwar zu den frühen Dialogen zählt, aber sachlich dem Spätwerk zuzuordnen ist, beleuchtet die sprachtheoretische Kontroverse zwischen Konventionalisten, die sprachliche Bezeichnungen auf Konvention und Vertrag zurückführen, und semantischen Naturalisten, die die Auffassung vertreten, dass die Bedeutungsinhalte der sprachlichen Bezeichnungen von Natur aus gegeben sind.

Der *Philebos* schließlich beschäftigt sich mit der ethischen Debatte über das gute Leben und untersucht die zwei Grundpositionen zum Guten: Lust und Wissen.

In seiner Kritik zeigt Platon auf, dass die einander widerstreitenden Positionen in sich widersprüchlich sind und die Ansätze jeweils ineinander umschlagen. Demonstriert wird zudem, dass die Positionen meist in Einseitigkeiten verharren und die Komplexität und Vielschichtigkeit der Sache verfehlen.

Für das Verständnis der platonischen Philosophie ist die kritische Auseinandersetzung mit den vorsokratischen Debatten äußerst aufschlussreich. Sie macht deutlich, dass Platon in keiner der Positionen aufgeht und einen Standpunkt außerhalb dieser Kontroversen einnimmt.

1. Sein: Materie oder Geist?

Im *Sophistes* und *Parmenides* setzt sich Platon kritisch mit den vorsokratischen Konzeptionen des Seins auseinander. Die Frage nach dem Sein war für das griechische Denken von grundlegender Bedeutung. Es war die Frage nach der Wirklichkeit im Ganzen. Besteht die Wirklichkeit aus den vielen Dingen, die wir sinnlich wahrnehmen können? Oder ist das Sein in Wahrheit etwas Immaterielles, nur durch Denken Erfassbares? Besteht das Sein aus gegensätzlichen Prinzipien oder ist es eine ungeteilte Einheit? Ist es Vieles oder Eines? Um die Beantwortung dieser Fragen wurde in der vorsokratischen Philosophie intensiv gerungen.

Der *Sophistes* spiegelt diese Debatte wider. Das zentrale Thema des Dialogs ist das Problem von Schein und Sein, das mit der Frage nach der Bestimmung dessen, was ein Sophist ist, verknüpft wird. Im ersten Teil des Dialogs wird der Sophist mittels der dihairetischen Methode als Künstler der Scheinerzeugung definiert (soph. 232b ff.). Der Sophist erweckt bei anderen den Eindruck, in allen Dingen das größte Maß an Sachkompetenz zu besitzen, ohne tatsächlich sachverständig zu sein. Er hat nur ein scheinbares Wissen. Dieses Ergebnis wirft das Problem auf, ob dem Scheinwissen und der falschen Meinung überhaupt ein Sein zukommt.

Die Frage wirkt zunächst reichlich abstrakt. Vor dem Hintergrund des geistesgeschichtlichen Kontextes wird jedoch deren Bedeutung schnell deutlich. Der Philosoph Parmenides vertrat die Auffassung, dass das Nichtseiende, zu dem Schein und Falschheit gehören, vom Sein vollkommen getrennt ist. Weder kommt einem Seienden das Nichtsein noch dem Nichtseienden irgendein Sein zu. Auch die Sophisten haben dem Nichtseienden jegliches Sein abgesprochen. Platon stellt in etlichen Dialogen Sophisten dar, die auf der Grundlage einer empiristischen Auffassung von der Wirklichkeit und eines erkenntnistheoretischen Relativismus behaupten, alle Meinungen seien automatisch wahr, und die Möglichkeit von Irrtum und Falschheit bestreiten (Tht. 160c/d, 161d, Krat. 429d–e, Euthyd. 283e–284c). Im *Sophistes* wird das sophistische Argument rekapituliert, dass man das Nichtseiende weder denken noch aussprechen könne, weil es am Sein keinen Anteil habe (soph. 260d).

Angesichts dieser Auffassung ist die Frage, ob und inwiefern das Scheinwissen ein Sein hat, tatsächlich von erheblicher Bedeutung. Hier geht es um den Nachweis der Möglichkeit von Irrtum und Falschheit. Da die Klärung des Problems von Schein und Nichtsein ein fundiertes Verständnis des Seins voraussetzt, mündet die Untersuchung in eine allgemeine Erörterung des Seins, die in Form einer kritischen Auseinandersetzung mit naturphilosophischen Konzeptionen geführt wird.

Neben quantitativen Auffassungen vom Sein werden in der Erörterung vor allem Konzepte untersucht, die das Sein qualitativ bestimmen (soph. 246a–e).

Hier stehen sich zwei Grundpositionen gegenüber:

1. Die materialistische Auffassung identifiziert das sinnlich Wahrnehmbare, stofflich Körperhafte mit dem Seienden.
2. Die idealistische Position hingegen bestimmt die nicht wahrnehmbaren, nur denkbaren Ideen als das wahre Sein.

Während die Materialisten das Sein mit dem Prinzip der Bewegung verbinden und ihm Veränderung, Wandel, Entstehen, Vergehen zusprechen, verknüpfen es die Idealisten mit dem Prinzip der Ruhe und bestimmen es als unveränderlich, ungeworden und unvergänglich.

Zwischen beiden Lagern herrscht ein heftiger Streit, der sich in wechselseitigen Widerlegungsversuchen manifestiert. Platon spricht hier von einer wahren ›Gigantenschlacht‹ (*gigantomachía*) (soph. 246a4).

Im Dialog setzt sich Platon mit beiden Positionen kritisch auseinander. Das ist umso bemerkenswerter, als die platonische Philosophie häufig mit dem Idealismus identifiziert wird. Die Kritik im *Sophistes* verweist jedoch darauf, dass Platon – wie bereits erwähnt – keineswegs in dieser Position aufgeht. In der Prüfung werden beide Positionen als problematisch aufgezeigt: Sowohl der Materialismus als auch der Idealismus erweisen sich als einseitige Bestimmungen des Seins. Die Materialisten müssen zugestehen, dass auch Nichtkörperliches wie Seele, Tugend, Vernunft seiend ist (soph. 246e–248a). Die Idealisten hingegen sind genötigt einzuräumen, dass dem Sein auch Bewegung zukommt. Platon führt an dieser Stelle die Tätigkeit der Vernunft an. Wenn man Denken und Vernunft in das Sein einbezieht, wie es die Idealisten tun, dann muss diesem auch Seele, Leben und damit Bewegung zugesprochen werden, denn ohne seelische Aktivität und Lebendigkeit kann die Vernunft nicht tätig werden (soph. 248a–249b).

Später wird der Schluss gezogen, dass das Seiende sowohl mit Bewegung als auch mit Ruhe zu verknüpfen ist (soph. 249–d). Hier scheint eine komplexe Konzeption auf, die Ruhe und Bewegung, Körperliches und Nichtkörperliches, Einheit und Vielheit in das Sein zu integrieren sucht.

Die Erörterung endet jedoch aporetisch: Nachdem verschiedene Einwände formuliert worden sind, wird festgestellt, dass man das Sein nicht gefunden hat (soph. 250e).

Um dennoch zu einer Lösung des Problems des Scheins zu gelangen, wird ein Neuansatz versucht (soph. 251a ff.). Die Untersuchung bedient sich dabei eines dialektischen Verfahrens, dass die Allgemeinbegriffe in Beziehung zueinander setzt und deren Gemeinschaft betrachtet. Mit Hilfe dieses Verfahrens wird ein Lösungsansatz aufgefunden, der eine Korrektur der parmenideischen Auffassung darstellt. Wie schon erwähnt, war Parmenides der Meinung, dass Sein und Nichtsein keinerlei Verbindung miteinander haben. Dagegen wird im *Sophistes* aufgezeigt, dass ein absolutes Nichtsein nicht widerspruchsfrei zu denken, das Nichtseiende also mit dem Seienden verknüpft ist (soph. 258d/e). Auf dieser Grundlage erfolgt im Anschluss eine Bestimmung von Scheinwissen und falscher Vorstellung (soph. 263a–d) und eine weitere Erörterung dessen, was ein Sophist ist.

Die durch dialektische Wissenschaft aufgefundene Erklärung (*lógos*) des Nichtseienden bietet zwar eine vorläufige Lösung des Problems des Scheinwissens; dennoch wird das Ergebnis als nicht ganz befriedigend bezeichnet, weil das grundsätzliche Problem der Erkenntnis des Seins nach wie vor ungelöst bleibt (soph. 254c, vgl. auch 250e/251a).

Am Ende des Dialogs zeigt Platon einen Weg zur Erkenntnis des Seins auf, der in Anbetracht der vorsokratischen Diskussion des Problems zunächst verblüffend erscheint, aber als konsequente Anwendung des eigenen Ansatzes nachvollziehbar und durchaus plausibel ist. Die letzten Dihairesen bzw. Einteilungen des Begriffes bestimmen den Sophisten als Künstler, der Scheinbilder erzeugt und in seinen Handlungen und Reden Gerechtigkeit und alle Tugenden nachahmt, ohne wirkliche Erkenntnis von diesen zu besitzen (soph. 267c). Der Sophist ist ein Nachahmer des Weisen (*sophós*), so die letzte Bestimmung (soph. 268c). Der Weise scheint hier als Gegenbild des Sophisten auf. Im Unterschied zu diesem verwirklicht er in seinen Reden und Handlungen das Sein der Tugend und des Guten.

Die Problematik von Schein und Sein wird im Dialog also zuletzt auf die Tugend bezogen. Erkenntnis vom Sein, so

Platons Verweis an dieser Stelle, ist nur durch Erkenntnis der menschlichen Tugend und des Guten zu erzielen. Das Gute ist als erste Ursache das höchste Seiende, so die Bestimmung in der *Politeia* (rep. 518c, 532c). Mit der Rede vom ›Weisen‹ als dem Gegenbild zum Sophisten gibt Platon einen deutlichen Hinweis auf Sokrates, der in den platonischen Dialogen als Paradigma von Weisheit und Gerechtigkeit dargestellt wird.

Der *Sophistes* ist einer der schwierigsten Dialoge Platons, der nicht zuletzt deswegen für viel Verwirrung gesorgt hat, weil hier nicht Sokrates, sondern ein Philosoph aus der Schule der Eleaten, der sogenannte ›Fremde aus Elea‹ (soph. 216a), das Gespräch führt. Der Grund für diese Dialogfigur dürfte zum einen die thematische Nähe des Untersuchungsgegenstandes zur eleatischen Philosophie sein. Zum anderen aber will Platon offenbar zeigen, dass die im Dialog angewendete Dialektik ein wissenschaftliches Denken bezeichnet, das auch unabhängig von der Sokratik geleistet werden kann, aber nur durch die sokratische Elenktik eine Begründung erfährt.

Eines und Vieles: Eleaten und Herakliteer

Auch im Dialog *Parmenides* geht es um die vorsokratische Debatte über das Sein. Platon schildert hier ein philosophisches Symposion, das Zenon (um 490 – um 430 v. Chr.), ein Schüler des Parmenides, mit einem Vortrag über ontologische Fragestellungen eröffnet (Parm. 127c). Die Ausführungen des Zenon spiegeln die intensiv geführte Kontroverse zwischen den Eleaten, einer philosophischen Schule, als dessen Hauptvertreter Parmenides aus Elea (um 520/515 – um 460/455 v. Chr.) gilt, und den Herakliteern, den Anhängern und Schülern des Philosophen Heraklit (um 520 – um 460 v. Chr.), wider. Während die Eleaten das Sein als ungeteilte, unbewegte Einheit auffassten, verstanden es die Herakliteer als bewegliche Vielheit. Beide Lager versuchten ihre These dadurch als wahr zu erweisen, dass sie widersprüchliche Folgen der Gegenthese aufzudecken suchten. Die Herakliteer führten den Nachweis, dass sich aus der Einheitsthese widersinnige Folgerungen ergeben. Zenon wiederum versucht aufzuzeigen, dass genau dann widersprüchliche Annahmen folgen, wenn das Sein als Vielheit verstanden wird. Zenons zentrales Argument zielt auf die in sich widersprüchlichen Eigenschaften eines als Vielheit aufgefassten Seins. Wenn das Seiende Vieles wäre, so müsste es zugleich ähnlich und unähnlich sein. Dies sei jedoch unmöglich, da sich gegensätzliche Entitäten wechselseitig ausschließen und weder das Unähnliche ähnlich noch das Ähnliche unähnlich sein kann (Parm. 127e).

Die Debatte zwischen Eleaten und Herakliteern wird von Platon im Dialog mit der Ideentheorie, die er von Sokrates vortragen lässt, als einer dritten Position verknüpft (Parm. 128e–130a). Sokrates, der hier als junger, ambitionierter Wissenschaftler auftritt, versucht mit Hilfe der Ideentheorie zum einen, den von Zenon aufgezeigten Widerspruch aufzulösen, und zum anderen die Einseitigkeit beider Positionen zu überwinden.

Die Ideentheorie wird im *Parmenides* in jener Form präsentiert, wie sie auch im Dialog *Phaidon* (99d–101e) erscheint, nämlich als Theorie über die getrennt existierenden immateriellen Formen als Ursache der sinnlichen Dinge. Mit Hilfe dieser Theorie löst Sokrates den Widerspruch wie folgt auf: Die Sinnesobjekte, die nur ein relatives Sein haben, denen also bestimmte Eigenschaften niemals vollkommen und in jeder Hinsicht zukommen, können durch Teilhabe an gegensätzlichen Ideen sehr wohl einander widersprechende Prädikate aufweisen. So kann ein Ding durch Aufnahme der Ideen des Ähnlichen und Unähnlichen beide Eigenschaften zugleich besitzen (Parm. 129a–b). Die Ideen hingegen sind im Gegensatz zu den Sinnesobjekten durch ihre spezifische Qualität vollkommen bestimmt und können von daher nicht ihr Gegenteil sein. So kann die Ähnlichkeit selbst nicht an der entgegengesetzten Idee des Unähnlichen und das Unähnliche nicht am Ähnlichen teilhaben (Parm. 129b). Sokrates löst also den von Zenon aufgezeigten Widerspruch durch die Unterscheidung zwischen den sinnlichen Dingen und den nur geistig erfassbaren Entitäten auf. Der Fehler von Zenon besteht demnach darin, beide Ebenen miteinander vermischt zu haben.

In seinem wissenschaftlichen Ehrgeiz versucht der junge Sokrates darüber hinaus aufzuzeigen, dass die Ideentheorie einen integrativen Lösungsansatz bietet, der die Einseitigkeit der eleatischen und herakliteischen Ontologie aufhebt (Parm. 129b–d). Die vorgeschlagene Lösung besteht in der Annahme, dass das Seiende Eines und zugleich Vieles ist. So wie der einzelne Mensch sowohl an der Idee der Vielheit teilhat, indem er viele verschiedene Körperteile besitzt, als auch an der Idee der Einheit, indem er *ein* Mensch ist, so hat auch das Seiende im Ganzen teil an beiden Ideen (Parm. 129b). Das in der Debatte zwischen Eleaten und Herakliteern zugrunde gelegte Entweder-Oder ist demnach falsch. Sokrates schließt mit dem Fazit, dass es vollkommen unproblematisch ist, Objekten der Sinne sowie dem Seienden als Ganzem gegensätzliche Eigenschaften zuzusprechen. Höchst erstaunlich wäre es hingegen, wenn auch die Ideen gegensätzliche Qualitäten aufwiesen (Parm. 129d/e).

Die Ideentheorie, so selbstbewusst sie hier auch vorgetragen wird, stellt sich im Dialog keineswegs als überlegener Lösungsansatz heraus. Platon zeigt im *Parmenides*, dass die Ideentheorie ebenso widersprüchlich wie die heraklitische und eleatische Ontologie ist. Die Prüfung lässt er vom Eleaten Parmenides durchführen. In der Untersuchung zeigt sich, dass das Kernproblem dieser Konzeption in der Aufspaltung der Wirklichkeit in zwei getrennt voneinander existierende Bereiche besteht (Parm. 130b). Werden für sich bestehende Formen als Ursachen angenommen, die abgesondert von den sinnlichen Dingen existieren, so kann die Beziehung der Teilhabe zwischen Idee und Ding nicht konsistent erklärt werden. Die Verbindung zwischen den beiden Bereichen ist das zentrale Problem, das die Theorie nicht zu lösen vermag. Im Dialog werden grundsätzliche Möglichkeiten der Teilhabe erörtert, die jedoch allesamt scheitern (Parm. 130e–135c). Die Aporie führt zu folgendem Dilemma: Die Idee ist nicht widerspruchsfrei zu denken: Sie ist nicht möglich. Zugleich aber ist das forschende Denken auf die Idee als Gegenstand angewiesen: Sie ist notwendig (Parm. 135a–c).

Zur Lösung des Problems empfiehlt Parmenides das dialektische Denken (Parm. 135d–136c), das Zenon in seinem Vortrag bereits in ähnlicher Weise vorgeführt hat. Empfohlen wird ein Verfahren der Ableitung, das Hypothesen an den Anfang setzt sowie die Folgerungen aus diesen Hypothesen untersucht. Als Grundlage der Untersuchung dient jeweils ein Allgemeinbegriff, der im ersten Schritt als seiend und im zweiten Schritt als nichtseiend gesetzt wird. Damit ergeben sich zwei Hypothesen, aus denen jeweils vier Ableitungen gebildet werden können. Bei jeder Hypothese sind jeweils die Konsequenzen für das Vorausgesetzte selbst und die Konsequenzen für das Andere zu untersuchen. Dabei sind sowohl die Folgerungen für das Vorausgesetzte und die Folgerungen für das Andere an sich als auch die Folgerungen für die Beziehung aufeinander zu betrachten. Dieses Verfahren ist, so die Empfehlung des Parmenides, auf alle zentralen Begriffe anzuwenden, also auf Ähnlichkeit, Unähnlichkeit, Bewegung, Ruhe, Werden, Vergehen, Sein, Nichtsein, Einheit, Vielheit (Parm. 136b).

Im Dialog wird die Methode am Beispiel des Begriffs des Einen vorgeführt. Platon lässt den als Gesprächsführer agierenden Parmenides in einer umfangreichen Untersuchung alle Ableitungen aus den Hypothesen ›Eins ist‹ und ›Eins ist nicht‹ bilden (Parm. 137c–166c). Die Untersuchung führt zu paradoxen Resultaten: Das Eine zeigt sich gleichzeitig als Vieles und das Viele als Eines. Jeder Begriff erscheint zugleich als sein Gegenteil. Zudem wird deutlich, dass die Begriffe an gegensätzlichen Qualitäten teilhaben können, wie etwa an Ähnlichkeit und Verschiedenheit, Bewegung und Ruhe. Das widerspricht jedoch der zu Beginn des Dialogs formulierten Prämisse, dass die Ideen nicht ihr Gegenteil annehmen und auch sonst keine einander widersprechenden Eigenschaften besitzen können (vgl. Parm. 129a–e).

Die Theorie der Ideen erweist sich also nicht nur hinsichtlich der Teilhabe von sinnlichem Ding und Idee, sondern auch bezüglich der Teilhabe der Ideen untereinander als problematisch. Das am Ende des Dialogs formulierte paradoxe Ergebnis, dass dem Einen und dem Anderen alle Eigenschaften einschließlich der Existenz zukommen und gleichzeitig nicht zukommen (Parm. 166c), wiederholt auf der Metaebene der Begriffe das widersprüchliche Resultat der anfänglich referierten Debatte zwischen Eleaten und Herakliteern: Eins ist – Eins ist nicht, Vieles ist – Vieles ist nicht (Parm. 127e–128e).

Angesichts dieses wenig befriedigenden Resultats stellt sich die Frage, ob der Dialog überhaupt etwas Positives aufzeigen kann und welchen Sinn das Ganze hat. Hinsichtlich der Ausgangsfrage nach der Bestimmung des Seins bietet der Dialog zunächst nur ein negatives Ergebnis. Der integrative Ansatz der Ideentheorie, der sowohl Einheit als auch Vielheit in das Sein einzubinden sucht, scheitert, weil die Theorie der Ideen genauso widersprüchlich ist wie die herakliteische und eleatische Ontologie.

Die von Platon in anderen Dialogen angedeutete komplexe Auffassung der Wirklichkeit, die Einheit und Vielheit, Ruhe und Bewegung miteinander zu verknüpfen sucht (Phil. 16c–e, soph. 249b–d, Krat. 439c–440d), verweist jedoch darauf, dass ein alles verbindender, integrativer Ansatz begründet werden könnte. Die Begründung, die Platon dabei vor Augen hat, ist eine Erkenntnis der Ideen, die zuletzt in der Erkenntnis der Idee des Guten, also in der Einsicht in die Ursache besteht. Diese Erkenntnis ist freilich nicht durch jene hypothetische Dialektik zu gewinnen, die im *Parmenides* vorgeführt wird. Das Problem dieses Verfahrens besteht darin, dass es sich ausschließlich auf eine formale Verstandeslogik und auf denknotwendige Annahmen stützt. Der Bedeutungsgehalt des in den Ausgangshypothesen zugrunde gelegten Begriffs bleibt dabei unerforscht. Das Verständnis der Sache wird als gegeben vorausgesetzt. Dadurch fehlt ein Orientierungspunkt, der das ableitende Denken reguliert und ein Urteil über die Richtigkeit der Ableitungen erlaubt. Widerspruchsfreie Erkenntnis lässt sich nach Platon nur dadurch gewinnen, dass das Denken den Bezug zur Sache herstellt und ein entsprechendes Verständnis intendiert.

Im *Siebten Brief* unterscheidet Platon zwischen einem Denken, das unter Voraussetzung der Sache selbst auf die Bestimmung von Eigenschaften ausgerichtet ist, also auf das ›Wie‹ zielt, und einem Denken, das sich in Frage und Prüfung auf die Sache bezieht, also das ›Was‹ intendiert (vgl. epist. VII 343c). Nur das letztere Verfahren gelangt nach Platon zur Erkenntnis (*noûs, epistéme*). Das erste Verfahren hingegen, dem die hypothetische Dialektik im *Parmenides* zuzuordnen ist, bleibt den eigenen Annahmen verhaftet und verfehlt die Einsicht in die Sache selbst.

Der *Parmenides* lässt sich als platonische Kritik der Prämissen und Verfahrensweisen der vorsokratischen Philosophie deuten. Die Besonderheit besteht hier darin, dass Platon die Theorien wechselseitig aneinander scheitern lässt. Er präsentiert die Kritik der Eleaten und Herakliteer am jeweiligen Gegner, die Kritik der Theoretiker der Ideen an Eleaten und Herakliteern und die Kritik eines eleatischen Denkens an der Ideentheorie. Dass Platon Parmenides als Kritiker der Ideenlehre auftreten lässt, kann als Hinweis darauf gedeutet werden, dass diese Lehre den vorsokratischen Theorien keineswegs überlegen ist, sondern in deren Widersprüchen verharrt und bereits mit einer eleatischen Dialektik widerlegt werden kann.

2. Erkenntnis: Wahrnehmung oder Denken?

Die vorsokratische Debatte über das Sein ist auf das Engste mit der Frage nach dem Wesen der Erkenntnis verknüpft. Die widersprüchlichen Antworten auf die Frage nach dem Sein verweisen auf die Notwendigkeit einer allgemeinen Klärung des theoretischen Zugangs zur Welt. Was ist überhaupt Erkenntnis? Die vorsokratischen Erkenntnistheorien bieten allerdings keine Lösung des Problems, sondern setzen die ›Gigantenschlacht‹ auf anderer Ebene fort. Dem erkenntnistheoretischen Empirismus, der die sinnliche Wahrnehmung bereits als Erkenntnis versteht, steht der Rationalismus gegenüber, der sich auf das begriffliche Denken bezieht. Mit beiden Positionen setzt sich Platon im Dialog *Theaitetos* auseinander. Ähnlich wie im Zusammenhang mit den ontologischen Theorien wird aufgezeigt, dass die Positionen in sich widersprüchlich sind und zuletzt ineinander umschlagen.

Besonderes Gewicht kommt im Dialog der Untersuchung des Empirismus zu, den Platon in seinen ontologischen Prämissen und seinen ethischen Konsequenzen unter die Lupe nimmt (Tht. 151d–186e). Grundlage des Empirismus ist eine Auffassung von Wirklichkeit, die an den stofflichen, körperhaften Dingen orientiert ist und das Sein wesentlich als Bewegung, Veränderung, Werden und Vergehen versteht. Diese Form der Vorstellung vom Sein ist auch im *Sophistes, Parmenides* und *Kratylos* Gegenstand und liegt den vorsokratischen Theorien von Heraklit und Empedokles sowie der homerischen Dichtung zugrunde (Tht. 152e). Wie im *Theaitetos* angedeutet wird, folgt aus dieser Auffassung in letzter Konsequenz eine relativistische Position. Wenn alles in ständiger Veränderung begriffen ist und es kein beharrendes, mit sich selbst identisches Sein gibt, dann existieren weder feste Maßstäbe noch objektive Wahrheiten. Wahr ist dann jeweils das, was einer Person oder einer Gruppe von Menschen in einer bestimmten Situation als wahr erscheint. Ähnlich lautet der sogenannte *Homo-mensura*-Satz, der dem Sophisten Protagoras zugeschrieben wird und im *Theaitetos* in folgender Formulierung angeführt wird: »Der Mensch ist das Maß aller Dinge, der seienden, dass sie sind, der nichtseienden, dass sie nicht sind« (Tht. 152a). Eine der Implikationen des Satzes besteht darin, dass es weder Irrtum noch Falschheit gibt. Jede Meinung ist wahr für die Person, die sie vertritt.

Der protagoräische Relativismus wird im *Theaitetos* auf ethische Gegenstände bezogen und an diesen geprüft. Dabei zeigt sich schnell dessen Widersprüchlichkeit. Nach Protagoras sind zwar alle Vorstellungen von Gerechtigkeit wahr, jedoch sind sie nicht alle gleichermaßen gut und dem Leben dienlich (Tht. 166d–167d). Einige Auffassungen von Gerechtigkeit seien besser als andere, und der Weise, als der sich Protagoras versteht, könne durch Redekunst bewirken, dass einer Person die bessere Vorstellung als wahr erscheint (Tht. 167c). Damit wird zum einen behauptet, dass eine Trennung zwischen dem Wahren und dem Guten besteht: Alles ist wahr, doch nicht alles ist gut. Zum anderen aber wird quasi durch die Hintertür die Möglichkeit von Irrtum und Falschheit, die zunächst ausgeschlossen worden war, doch wieder eingeführt. Hinsichtlich des Zuträglichen, Nützlichen, Guten ist nach Protagoras nicht jeder weise (Tht. 167d).

Ebenso widersprüchlich wie der ethische Relativismus ist der erkenntnistheoretische Empirismus. Dies wird im *Theaitetos* unter Rückgriff auf die Prämisse des beweglichen, veränderlichen Seins gezeigt (Tht. 181c–183c). Denkt man diese Auffassung vom Sein konsequent zu Ende, so lösen sich zuletzt sowohl der Gegenstand als auch das Subjekt der Erkenntnis auf. Wenn es keine überdauernden bzw. beharrenden Wesensmerkmale der Dinge gibt und diese sich in jeder Hinsicht und zu jeder Zeit wandeln, geht das jeweilige Etwas als Objekt des Erkennens verloren (Tht. 181c–182d). Und wenn die erkennende Person und das Erkennen selbst nichts Beharrendes, Selbstidentisches in sich tragen und beide in unablässiger Veränderung begriffen sind, so löst sich die Erkenntnis als solche auf (Tht. 182d–183b; vgl. Krat. 439c–440b). Damit Erkenntnis möglich ist, bedarf es einer bleibenden Qualität, die nicht dem stetigen Wandel unterworfen ist.

Wie die folgende Analyse von Erkenntnisvorgängen aufzeigt, sind solche selbstidentischen Prinzipien der Einheit überall in unserem Denken zu finden (Tht. 185a–186c). Unser Denkorgan, das hier als Seele (*psyché*) bezeichnet wird, verbindet die verschiedenen Eindrücke des sinnlichen Vermögens zur Einheit einer Wahrnehmung und verarbeitet diese Wahrnehmungen unter Zuhilfenahme von allgemeinen Kategorien wie etwa Sein, Verschiedenheit, Identität, Vielheit, Einheit oder Ähnlichkeit. Durch Betrachtung und Vergleich der Wahrnehmungen bestimmt das Denken das So-Sein, also die spezifische Beschaffenheit der Dinge. Erkennen stellt also eine Leistung des Denkens dar. Nicht Wahrnehmung, sondern Denken ist Erkenntnis (Tht. 187a), so die Schlussfolgerung des jungen Theaitetos, der im Dialog als Gesprächspartner des Sokrates agiert. Damit schlägt der Empirismus jedoch unversehens in Rationalismus um.

Allerdings erweist sich auch der Rationalismus als problematisch. Das Denken als solches ist noch keine Erkenntnis, da es auch falsche Vorstellungen gibt. Das Denken bedarf der Richtigkeit (Tht. 187b). Worin aber besteht die Richtigkeit und nach welchen Kriterien lassen sich Richtigkeit und Falschheit voneinander unterscheiden?

Wie sich in der Untersuchung zeigt, scheitert der Rationalismus genau an diesem Punkt. Nachdem festgestellt wurde, dass richtige Aussagen über einen Gegenstand auf einen Wahrheitsgrund angewiesen sind, der die Richtigkeit rechtfertigt (Tht. 201c/d), wird im Dialog untersucht, wie man Vorstellungen begründen kann (Tht. 201e–210b). Die Versuche münden jedoch in einen Zirkel. Die Begründung der richtigen Vorstellung definiert Theaitetos zuletzt als Erklärung des spezifischen Merkmals, das einen Gegenstand von anderen unterscheidet (Tht. 208c). Die spezifische Differenz ist jedoch bereits in der richtigen Meinung enthalten. Diese Bestimmung gelangt insofern nicht über das hinaus, was begründet werden sollte. Die als Begründung gesetzte Erklärung ist wiederum nur eine Vorstellung, die als solche begründungsbedürftig ist (Tht. 209d–210b).

Scheitert man darin, Wissen zu begründen, hat das weitreichende Konsequenzen. Wenn die Richtigkeit des Wissens nicht gerechtfertigt werden kann, dann ist Wissen dem subjektiven Gefühl, etwas sei wahr, ausgeliefert. Wahr ist dann dasjenige, was einer Person wahr zu sein scheint. Rationalismus schlägt in Relativismus und Empirismus um. Die rationalistische Erkenntnistheorie, die zunächst eine Lösung des Problems des Empirismus zu bieten schien, erweist sich zuletzt als ebenso problematisch wie die empiristische Theorie.

Platon demonstriert im *Theaitetos* jedoch nicht nur den Umschlag der Positionen ineinander, sondern zeigt die erkenntnistheoretischen Auffassungen in ihrem sachlichen Zusammenhang auf. Der *Theaitetos* ist ähnlich wie der Tugenddialog als Aufstieg angelegt, der stufenweise in den Vermögen zurückschreitet – von der Sinnlichkeit zum Verstand, vom Verstand zum begründenden Vermögen der Vernunft. Die Vernunft bleibt jedoch im Dialog unausgefüllt. Die Begründung der richtigen Vorstellung wird von den Gesprächspartnern als notwendig erkannt, aber nicht ausgewiesen. Insofern steht am Ende des Dialogs die Frage im Raum, worin die begründende Vernunft besteht, die in der Untersuchung nicht bestimmt zu werden vermochte. Welches ist die notwendige Letztbegründung des Wissens?

Platon lässt den Leser mit dieser Frage keineswegs allein: Im Exkurs über die wahren Philosophen (Tht. 172c–177c) verweist er auf die Erkenntnis der Tugend und des Guten als Inbegriff der Weisheit und als höchste Einsicht, die Theorie und Praxis fundiert. Die Beschreibung der prüfenden Methode an dieser Stelle (Tht. 175c/d) deutet auf die elenktische Dialektik hin. Das soll offenbar vom Leser als Hinweis darauf verstanden werden, dass die Prüfung der Wertüberzeugungen, die in den Gleichnissen der *Politeia* als letzte Grundlagen von Praxis und Theorie kenntlich gemacht werden, maßgeblich für eine Begründung des Wissens ist. Wie das Linien- und Höhlengleichnis nahelegen, wird im Tugendaufstieg ein Erkenntnisgrund gewonnen, der Vernunfteinsicht ermöglicht.

Im Hinblick auf die Tugenddialoge wird zudem ersichtlich, welches die Voraussetzung für eine kohärente Erkenntnistheorie ist: So wie das Gute erst dann in einer Erklärung (*lógos*) erfasst werden kann, wenn es erkannt und verwirklicht wurde, so kann auch die Erkenntnis erst dann theoretisch bestimmt werden, wenn Erkenntnis gewonnen wurde.

3. Sprache: Konvention oder Natur?

Im *Kratylos* setzt sich Platon mit sprachtheoretischen Positionen auseinander. Die Frage nach der Sprache hängt ähnlich wie die Erkenntnistheorie eng mit der Ontologie zusammen. Sprache wird im *Kratylos* als Nachahmung des Wesens der Dinge durch stimmlich artikulierte Buchstaben und Silben definiert, wird also als eine Abbildung des Seins verstanden (Krat. 423e).

Ausgangspunkt der Untersuchung ist die Kontroverse zwischen der konventionalistischen Sprachtheorie, die im Dialog von Hermogenes vertreten wird, und einer naturalistischen Auffassung, die vom Sophisten Kratylos (um die Mitte des 5. Jh.s v. Chr.) repräsentiert wird. Der Streit bezieht sich auf die Frage, worin die Richtigkeit der sprachlichen Bezeichnungen gründet. Während Hermogenes die Benennungen auf Konvention und Vertrag zurückführt, behauptet Kratylos, dass die Bedeutungsinhalte der sprachlichen Bezeichnungen von Natur aus gegeben seien, es also eine natürliche Richtigkeit der Sprache gebe (Krat. 383a–384e).

Die Positionen fußen auf einander gegensätzlichen Prämissen: Das konventionalistische Konzept geht von subjektiven Maßstäben aus und legt einen relativistischen Wahrheitsbegriff zugrunde. Die Theorie des semantischen Naturalismus hingegen bezieht sich auf objektive Gegebenheiten und vertritt einen sprachtheoretischen Universalismus. Die beiden einander ausschließenden Theorien – Vertrag vs. Natur – lassen sich als Varianten der zeitgenössischen rechtsphilosophischen Nomos-Physis-Kontroverse deuten, die Platon im Dialog *Gorgias* diskutiert (Gorg. 482c–486d). In der Prüfung zeigt sich, dass beide Positionen in sich widersprüchlich sind und mangels Begründung ineinander umschlagen.

Zunächst wird die konventionalistische Theorie untersucht (Krat. 385a ff.): Das Problem dieser Auffassung besteht darin, dass sich Richtigkeit und Wahrheit auflösen, wenn man die Sprachbildung der Beliebigkeit und Willkür der subjektiven Meinungen ausliefert und keine objektiven Kriterien gelten lässt. Wie inkonsistent diese Position ist, zeigt sich nicht zuletzt daran, dass Hermogenes im Alltag ganz selbstverständlich zwischen Richtigkeit und Falschheit unterscheidet und seinen Urteilen und Handlungen objektive Kriterien zugrunde legt (Krat. 387a/b). Etwa in der Medizin, beim Handwerk, in der Landwirtschaft oder Kriegskunst erkennt er nicht jede beliebige Meinung, sondern nur das Urteil des Sachverständigen als Maßstab an. In der Konsequenz muss Hermogenes dann jedoch auch in der Wortbildung Richtigkeit und Falschheit annehmen. Ist doch die Sprachschöpfung auch eine Kunst, die etwas hervorbringt und dabei auf Sachkompetenz und der Sache angemessene Kriterien angewiesen ist (Krat. 387c/d).

Platon zeigt im Dialog darüber hinaus auf, dass die konventionalistische Theorie zuletzt in eine Theorie des Naturalismus umschlägt (Krat. 390d–427d). In wortgeschichtlichen bzw. etymologischen Untersuchungen zentraler Wörter aus dem Bereich der Theologie, Kosmologie und Ethik wird aufgezeigt, dass der Sprache eine bestimmte Auffassung des Seins zugrunde liegt. Die sprachlichen Bezeichnungen verweisen auf eine Orientierung an der sinnlich wahrnehmbaren, stofflichen Wirklichkeit, deren zentrale Eigenschaft als Bewegung aufgefasst wird. Das Sein ist demnach durch Werden, Vergehen, Veränderung und Wandel bestimmt; das Nichtsein hingegen durch Ruhe, Unveränderlichkeit, Stillstand. Wird jedoch eine bestimmte Vorstellung vom Sein ohne kritische Reflexion als wahr vorausgesetzt, so folgt ein sprachtheoretischer Naturalismus, der von der natürlichen Richtigkeit der Wörter und Buchstaben ausgeht. Mit anderen Worten: Die konventionalistische Theorie schlägt in ihr Gegenteil um.

Nach dem Scheitern des Konventionalismus unterzieht Sokrates die naturalistische Theorie einer eingehenden Prüfung (Krat. 427d–440e). Wie sich in der Untersuchung zeigt, leidet diese Theorie an einem ganz ähnlichen Problem wie die Vertragstheorie. Kratylos' Auffassung zufolge bilden sprachliche Ausdrücke die objektiv gegebenen Bedeutungsinhalte ab. Sprachliche Ausdrücke sind somit als solche immer richtig. Nach Kratylos gibt es weder falsche Benennungen noch falsche Aussagen (Krat. 429b–430a). Lautgebilde, die nicht das Sein der Dinge abbilden, sind entsprechend der Theorie gar keine Wörter. Die Annahme, dass es keine Falschheit gibt, führt jedoch letztlich zur Auflösung von Richtigkeit und Wahrheit.

Ähnlich wie bei der Untersuchung der vertragstheoretischen Position zeigt Sokrates auf, dass Kratylos in anderen

Künsten ganz selbstverständlich zwischen richtigen und falschen Ausführungen sowie guten und schlechten Werken unterscheidet. In den bildenden Künsten, wie etwa in der Malerei, differenziert er zwischen guten und schlechten Bildwerken (Krat. 430b–d). Als Kriterium zur Beurteilung der Qualität der Bilder wird dabei der Grad der Ähnlichkeit der Darstellung mit dem nachgebildeten Seienden zugrunde gelegt. Da Kratylos die Wortbildungskunst in Übereinstimmung mit der Malerei als eine Nachahmung des Seienden versteht, muss er konsequenterweise auch hier das Qualitätskriterium der Ähnlichkeit mit den Dingen gelten lassen und zwischen besseren und schlechteren Wörtern und Buchstaben unterscheiden.

Die von Kratylos nach vielen Einwänden zugestandene Möglichkeit von schlechten Wortschöpfungen lässt jedoch den Naturalismus in die entgegengesetzte Theorie umschlagen: Wenn es schlecht gebildete Wörter gibt, diese jedoch trotz ihrer Unangemessenheit die Funktion der Verständigung über Sachverhalte erfüllen, dann kann dies nur auf Gewohnheit beruhen. Die Leistungsfähigkeit und Richtigkeit der Wörter gründet in diesem Fall auf Vereinbarung und Konvention (Krat. 434e–435c).

Als Ausweg aus den Aporien der Sprachtheorien verweist Platon am Ende des Dialogs auf die Erkenntnis des Seins als Begründung für die Richtigkeit der Wortbildung (Krat. 438d–439b). Die Notwendigkeit einer Erkenntnis des zu bezeichnenden Seins wird sowohl gegen den Konventionalismus als auch gegen den Naturalismus geltend gemacht. Die subjektivistische Vertragstheorie muss auf der Grundlage ihrer eigenen Prämissen ein unabhängiges Sein sowie objektive Kriterien der Richtigkeit von Sprache anerkennen. Der Naturalismus hingegen, der zwar die Existenz objektiver Kriterien annimmt, aber die Richtigkeit der Wortbildung als gegeben setzt, muss einräumen, dass sprachliche Ausdrücke möglicherweise falsch sind, und ist damit genötigt, jeweils auf das bezeichnete Sein selbst Bezug zu nehmen.

Ähnlich wie im *Sophistes* lässt Platon im *Kratylos* die erforderliche Erkenntnis des Seins zuletzt in der Erkenntnis des Guten, also in der Einsicht in das höchste Seiende, gipfeln. Am Ende des Dialogs klingen das Gute und Schöne als erste Gegenstände der Erkenntnis an (Krat. 439c/d) – ein deutlicher Verweis auf den in der *Politeia* geschilderten Aufstieg.

4. Gutes Leben: Lust oder Wissen?

Neben Sein, Erkenntnis und Sprache waren auch ethische Gegenstände – Tugend, Recht, das Gute – Inhalt der vorsokratischen Kontroversen.

Diese Themen wurden vor allem in der Sophistik diskutiert. Auch hier kam es zur Bildung von gegensätzlichen Lagern, die sich wechselseitig zu widerlegen suchten. In Bezug auf die Tugend bewegte sich der Streit zwischen einer naturalistischen Auffassung, die die menschliche Tüchtigkeit auf Naturanlagen zurückführte, und einer intellektualistischen Position, die die Tugend als Wissen verstand und deren Lehrbarkeit behauptete (Men. 70a, Lach. 181d–184c).

Hinsichtlich des Rechts war die sogenannte Physis-Nomos-Debatte von zentraler Bedeutung. Bei diesem Streit ging es um die Frage, ob das Recht auf menschlicher Vereinbarung und Konvention beruht oder ob es ein Naturrecht gibt. Der Sophist Protagoras vertrat eine konventionalistische These (Tht. 167c, 172a). Die Auffassung eines Naturrechts hingegen wurde von Sophisten verteidigt, die sich gegen die bürgerliche Gesellschaft stellten und für das Recht des Stärkeren eintraten (Gorg. 482c–486d, rep. 338a ff.).

Auch hinsichtlich des Guten gab es eine kontroverse Diskussion. Einer hedonistischen Auffassung, die die Lust für das Gute hielt (Gorg. 492d–495c), stand ein intellektualistischer Ansatz gegenüber, der das Wissen als das Gute setzte. Eine solche intellektualistische Auffassung wird im platonischen Frühwerk Protagoras (Prot. 318d–319a, 357c–e) sowie Kritias (Charm. 164c ff.) zugesprochen. Folgt man Kritias, stellt das Wissen den höchsten Wert dar, der seinerseits die Richtigkeit und Bestheit des Handelns in allen Lebensbereichen begründet und den Handlungserfolg sichert.

Mit der Debatte über das Gute setzt sich Platon eingehend im Dialog *Philebos* auseinander. Dabei knüpft er an die *Politeia* an. Im Vorfeld der Gleichnisse erklärt Sokrates, »dass es vielen und großen Streit darüber gibt«, was das Gute ist (rep. 505d). Die einen halten die Lust (*hedoné*), die anderen Einsicht (*phrónesis*) und Wissen (*eidénai*) (rep. 505b) für das Gute. Gegen die hedonistische Auffassung führt Sokrates das Argument an, dass es auch schlechte (bzw. schädliche) Lust gibt (rep. 505c). Die Lust kann insofern nicht identisch mit dem Guten sein. Gegen die Auffassung des Guten als Einsicht und Wissen wird hingegen geltend gemacht, dass diese nur dann etwas Gutes und Wertvolles bezeichnen, wenn sie auf das Gute als Gegenstand bezogen sind (rep. 505b/c). Sowohl Lust als auch Wissen sind auf das wertstiftende Prinzip des Guten angewiesen (rep. 505a/b) und stellen nicht selbst schon den höchsten Wert dar.

Der *Philebos* knüpft an diese kritische Diskussion der Positionen an. Platon verfolgt an dieser Stelle jedoch ein anderes Untersuchungsziel. Während in der *Politeia* die Erörterung auf das Gute selbst zielt und die Thematik von Lust und Wissen nicht weiter verfolgt wird, beschäftigt sich der *Philebos* mit der Frage, inwieweit Lust und Wissen in ein Konzept des guten Lebens einzubeziehen sind.

Zu diesem Zweck werden die beiden gängigen Antworten auf die Frage nach dem Guten zunächst kritisch reflektiert: Sokrates überprüft den hedonistischen und intellektualistischen Lebensentwurf an zwei formalen Annahmen über das Gute (Phil. 20b–22c):

1. Das Gute ist vollendet.
2. Das Gute ist autark.

Legt man diese beiden Kriterien der Diskussion zugrunde, kann weder die Lust noch das Wissen bestehen. Das hedonistische Leben ist auf bestimmte kognitive Qualitäten wie bewusste Selbstwahrnehmung, Erinnerung, Kalkulation angewiesen. Das vernunftorientierte Leben wiederum bleibt ohne Lustanteile unvollendet. Daraus ergibt sich eine neue These: Als das Gute erscheint jetzt eine gemischte Lebensweise, die sowohl Erkenntnis als auch Lust umfasst.

Um die richtige Mischung herauszufinden, werden im Dialog besondere Arten von Lust (Phil. 31b–55c) und Erkenntnis (Phil. 55c–60d) voneinander unterschieden und hinsichtlich ihrer Reinheit und Wertigkeit bestimmt. Auf dieser Grundlage entwirft Platon ein Konzept des guten Lebens, das verschiedene Kenntnisse und Lustempfindungen integriert, wobei den reinen Erkenntnissen und Lüsten ein besonderer Stellenwert eingeräumt und der Vorrang der Vernunftqualitäten gegenüber den Lüsten betont wird.

Zum guten Leben gehört nach diesem Entwurf zuerst die Erkenntnis der ethischen Tugenden, die alles andere begründen und regieren (Phil. 62a), sodann die Erkenntnis der mathematischen Gesetze als Prinzipien der physikalischen Welt (Phil. 62a) und schließlich die anwendungsorientierten Wissenschaften und hervorbringenden Künste, die notwendig für den Lebenserhalt sind und die Lebensqualität steigern (Phil. 62a–d).

Zum guten Leben gehören jedoch auch Empfindungen der Lust, des Vergnügens und der Freude (Phil. 62d–64a). Den ersten Rang nehmen hier die sogenannten reinen Lüste ein, die einem schmerzlosen Bedürfnis entspringen und eine Form der Befriedigung gewähren, die frei von Unlust ist. Dazu gehören die Freude an der Erkenntnis sowie an Tönen, Farben, Gerüchen. Einbezogen werden zudem die notwendigen Lüste, die den Erhalt der Physis sichern, sowie all jene Lüste, die mit der Tugend verträglich sind und die Vernunfttätigkeit nicht behindern.

Um die richtige Mischung aus den verschiedenen Kenntnissen und Lustempfindungen herzustellen, bedarf es einer Ursache, die im Dialog als Vernunft (*noûs*) bestimmt wird (Phil. 28d–30e). Wie die Rangfolge der Erkenntnisse deutlich macht, besteht die Vernunft vor allem in der Erkenntnis des Guten und der Tugend, die somit Ursache des guten Lebens ist.

Am Ende des Dialogs gibt Platon eine Bestimmung des Guten, die sich am Prinzip der richtigen Mischung orientiert. Das Gute (*agathón*) ist demnach das Maßvolle (*métron*), verbunden mit ästhetischer Schönheit und Harmonie (Phil. 65a, 66a). Diese Bestimmung wird allerdings als vorläufig bezeichnet (Phil. 63c, 64e–65a). Platons letztes Wort zum Guten ist auch hier der Aufstieg.

Platon heute

Platon scheint für uns heute kaum noch von Bedeutung zu sein. Einen solchen Eindruck könnte man jedenfalls angesichts der eher randständigen Wahrnehmung der platonischen Philosophie im akademischen und öffentlichen Leben gewinnen. Auf den Programmen der großen deutschen Philosophiekongresse sind Vorträge über Platon nur vereinzelt oder häufig gar nicht mehr anzutreffen. In den Lehrplänen der philosophischen Institute der Hochschulen sucht man Platon-Seminare oftmals vergeblich. Und in den öffentlichen Debatten über Fragen der Zeit spielt Platon so gut wie keine Rolle mehr.

Das zunehmende Verschwinden der platonischen Philosophie aus der akademischen und öffentlichen Diskussion ist nicht zuletzt Folge der scharfen Kritik, die Platon von der eigenen Zunft erfahren hat. Der Philosoph Friedrich Nietzsche gab Ende des 19. Jahrhunderts mit seiner radikalen Ablehnung von Platonismus und Christentum den Startschuss für eine Platon-Schelte, die bis heute andauert und ihre Spuren hinterlassen hat. Nietzsche warf Platon eine verhängnisvolle Verkehrung der Wirklichkeit vor. In Platon sah er den Erfinder einer rein geistigen Welt der unveränderlichen, ewigen Ideen.[1] Die vermeintlich platonische Fiktion eines unwandelbaren Seins und die Entwertung der sinnlichen Wirklichkeit als Scheinwelt ist nach Nietzsche der »schlimmste, langwierigste und gefährlichste aller Irrtümer«[2] der Philosophiegeschichte. Damit sei die Wahrheit auf den Kopf gestellt worden. Für Nietzsche gab es nur eine Aufgabe: die folgenreiche Verkehrung aufzuheben und die Wahrheit vom Kopf wieder auf die Füße zu stellen. »Meine Philosophie«, so Nietzsches ironisches Credo, »ist umgedrehter Platonismus: je weiter ab vom wahrhaft Seienden, um so reiner, schöner, besser ist es. Das Leben im Schein als Ziel«.[3]

Nietzsche gab mit seiner Kritik ein Grundmuster der Platon-Deutung vor, das Karriere machen sollte. Platon galt fortan als großer Verfälscher der Wirklichkeit, der eine verhängnisvolle Entwicklung der Philosophie- und Menschheitsgeschichte begründet hat.

Einer der größten Kritiker im 20. Jahrhundert war Martin Heidegger (1889–1976). Der Theoretiker des Seins warf Platon ein falsches Verständnis von Wahrheit und eine Verkehrung des Denkens vor. Platon habe die Idee als Sein gesetzt und damit die Wahrheit der Idee unterworfen.[4] Bei Platon diene die Idee nicht der Wahrheit, sondern die Idee bestimme, was Wahrheit sei. Mit diesem Unterwerfungsakt habe sich das Denken von der Wahrheit des Seins ausgeschlossen. Nach Heidegger beeinflusste die platonische Verkehrung die ganze abendländische Philosophiegeschichte bis hin zu Nietzsche und den großen Ideologien des 20. Jahrhunderts, deren Entstehen er als Folge des von Platon beschrittenen falschen Weges deutet.

Ludwig Wittgenstein (1889–1951) identifizierte den platonischen Sündenfall mit der Frage nach dem Wesen der Dinge. Damit sei eine völlig falsche Richtung eingeschlagen worden. Die Wesensfrage basiert, so Wittgenstein, auf einem falschen Gebrauch der Sprache. Worte wie ›Gerechtigkeit‹ und ›Erkenntnis‹ erhielten ihren Sinn nur durch den Bezug auf ihre Verwendungsweise im alltäglichen Sprachgebrauch. Es sei nicht nach ›der Gerechtigkeit selbst‹ oder ›der Erkenntnis selbst‹ zu fragen, sondern nach gerechten

Handlungsweisen und besonderen Erkenntnissen.[5] Jeder sokratische Dialog basiert, so Wittgenstein, auf solch einem Grundirrtum.

Eine scharfe Kritik am politischen Denken Platons trug Karl Raimund Popper (1902–1994) vor. Popper glaubte bei Platon die Anlage zu einem totalitären Denken zu erkennen, das im Nationalsozialismus grausame Realität erlangt habe. Platon sei der »erste große politische Ideologe, der in Klassen und Rassen dachte und Konzentrationslager vorschlug«.[6] In der *Politeia* habe er ein totalitäres politisches Programm entworfen, das dem Führerprinzip folge, Freiheit, Individualismus, Vielfalt und Veränderung bekämpfe und antihumanitäre Züge trage.[7] Das vermeintlich totalitäre politische Konzept führt Popper auf Platons philosophische Grundannahmen zurück, die er im Sinn der Zwei-Welten-Theorie deutet, nämlich als Dualismus zwischen einer als das Gute gesetzten unveränderlichen Welt des Seins und einer mit dem Übel identifizierten Welt der Vielfalt, des Werdens und der Veränderung.[8]

Michel Foucault (1926–1984) bewertet das platonische Denken in unmittelbarer Anknüpfung an Nietzsches Kritik als verhängnisvolle Verkehrung, die es aufzuheben gelte: »Welche Philosophie hätte nicht versucht, den Platonismus umzukehren? Könnte man Philosophie nicht geradezu als jede beliebige Tätigkeit definieren, die darauf abzielt, den Platonismus umzukehren?«[9] Die als Platonismus betrachteten Konzepte einer substantialisierten Idee, eines transzendenten Guten und einer Vernunft als Herrschaftsinstanz deutet Foucault als Machtstrukturen, die bis in die Moderne hinein eine verhängnisvolle Wirkung entfaltet hätten. Die Umkehr des Platonismus ist, so Foucault, ein

Befreiungsakt, der die despotischen Einheitsprinzipien auflöse und der Vielfalt, Veränderung, Bewegung und Differenz in Gesellschaft und Individuum zum Durchbruch verhelfe.

Die Liste der Kritiker ließe sich beliebig fortführen. Von Theologen ist der Vorwurf erhoben worden, dass sich das platonische Denken verhängnisvoll auf das Christentum ausgewirkt und zu Tendenzen der Weltverachtung und Weltflucht, der Leibfeindlichkeit und zu einem reduktionistischen Menschenbild geführt habe.[10] Andere Bezichtigungen sind in jüngster Zeit im Kontext der aktuellen Verschwörungsmythen formuliert worden: Platon, so die abenteuerliche These, sei der Begründer von Verschwörungsmythen, der den Weg zu den modernen Verschwörungsideologien bis hin zu QAnon gebahnt habe.[11] Das Höhlengleichnis sei der »Ur-Verschwörungsmythos«.[12]

Die massive Kritik und die Vielzahl der Vorwürfe erwecken fast den Eindruck, dass Platon von der Moderne zum Sündenbock auserwählt wurde, der für alle Verirrungen des menschlichen Denkens, für alles Üble in Geschichte und Gegenwart verantwortlich gemacht werden darf. Kein anderer Philosoph hat so viele Schläge einstecken müssen – und kein anderer Philosoph ist dabei so fundamental missverstanden worden. Und dieses Missverständnis hat Tradition. Der modernen Kritik liegt ein Verständnis von Platon zugrunde, das im Wesentlichen den aristotelischen und neuplatonischen Deutungsmustern folgt.

Wie wirkmächtig diese Deutungen sind, zeigt sich nicht zuletzt daran, dass auch jene Lesarten auf ihnen fußen, die Platon freundlich gesonnen sind und an dessen Philosophie anzuknüpfen versuchen. In der Moderne findet man nicht nur Platon-Kritiker, sondern auch Platon-Anhänger. Obgleich Platon in den öffentlichen Diskussionen und im akademischen Raum häufig nur eine marginale Rolle spielt, ist er in einigen wissenschaftlichen Debatten nach wie vor präsent. In Naturwissenschaft und Philosophie ist vielfach der Versuch unternommen worden, das Denken des antiken Philosophen zu aktualisieren und auf die heutigen wissenschaftlichen und philosophischen Diskurse zu beziehen.

Eine besonders intensive Platon-Rezeption findet sich in der Naturwissenschaft. Die moderne Physik hat großes Interesse an Platons Kosmologie sowie an der platonischen Auffassung der mathematischen Wahrheit entwickelt. Carl Friedrich von Weizsäcker (1912–2007) ging in verschiedenen Aufsätzen und Vorträgen der Frage nach, ob und inwiefern Platons Philosophie Grundprobleme der heutigen Wissenschaft klären könne.[13] Seine Auseinandersetzung mit Platon verstand er als Gespräch nach dem Vorbild der gemeinsamen Suche nach Wahrheit, wie sie in den sokratischen Dialogen vollzogen wird. Im Bestreben, die Bedeutung des platonischen Denkens in das moderne Bewusstsein zu heben, verwies von Weizsäcker darauf, dass »alle Grundbegriffe, welche die Wissenschaft naiv verwendet, [...] ihren Ursprung in der Denkanstrengung der klassischen, letztlich der griechischen Philosophie« haben.[14]

In seinem Werk *The Road to Reality* vertritt der Physiker Roger Penrose (*1931) die These, dass es von großem Vorteil sei, in Anknüpfung an Platon mathematischen Strukturen eine eigene Realität zuzuschreiben.[15] Durch die Annahme der »Objektivität der mathematischen Wahrheit« erhalte man einen »Maßstab, der weder von unseren individuellen Meinungen noch von unserer besonderen Kultur abhängt«.[16]

Positive Bezugnahmen auf Platon begegnen auch in der Philosophie. Der französische Denker Alain Badiou (*1937), der sich selbst als »moderner Platoniker« bezeichnet,[17] ist der Meinung, dass durch eine Rückkehr zu Platon die Irrwege der Moderne überwunden werden könnten. Badiou sieht die moderne Welt von einem Relativismus und einer neuen Sophistik beherrscht, die durch die Rehabilitierung der Idee von Wahrheit und den Anschluss an die platonische Auffassung eines ethischen und erkenntnistheoretischen Universalismus besiegt werden könne.[18]

Eine ganz andere Bezugnahme findet sich in der aktuellen Leib-Seele-Debatte. In diesem Diskurs geht es um die Klärung des Verhältnisses zwischen Körper und Seele. Sind Körper und Geist zwei verschiedene Substanzen? Oder ist der Geist auf das Körperliche zurückzuführen bzw. der Körper eine Form des Geistes? Nachdem dualistische Positionen in der Moderne durch materialistische und naturalistische Auffassungen abgelöst worden waren, finden sich heute wieder Stimmen, die für einen Substanzdualismus plädieren.[19] Es geht dabei um die Annahme, dass der Mensch einen Körper sowie eine von der Physis unabhängige, immaterielle Substanz – eben die Seele – besitzt und beides nicht aufeinander reduziert werden kann. Bei der Wiederaufnahme dieser Position wird häufig auf René Descartes (1596–1650) und auf Platon verwiesen, die als Begründer des Substanzdualismus gelten.[20]

Auch in anderen Disziplinen – wie zum Beispiel in politischer Theorie,[21] praktischer Philosophie[22], Gesellschaftskritik[23] und rationaler Theologie[24] sind Anknüpfungen an das platonische Denken zu beobachten.

Zweifellos stellen das alles überaus ernsthafte Versuche dar, Platon in die aktuellen Debatten einzubeziehen und ihn als modernen Denker aufzufassen, mit dem wir in ein fruchtbares Gespräch treten können. Das Problem besteht allenfalls darin, dass das zugrunde gelegte Verständnis von Platon häufig nicht weniger fragwürdig ist als das der Platon-Kritiker. Als Kern des Platonismus wird auch hier meist die Ideentheorie angenommen, mit dem einzigen Unterschied, dass die vermeintlich platonische Lehre in ihrem Potential zur Klärung von Problemen gewürdigt und positiv bewertet wird.

Der Gewinn wäre gewiss beträchtlich, wenn nicht nur in der Platon-Forschung, sondern auch in Philosophie und Wissenschaft neue Wege der Deutung beschritten würden. Tiefverwurzelte Vorurteile zu hinterfragen und sich neuen Lesarten zu öffnen, würde nicht nur den ganzen Reichtum, die Vielfalt und Komplexität der platonischen Philosophie sichtbar machen, sondern auch die Bedeutung dieser Philosophie für zentrale Fragen der Gegenwart erkennen lassen. Es bestünde die Chance, sowohl der Wertediskussion als auch der Bildungsdebatte neue Impulse zu verleihen. Darüber hinaus ließen sich unter Rückgriff auf die platonische Konzeption von Rationalität und dialogorientiertem Denken Maßstäbe für eine argumentative Diskussionskultur und eine auf Freiheit, gemeinsamer Suche nach Wahrheit und wechselseitiger Wertschätzung basierende Wissenschaft gewinnen.

Vor allem aber würde sich dann die Möglichkeit eröffnen, mit Hilfe von Platon moderne Ideologien zu bekämpfen. Kaum ein anderer Philosoph hat sich so konsequent und gründlich mit dem ideologischen Denken auseinandergesetzt wie Platon. Bemerkenswert ist dabei, dass nicht nur die einflussreichen politischen und sophistischen Theorien seiner Zeit, sondern auch und insbesondere die ideologischen Tendenzen im Denken des Einzelnen in den Blickpunkt gerückt wurden. Ideologisches Denken beginnt, so Platon, dort, wo ein Anspruch auf absolute Wahrheit erhoben wird und man nicht mehr bereit ist, sich selbst und seine Überzeugungen in Frage zu stellen. In seinen Dialogen zeigt Platon einen Weg auf, wie wir uns von Wissensanmaßung und falschen Wahrheitsansprüchen befreien können. Bildung besteht nach Platon darin, Einsicht in den eigenen Mangel an Erkenntnis zu gewinnen und eine Haltung von Frage und Suche einzunehmen, die an die kritische Prüfung von Aussagen, Theorien und weltanschaulichen Entwürfen gebunden ist. Auf diese Weise werden die Voraussetzungen dafür geschaffen, totalitäre Machtausübung als Schwäche und Ohnmacht zu erkennen und eine Widerständigkeit gegen die Verführungen durch ideologische Erklärungsmuster der Wirklichkeit zu entwickeln. Platon kann insofern als Überwinder des ideologischen Denkens und als Begründer des kritischen Denkens, vor allem des selbstkritischen Denkens, betrachtet werden. Damit ist er aktueller denn je.

Anmerkungen

Platon und seine Interpreten

1 Vgl. Ryle 1967, S. 321; McDowell 1973, 1998, S. 118 ff.; Wieland 1982, S. 145; Mittelstrass 1994, S. 45; Sayre 1995; Ebert 1974, 1998; Bordt 1999, S. 142–144; Frede 1999, S. 22–26, 120 ff., 2002, 2011; Hyland 2002; Welton 2002; Schmitt 1989, 2003, 2007, S. 112, 2011; Martens 2009, S. 7–14; Alican 2012, S. 89–129; Esser 2017. Bereits Zeller hat darauf verwiesen, dass es bei Platon kaum Spuren einer Wissenschaft der Ideen gibt ([2]1859, S. 446 f.).

2 Zur logisch-aporetischen Deutung des zweiten Teils des *Parmenides* vgl. z. B. Zekl 1971, Allen 1983, Hägler 1983.

3 Schleiermacher [1804] 1996, S. 25–69.

4 Ebd., S. 38–41.

5 Ebd., S. 37.

6 Als Hauptvertreter der ›Tübinger Schule‹ gelten Hans-Joachim Krämer, Konrad Gaiser, Thomas Alexander Szlezák, Jens Halfwassen sowie Giovanni Reale.

7 Krämer 1996, S. 264 f.

8 Ebd., S. 264.

9 Ebd., S. 265.

10 So hat bereits Zeller [1839] 1969, S. 200 ff., darauf hingewiesen, dass Aristoteles die Neigung hatte, Platons Äußerungen auf positive Lehrsätze zurückzuführen und auf dieser Basis zu kritisieren. Vgl. die grundlegende Kritik von Cherniss 1962.

11 So bereits Schleiermacher [1804] 1996, S. 39 f.

12 Wieland 1982, S. 43.

13 Ebd., S. 49.

14 Ebd., S. 236.

15 Ebd., S. 276.

16 Ebd., S. 303.

17 Der *Homo-mensura*-Satz, der Protagoras zugeschrieben wird, lautet: »Der Mensch ist das Maß aller Dinge, der Seienden, dass sie sind, der nichtseienden, dass sie nicht sind« (Diels/Kranz 80 B1 = Platon, *Theaitetos* 152a).

I. Leben und Werk

1 Vgl. Thukydides 2,41.
2 Vgl. Erler 2007, S. 9–18.
3 Zur arabischen Überlieferung Platons und der Vermittlung platonischer Lehren über arabische Quellen in das lateinische Mittelalter siehe Hasse 2002.
4 Zum Forschungsüberblick siehe Fröhlich 2017, S. 388–392.
5 Zur Diskussion um die Echtheit siehe Erler 2007, S. 309 f.
6 Vertreter der älteren entwicklungsgeschichtlichen Deutung sind Karl Friedrich Hermann (1839), Eduard Zeller (1859) und Hermann Bonitz (1886). In jüngerer Zeit ist der Ansatz vor allem von Gregory Vlastos vertreten worden.
7 Vgl. Nails 1993 und 1995 sowie Kahn 1996.
8 So z. B. Rowe, der gegen die entwicklungsgeschichtliche Lesart eingewendet hat, »that Plato stayed a Socratic till the end« (2007, VIII).
9 Es ist das Verdienst von Rudolf Schrastetter (1966, 1970, 1989), die philosophische Bedeutung dieser Dialoge erkannt und damit eine völlig neue Perspektive auf das platonische Werk eröffnet zu haben.
10 Vgl. die platonische Reflexion dieses Verfahrens in Phaidr. 265d–266c, Phil. 16c–17e, soph. 218c/d, 253b–e, polit. 285a–286a, leg. 963a–966b. Das dihairetische Verfahren wird in den Dialogen *Sophistes* und *Politikos* sowie in einigen Passagen des *Phaidros*, des *Philebos*, des *Timaios* und der *Nomoi* angewendet.

II. Aufstieg zur Erkenntnis des Guten

1 Vgl. den Forschungsüberblick bei Erler 2007, S. 401–404, und Szlezák 1997, S. 205–228.
2 Vgl. die aristotelische Interpretation des sokratischen Dialogs (Aristoteles, *Metaphysik* 987b, 1078b).
3 Zahlreiche Selbstreflexionen der Sokrates-Figur zum Thema Suche und prüfende Forschung finden sich auch im Dialog *Gorgias* (vgl. dort 453b, 457d–458a, 505e, 506a) und in der *Apologie* (29d/e, 38a).

4 Vgl. rep. 501b2 f., 504a/b, 506a4, 517d/e, 520c6 f., 531c6 f., 538e2. Auf den Aspekt hat insbesondere Stemmer 1992, S. 207, sehr nachdrücklich hingewiesen.

5 Platon verwendet hier eine ähnlich überschwängliche Sprache (›Göttlichkeit der Reden‹, ›Götterbilder der Tugend‹) wie im Kontext der Darstellungen des Aufstiegs (rep. 500d, Phaidr. 249c/d, Alk. I 133c, 134d).

6 Im *Timaios* formuliert Platon diesen Grundsatz als ontologisches Prinzip: »Alles Entstehende muss ferner zwangsläufig aus einer Ursache (*aitía*) entstehen. Denn für alles ist es unmöglich, ohne Ursache zu entstehen« (Tim 28a).

7 Vgl. z. B. Detel 1973 und 1974.

8 Vgl. Moravcsik 1979, S. 53; Moline 1981, S. x f.; Wieland 1982, S. 304.

9 Auf die Verbindung der *timiótera*, des ›Wertvolleren, Besseren‹, zu dem im *Siebten Brief* gemeinten Nous hat Blößner 2007, S. 250 f., hingewiesen.

10 So z. B. Halfwassen 2006 und 2015; Albert 2002, S. 34–37.

11 Vgl. z. B. Fritz 1968; Jäger 1967, S. 13–45, 172–174; Moline 1981, S. 16–19; Horn/Rapp 2008, 297–301.

12 Wie Jäger (1967, S. 22–26) in einer philologischen Untersuchung nachgewiesen hat, zielt die Suche nach Erkenntnis im Tugenddialog auf den *noûs*. Auf dieses Erkenntnisziel wird in den Frühdialogen explizit verwiesen. Vgl. z. B. Gorg. 467a, Euthyd. 281a/b, Ion 534b-d, Men. 88b/c, 99e–100a.

13 Vgl. z. B. Franklin 1995; Elgin 1996; Mason 2003; Ammon 2009.

14 Darauf hat Zehnpfennig (2001, S. 86 f.) hingewiesen.

15 Auf die Gegenläufigkeit der Bewegungen und die Parallelität zwischen den Stufen im Höhlengleichnis und der Aufstiegsstruktur des Tugenddialogs hat zuerst Rudolf Schrastetter hingewiesen (1989, bes. S. 248–254).

16 In einem Kommentar zum Gleichnis assoziiert Platon die Höhlenwelt mit dem Bereich der Sinnlichkeit (rep. 517b). Das wird vor dem Hintergrund der Tugenddialoge verstehbar: Die Vorstellungswelt der Partner ist von sinnlichen Gütern und der Fixierung auf die wahrnehmbaren Phänomene bestimmt.

17 Vgl. Weischedel 1998, S. 40 f.

18 Diels/Kranz 59 B12.
19 Ähnlich *Politeia* 509b, 517c, insb. 597b–d. Vgl. auch soph. 248e.
20 Diese ›platonistische‹ Auslegung der platonischen Philosophie ist in der jüngeren Platon-Forschung vielfach kritisiert worden. Siehe Anm. 1 zu Kap. ›Platon und seine Interpreten‹.
21 Vgl. z. B. Schmitt 2007, S. 91.
22 In der Forschung ist umstritten, wer mit den ›Ideenfreunden‹ im *Sophistes* gemeint ist. Vieles spricht jedoch dafür, dass hier die italischen Pythagoreer gemeint sind. So Ebert 1998.
23 Dem entspricht die platonische Beurteilung der ethischen Dinge als höchste Gegenstände (*tà mégista*). Vgl. auch apol. 22d7.
24 Platons Deutung des Höhlengleichnisses an dieser Stelle steht keineswegs in Widerspruch zu seinem Kommentar in rep. 517b–518b. Platon nimmt hier lediglich eine andere Perspektive ein, die dem Faktum gerecht wird, dass die Umkehr mit großen Schwierigkeiten verbunden ist und einer Vorbildung bedarf.
25 Mathematisch-geometrische Gegenstände werden allenfalls als Beispiele im Kontext der Erläuterung von Verfahren der Erkenntnis gebraucht (epist. VII 342b–d, Men. 82b–85d) oder in kosmogenetischen Zusammenhängen angeführt, wie z. B. im *Timaios*, der die Entstehung der Materie aus Zahlen, geometrischen Figuren und Elementarkörpern beschreibt.
26 Dies hat Zehnpfennig (2007) unter besonderer Berücksichtigung des *Symposions* aufgezeigt.
27 So etwa Döring 1998, S. 154, und Müller 2018.
28 So etwa Vlastos 1991, S. 45 ff., und Frede 1999, S. 104.
29 So etwa Ebert 2004, S. 349, und Horn 2011, S. 127 f.
30 So z. B. Döring 1998, S. 154.
31 Die Historizität der Diotima ist in der Forschung umstritten. Vgl. Erler 2007, S. 196 f.
32 Diese Abwendung von der Naturphilosophie und die Hinwendung zu den menschlichen Angelegenheiten ist als ›Sokratische Wende‹ in die Philosophiegeschichte eingegangen. Von dem römischen Philosophen Cicero (106–43 v. Chr.) ist der Ausspruch überliefert, dass Sokrates »als Erster die Philosophie vom Himmel heruntergerufen und in den Städten angesiedelt und auch in

die Häuser hineingeführt und sie gezwungen [habe], nach dem Leben, den Sitten und dem Guten und Schlechten zu forschen« (*Tusculanae disputationes* 5,10).

III. Das Gute in Seele, Polis und Kosmos

1 Vgl. Beckermann 2011, S. 23–37.
2 Weitere Unsterblichkeitsargumente finden sich im *Phaidon* (69e–107a).
3 Ein ähnlicher Gedanke wird im Alkibiades I angedeutet. Vgl. Alk. I 130c, 133c.
4 Vgl. Platon, Gorg. 493a2, Krat. 400c5. In Phaidr. 250b–d wird zwar nicht explizit auf orphisch-pythagoreische Quellen verwiesen. Durch die dort verwendete Terminologie der Mysterien deutet Platon jedoch implizit auf die Tradition der Mysterienkulte hin.
5 Zur politischen Theorie bei Platon vgl. Zehnpfennig 1997 und 2018.
6 Die Historizität des Timaios ist in der Platon-Forschung umstritten. Vgl. Nesselrath 2006, S. 41–43.
7 Die Elementelehre des *Timaios* ist insbesondere von Werner Heisenberg rezipiert worden (vgl. Heisenberg 1969, S. 11–28; 1971, S. 288–305). Vgl. auch die Platon-Rezeption von Carl Friedrich von Weizsäcker 1981.
8 Vgl. Hesiod, *Werke und Tage*.

Platon heute

1 Nietzsche, KSA 6, S. 74–81.
2 Nietzsche, KSA 5, S. 12.
3 Nietzsche, KSA 7, S. 199.
4 Heidegger [1930/31] 1978.
5 Ludwig Wittgenstein, TS 302, 14. Diktat für Schlick.
6 Karl Raimund Popper, *Die offene Gesellschaft und ihre Feinde*, Bd. 1, Vorw. zur 7. dt. Aufl. 1992.

7 Popper 2003, S. 124 f., 144 ff.
8 Ebd., S. 100 f.
9 Foucault 2002, S. 94.
10 Vgl. etwa Heinzmann 1994, S. 16 f.
11 Blume 2020.
12 Ebd., S. 30.
13 Weizsäcker 1981, S. 4.
14 Ebd., S. 3.
15 Penrose 2010, S. 18.
16 Ebd., S. 20.
17 Badiou 2020, S. 81.
18 Ebd., S. 78, 83.
19 Vgl. etwa Swinburne 2006 und Meixner 2006.
20 Vgl. Beckermann 2011, S. 23–37.
21 So etwa bei Voegelin [1957] 2001.
22 So bei Gerhardt 1997a, 1997b, 2005, 2023, S. 61–96.
23 So etwa bei Han 2021, S. 75–89.
24 So bei Gerhardt 2014, S. 76–95.

Literaturhinweise

Siglen der platonischen Schriften[1]

Alle Platon-Zitate sind folgender Ausgabe entnommen:

Platon: Werke in acht Bänden. Gr./dt. Hrsg. von Gunther Eigler. Übers. von Friedrich Schleiermacher. Darmstadt 2001.

Alk. I	Alkibiades I
apol.	Apologie
Charm.	Charmides
epist. VII	Siebter Brief
Euthyd.	Euthydemos
Euthyphr.	Euthyphron
Gorg.	Gorgias
Hipp. min.	Hippias II
Ion	Ion
Krat.	Kratylos
Krit.	Kriton
Kritias	Kritias
Lach.	Laches
leg.	Nomoi
Lys.	Lysis
Men.	Menon
Mx.	Menexenos
Parm.	Parmenides
Phaid.	Phaidon
Phaidr.	Phaidros
Phil.	Philebos
polit.	Politikos
Prot.	Protagoras
rep.	Politeia

1 Siglen nach DNP [Der neue Pauly] Bd. 1, XXXIX–XLVII.

soph.	Sophistes
symp.	Symposion
Thr.	Thrasymachos (Politeia 1)
Tht.	Theaitetos
Tim.	Timaios

Zitierte Literatur

Albert, Karl: Philosophie als Religion. Sankt Augustin 2002.

Alican, Necip Fikri: Rethinking Plato. Amsterdam / New York 2012.

Allen, Reginald E.: Plato's Parmenides. Translation and Analysis. Minneapolis 1983.

Ammon, Sabine: Wissen verstehen: Perspektiven einer prozessualen Theorie der Erkenntnis. Velbrück 2009.

Aristoteles: Metaphysik. Schriften zur Ersten Philosophie. Übers. und hrsg. von Franz F. Schwarz. Vollst. durchges., überarb. und mit Nachw. von Wolfgang Detel. Stuttgart 2023.

Bachmann, Viktoria: Der Grund des guten Lebens. Eine Untersuchung der paradigmatischen Konzepte von Sokrates, Aristoteles und Kant. Hamburg 2013.

Badiou, Alain: Leben unter dem Leitstern der Ideen. In: Philosophie Magazin (2020) Sonderausgabe Platon. S. 78–83.

Beckermann, Ansgar: Das Leib-Seele-Problem. Eine Einführung in die Philosophie des Geistes. Paderborn 2011.

Blößner, Norbert: Schrift(kritik). In: Christian Schäfer (Hrsg.): Platon-Lexikon. Darmstadt 2007. S. 248–253.

Blume, Michael: Verschwörungsmythen. Woher sie kommen, was sie anrichten, wie wir ihnen begegnen können. Ostfildern 2020.

Bordt, Michael: Platon. Freiburg 1999.

Cherniss, Harold: Aristotle's Criticism of Plato and the Academy [1946]. New York [3]1962.

Cicero: Tusculanae disputationes. Gespräche in Tusculum. Lat./Dt. Übers. und hrsg. von Ernst Alfred Kirfel. Stuttgart 1997.

Detel, Wolfgang: Zur Argumentationsstruktur im ersten Hauptteil

von Platons Aretedialogen. In: Archiv für Geschichte der Philosophie 55 (1973) S. 1–29.
– Die Kritik an den Definitionen im zweiten Hauptteil der Platonischen Aretedialoge. In: Kantstudien 65 (1974) S. 122–134.
Döring, Klaus: Sokrates. In: Hellmut Flashar (Hrsg.): Die Philosophie der Antike. Bd. 2/1. Basel 1998. S. 141–178.
Ebert, Theodor: Meinung und Wissen in der Philosophie Platons. Berlin / New York 1974.
– Wer sind die Ideenfreunde in Platons Sophistes? In: Rainer Enskat (Hrsg.): Amicus Plato magis amica veritas. Berlin 1998. S. 82–100.
– Platon. Phaidon. Übersetzung und Kommentar. In: Mainzer Akademieausg. Platon: Werke I,4. Göttingen 2004.
Elgin, Catherine Z.: Considered Judgment. Princeton [u. a.] 1996.
Erler, Michael: Platon. Grundriss der Geschichte der Philosophie. Die Philosophie der Antike Bd. 2/2. Basel 2007.
Esser, Andrea: Platonischer Ideenbegriff. In: Deutsche Zeitschrift für Philosophie 6 (2017) S. 1025–1030.
Figal, Günter: Sokrates. München 1995.
Foucault, Michel: Schriften in vier Bänden. Dits et Ecrits. Bd. II: 1970–1975. Frankfurt a. M. 2002.
Franklin, Richard L.: The Search for Understanding. New York / Washington D. C. /San Francisco 1995.
Frede, Dorothea: Platons ›Phaidon‹. Der Traum von der Unsterblichkeit der Seele. Darmstadt 1999.
– Platon und die Augen des Geistes als Zugang zur Wahrheit. In: Günter Figal (Hrsg.): Interpretationen der Wahrheit. Tübingen 2002. S. 82–111.
– Platons Ideen. Form, Funktion, Struktur. In: Information Philosophie (2011) Nr. 2. S. 44–57.
Fritz, Kurt von: Die Rolle des NOUS. In: Hans-Georg Gadamer (Hrsg.): Um die Begriffswelt der Vorsokratiker. Darmstadt 1968. S. 277–359.
Fröhlich, Bettina: Selbsterkenntnis und Lebenspraxis. Zur apollinischen und platonischen Ethik. Göttingen 2017.
Gerhardt, Volker: Das individuelle Gesetz. Über eine sokratisch-pla-

tonische Bedingung der Ethik. In: Allgemeine Zeitschrift für Philosophie 22 (1997a) S. 3–21.
– Wer liebt wen in Platons Symposion? Individualität in der Antike. In: Philosophisches Jahrbuch 104 (1997b) S. 225–240.
– Lebensführung. Die Individualität des Menschen. In: Holger Burckhart / Jürgen Sikora (Hrsg.): Praktische Philosophie – Philosophische Praxis. Darmstadt 2005. S. 135–157.
– Der Sinn des Sinns. Versuch über das Göttliche. München 2014.
– Individuum und Menschheit. Eine Philosophie der Demokratie. München 2023.
Hägler, Rudolf P.: Platons Parmenides. Probleme der Interpretation. Berlin / New York 1983.
Halfwassen, Jens: Der Aufstieg zum Einen. Untersuchungen zu Platon und Plotin. München/Leipzig ²2006.
– Auf den Spuren des Einen. Studien zur Metaphysik und ihrer Geschichte. Tübingen 2015.
Han, Byung-Chul: Agonie des Eros. Vorw. von Alain Badiou. Berlin ²2021.
Hasse, Dag Nikolaus: Plato arabico-latinus: Philosophy – Wisdom Literature – Occult Sciences. In: Stephen Gersh / Maarten Hoenen / Pieter van Wingerden (Hrsg.): The Platonic Tradition in the Middle Ages. A Doxographie Approach. Berlin / New York 2002. S. 31–65.
Heidegger, Martin: Platons Lehre von der Wahrheit [1930/31]. In: M. H.: Wegmarken. Frankfurt a. M. ²1978. S. 201–236.
Heimann, Raul: Die Frage nach Gerechtigkeit. Platons Politeia I und die Gerechtigkeitstheorien von Aristoteles, Hobbes und Nietzsche. Berlin 2015.
Heinzmann, Richard: Thomas von Aquin. Eine Einführung in sein Denken Stuttgart/Köln 1994.
Heisenberg, Werner: Der Teil und das Ganze. Gespräche im Umkreis der Atomphysik. München 1969.
– Die Bedeutung des Schönen in der exakten Naturwissenschaft. In: Schritte über Grenzen. Gesammelte Reden und Aufsätze. München 1971.
Hermann, Karl F.: Geschichte und System der platonischen Philosophie. Heidelberg 1839.

Hesiod: Werke und Tage. Gr./Dt. Übers. und hrsg. von Otto Schönberger. Stuttgart 1996.

Horn, Christoph: Kritik der bisherigen Naturforschung und der Ideentheorie (95a–102a). In: Jörn Müller (Hrsg.): Platon: Phaidon. Berlin 2011. S. 127–142.

– / Rapp, C. (Hrsg.): Wörterbuch der antiken Philosophie. München [2]2008.

Hyland, Drew A.: Against a Platonic »Theory« of Forms. In: William A. Welton (Hrsg.): Plato's Forms. Varieties of Interpretation. Lanham 2002. S. 257–272.

Jäger, Gerhard: NUS in Platons Dialogen. Göttingen 1967.

Kahn, Charles H.: Plato and the Socratic Dialogue. The Philosophical Use of a Literary Form. Cambridge 1996.

Kuhn, Helmut: Sokrates. Versuch über den Ursprung der Metaphysik. München 1959 [1934].

Krämer, Hans Joachim: Platons Ungeschriebene Lehre. In: Theo Kobusch / Burkhard Mojsisch (Hrsg.): Platon. Seine Dialoge in der Sicht neuer Forschungen. Darmstadt 1996. S. 249–275.

Martens, Ekkehard: Platon. Stuttgart 2009.

Mason, Richard: Understanding Understanding. Albany 2003.

McDowell, John: Platos Theaetetus. Oxford 1973.

– Geist und Welt. Paderborn 1998. (Engl.: Mind and World. Cambridge 1996.)

Meixner, Uwe: The Indispensability of the Soul. In: Bruno Niederbacher / Edmund Runggaldier (Hrsg.): Die menschliche Seele: Brauchen wir den Dualismus? Frankfurt a. M. 2006. S. 19–40.

Mittelstrass, Jochen: Platon. In: Otfried Höffe (Hrsg.): Klassiker der Philosophie I. München 1994. S. 38–62.

Moline, Jon: Plato's Theory of Understanding. Madison 1981.

Moravcsik, Julius: Understanding and Knowledge in Plato's Philosophy. In: Neue Hefte für Philosophie 15/16 (1979) S. 53–69.

Müller, Jörn: Socrates and Natural Philosophy: The Testimony of Plato's Phaedo. In: Alessandro Stavru / Christopher Moore (Hrsg.): Socrates and the Socratic Dialogue. Leiden/Boston 2018. S. 348–368.

Nails, Debra: Problems with Vlastos's Platonic Developmentalism. In: Ancient Philosophy 13 (1993) S. 273–291.

Nesselrath, Heinz-Günther: Platon. Kritias. Göttingen 2006.
Nietzsche, Friedrich: Kritische Studienausgabe in 15 Bänden. Hrsg. von Giorgio Colli / Mazzino Montinari. München [2]1988. (Zit. als KSA.)
Penrose, Roger: Der Weg zur Wirklichkeit. Heidelberg 2010. (Engl.: The Road to Reality. A Complete Guide to the Laws of the Universe. London 2004.)
Popper, Karl: Die offene Gesellschaft und ihre Feinde. Bd. 1: Der Zauber Platons. Tübingen 2003. (Engl.: The Open Society and Its Enemies. Bd. 1: The Spell of Plato. London 1945.)
Rowe, Christopher: Plato and the Art of Philosophical Writing. Cambridge 2007.
Ryle, Gilbert: Plato. In: Paul Edwards (Hrsg.): The Encyclopedia of Philosophy VI. London / New York 1967. S. 314–333.
Sayre, Kenneth: Why Plato Never Had a Theory of Forms. In: John J. Cleary / William C. Wians (Hrsg.): Proceedings of the Boston Area Colloquium in Ancient Philosophy. Bd. 9. Lanham 1995. S. 167–199.
Schleiermacher, Friedrich: Allgemeine Einleitung zur Platon-Übersetzung [1804]. In: F. S.: Über die Philosophie Platons. Hrsg. von Peter M. Steiner. Hamburg 1996. S. 25–69.
Schmitt, Arbogast: Zur Erkenntnistheorie bei Platon und Descartes. In: Antike und Abendland 35 (1989) S. 54–82.
– Die Moderne und Platon. Stuttgart 2003.
– Worin besteht die Sicherheit des Erkennens? Platons Ideenlehre und die Absicherung des Wissens in der Erfahrung. In: Burkhard Reis (Hrsg.): Zwischen PISA und Athen – Antike Philosophie im Schulunterricht. Göttingen 2007. S. 89–112.
Schrastetter, Rudolf: Der Weg des Menschen bei Plato. Phil. Diss. München 1966.
– Platon. Laches. Übers., hrsg. und eingel. von R. S. Hamburg 1970.
– Die Erkenntnis des Guten. In: Rupert Hofmann / Jörg Jantzen / Henning Ottmann (Hrsg.): Anodos. Festschrift für Helmut Kuhn. Weinheim 1989. S. 237–258.
Steiner (Hrsg.): Friedrich Daniel Ernst Schleiermacher. Über die Philosophie Platons. Hamburg 1996.

Stemmer, Peter: Platons Dialektik. Die frühen und mittleren Dialoge. Berlin / New York 1992.
Swinburne, Richard: Wodurch ich ich bin – Eine Verteidigung des Substanzdualismus. In: Bruno Niederbacher / Edmund Runggaldier (Hrsg.): Die menschliche Seele: Brauchen wir den Dualismus? Frankfurt a. M. 2006. S. 41–59.
Szlezák, Thomas A.: Das Höhlengleichnis (Buch VII 514a–521b und 539d–541b). In: Platon: Politeia. Hrsg. von Otfried Höffe. Berlin 1997. S. 205–228.
Thukydides: Der Peloponnesische Krieg. Übers. und hrsg. von Helmuth Vretska und Werner Rinner. Stuttgart 1966 [u. ö.].
Vlastos, Gregory: Socrates. Ironist and Moral Philosopher. Cambridge 1991.
Voegelin, Eric: Ordnung und Geschichte [1957]. Bd. 6: Platon. Hrsg. von Dietmar Herz. München 2001.
Weischedel, Wilhelm: Der Gott der Philosophen. Grundlegung einer Philosophischen Theologie im Zeitalter des Nihilismus. 2 Bde. Darmstadt ^{3}1998.
Weizsäcker, Carl Friedrich von: Ein Blick auf Platon. Ideenlehre, Logik und Physik. Stuttgart 1981.
Welton, William A.: Introduction. Plato's Mysterious Forms. In: W. A. W. (Hrsg.): Plato's Forms. Varieties of Interpretation. Lanham 2002. S. 1–29.
Wieland, Wolfgang: Platon und die Formen des Wissens. Göttingen 1982.
Wittgenstein, Ludwig: Das blaue Buch. In: L. W.: Werkausgabe. Bd. 5. Frankfurt a. M. 1984.
Zeller, Eduard: Die Darstellung der Platonischen Philosophie bei Aristoteles. In: E. Z.: Platonische Studien. Amsterdam 1969. [Nachdr. d. Ausg. 1839.]
– Die Philosophie der Griechen in ihrer geschichtlichen Entwicklung. Zweiter Teil. Erste Abteilung. Sokrates und die Sokratiker. Platon und die Alte Akademie. Tübingen 1859.
Zehnpfennig, Barbara: Platon. In: Theo Stammen / Gisela Riescher / Wilhelm Hofmann (Hrsg.): Hauptwerke der politischen Theorie. Stuttgart 1997. S. 384–397.

– Platon. Zur Einführung. Hamburg 2001.
– Die Rolle der Diotima in Platons Symposion. In: Aleš Havlíček / Martin Cajthaml: Plato's Symposium. Proceedings of the Fifth Symposium Platonicum Pragense. Prag 2007. S. 189–209.
– ›Staat‹ in der Antike. In: Rüdiger Voigt (Hrsg.): Handbuch Staat. Bd. 1. Wiesbaden 2018. S. 245–254.
Zekl, Hans Günter: Der Parmenides. Untersuchungen über innere Einheit, Zielsetzung und begriffliches Verfahren eines platonischen Dialogs. Marburg 1971.

Kommentierte Bibliographie

a) Textausgaben

Burnet, John (Hrsg.): Platonis opera rec. brevique adnotatione critica instr. J. Burnet. 5 Bde. Oxford 1900–1907, [2]1905–1913. (Standardausg., zahlreiche Nachdr.)
Platonis opera. Oxford 1995 ff. Bd. 1: Hrsg. von Elizabeth A. Duke [u. a.]. 1995. (Maßgebliche krit. Edition, ersetzt die Burnet-Ausg.)
Eigler, Gunther (Hrsg.): Platon. Werke in acht Bänden. Gr./dt. Übers. von Friedrich Schleiermacher. Bearb. von Heinz Hofmann und Dietrich Kurz. Darmstadt 1970–1983. Darmstadt: 6., unveränd. Aufl. 2010. (Krit. Ausg.; leicht bearbeitete Übersetzungen von Schleiermacher.)
Heitsch, Ernst / Müller, Carl Werner / Sier, Kurt (Hrsg.): Platon: Werke. Übersetzung und Kommentar. Göttingen 1993 ff. (Mainzer Akademieausg.; ohne gr. Text.)

b) Hilfsmittel

Erler, Michael: Platon. Grundriss der Geschichte der Philosophie. Die Philosophie der Antike. Hrsg. von Hellmut Flashar. Bd. 2/2. Basel 2007. (Umfassende Darstellung des Forschungsstandes, der einzelnen Werke und der Rezeptionsgeschichte, umfangreiche Bibliographie.)

Horn, Christoph / Müller, Jörn / Söder, Joachim (Hrsg.): Platon-Handbuch. Leben – Werk – Wirkung. Stuttgart 2009. (Werkübersicht, Darstellung von zentralen Themen und Begriffen der platonischen Philosophie, Wirkungsgeschichte.)

Schäfer, Christian (Hrsg.): Platon-Lexikon. Darmstadt 2007. (Begriffswörterbuch zu Platon und der platonischen Tradition.)

Horn, Christoph / Rapp, Christof: Wörterbuch der antiken Philosophie. München [2]2008.

c) Einführungen

Erler, Michael: Platon. München 2006. (Gut lesbare und kenntnisreiche Einführung in die platonische Philosophie.)

Martens, Ekkehard: Platon. Stuttgart 2009. (Die Einführung wendet sich gegen die ›platonistische‹ Lesart der platonischen Philosophie und skizziert eine ›pragmatische‹ Ideenlehre.)

Quarch, Christoph: Platon und die Folgen. Stuttgart 2018. (Aktualisierende Einführung in Grundthemen der platonischen Philosophie.)

Zehnpfennig, Barbara: Platon zur Einführung. Hamburg: 4., ergänzte Aufl. 2011. (Eine verständlich geschriebene Einführung; für Leser ohne Vorkenntnisse besonders gut geeignet.)

d) Monographien

Blößner, Norbert: Dialogform und Argument. Studien zu Platons ›Politeia‹. Mainz 1997. (Die Untersuchung wendet sich gegen die Lektüre der platonischen Dialoge als Lehrschriften.)

Bordt, Michael: Platons Theologie. Freiburg/München 2006. (Der Autor zeigt die funktionale Übereinstimmung der Idee des Guten mit dem Nous auf und argumentiert für deren Identität.)

Ebert, Theodor: Meinung und Wissen in der Philosophie Platons. Untersuchungen zum ›Charmides‹, ›Menon‹ und ›Staat‹. Berlin /

New York 1974. (Erkenntnistheoretischer Deutungsansatz, argumentiert gegen die Zwei-Welten-Theorie.)

Erler, Michael: Der Sinn der Aporien in den Dialogen Platons. Übungsstücke zur Anleitung im philosophischen Denken. Berlin / New York 1987. (Eine Deutung der Aporie auf der Grundlage der ›ungeschriebenen Lehre‹.)

Figal, Günter: Das Untier und die Liebe. Sieben platonische Essays. Stuttgart 1991. (Hermeneutische Platon-Interpretation.)

Flashar, Hellmut: Platon. Philosophieren im Dialog. Wien 2021. (Kurze Darstellung aller platonischen Dialoge.)

Friedländer, Paul: Platon. 3 Bde. Berlin 1928–1930. Berlin [3]1964–1975. (Darstellung der platonischen Dialoge sowie zentraler Themen der platonischen Philosophie mit Bezügen zur Moderne.)

Fryer, Ian David: Non-propositional Knowledge in Plato and Wittgenstein. Diss. University of Victoria (Canada) 2009. (Deutung der platonischen Vernunfterkenntnis als Form des nicht-propositionalen Wissens.)

Gadamer, Hans-Georg: Platons dialektische Ethik und andere Studien zur platonischen Philosophie. Hamburg/Leipzig 1968. (Hermeneutische Platon-Deutung.)

Gaiser, Konrad: Platons Ungeschriebene Lehre. Studien zur systematischen und geschichtlichen Begründung der Wissenschaften in der Platonischen Schule. Stuttgart 1963. (Zählt zu den Hauptwerken der ›Tübinger Schule‹.)

Gonzalez, Francisco J.: Dialectic and Dialogue. Plato's Practice of Philosophical Inquiry. Evanston 1998. (Platon-Deutung mit Fokus auf die sokratische Dialektik, die als praktisches Wissen und Vernunfteinsicht gedeutet wird.)

Graeser, Andreas: Platons Ideenlehre. Bern 1975. (Eine sprachanalytische Darstellung.)

Halfwassen, Jens: Der Aufstieg zum Einen. Untersuchungen zu Platon und Plotin. München/Leipzig [2]2006. (Platon-Deutung aus neuplatonischer Perspektive.)

Hardy, Jörg: Jenseits der Täuschungen – Selbsterkenntnis und Selbstbestimmung mit Sokrates. Göttingen 2011. (Platon-Deutung mit Fokus auf die sokratische Dialektik.)

Heitsch, Ernst: Platon und die Anfänge seines dialektischen Philosophierens. Göttingen 2004. (Deutung der frühen Dialoge im Sinn einer Anregung zur intellektuellen Selbsttätigkeit.)

Kahn, Charles H.: Plato and the Socratic Dialogue: The Philosophical Use of Literary Form. Cambridge 1996. (Der Autor argumentiert gegen die entwicklungsgeschichtliche Deutung von Platons Werk.)

Karfík, Filip: Die Beseelung des Kosmos. Untersuchungen zur Kosmologie, Seelenlehre und Theologie in Platons Phaidon und Timaios. Berlin / New York 2004. (Die Monographie untersucht die enge Verschränkung von Seelenlehre und Kosmologie bei Platon.)

Karl, Jacqueline: Selbstbestimmung und Individualität bei Platon. Eine Interpretation zu frühen und mittleren Dialogen. Freiburg/München 2010. (Individualitätstheoretischer Deutungsansatz.)

Krämer, Hans Joachim: Arete bei Platon und Aristoteles. Zum Wesen und zur Geschichte der platonischen Ontologie. Heidelberg 1959. (Grundlagenwerk der ›Tübinger Schule‹.)

Kühn, Wilfried: Einführung in die Metaphysik: Platon und Aristoteles. Hamburg 2017. (Platon-Darstellung aus sprachphilosophischer und erkenntnistheoretischer Perspektive.)

Kutschera, Franz von: Platons Philosophie. Bd. I: Die frühen Dialoge. Bd. II: Die mittleren Dialoge. Bd. III: Die späten Dialoge. Paderborn 2002. (Eine umfassende Darstellung aller Dialoge Platons.)

Menn, Stephen: Plato on God as Nous. Carbondale [u. a.] 1995. (Die Studie deutet den göttlichen Demiurgen im *Timaios* als Nous.)

Mohr, Richard D.: The Platonic Cosmology. Leiden 1985. (Einführung in die platonische Kosmologie.)

Quarch, Christoph: Sein und Seele. Platons Ideenphilosophie als Metaphysik der Lebendigkeit. Münster 1998. (Ein neuer Deutungsansatz hinsichtlich der platonischen Metaphysik.)

Reale, Giovanni: Zu einer neuen Interpretation Platons. 2., erw. Aufl. Paderborn 2000. (Platon-Deutung aus der Sicht der ›Tübinger Schule‹.)

Rowe, Christopher J.: Plato and the Art of Philosophical Writing. Cambridge 2007. (Der Autor vertritt die These, dass Platon auch im mittleren und späten Werk im Wesentlichen Sokratiker geblieben ist.)

Sayre, Kenneth M.: Plato's Literary Garden: How to Read a Platonic Dialogue. Notre Dame (IN) 1995. (Kernthese der Studie ist, dass Platon Dialoge schrieb, um die Leser in philosophische Gespräche zu verwickeln.)

Schmitt, Arbogast: Die Moderne und Platon. Zwei Grundformen europäischer Rationalität. 2., überarb. Aufl. Stuttgart 2008. (Die Untersuchung wendet sich gegen das Vorurteil, dass erst die neuzeitliche Aufklärung eine kritische Erkenntnisbegründung vorgenommen hat.)

Schrastetter, Rudolf: Der Weg des Menschen bei Plato. Phil. Diss. München 1966. (Eine neue Interpretation der Frühdialoge, die den sokratischen Dialog als Aufstieg zur Erkenntnis deutet.)

Stemmer, Peter: Platons Dialektik. Die frühen und mittleren Dialoge. Berlin / New York 1992. (Die Untersuchung verbindet die Gleichnisse der *Politeia* mit der elenktischen Dialektik der Frühdialoge.)

Szlezák, Thomas Alexander: Platon und die Schriftlichkeit der Philosophie. Tl. 1: Interpretationen zu den frühen und mittleren Dialogen. Tl. 2: Das Bild des Dialektikers in Platons späten Dialogen. Berlin / New York 1985–2004. (Die Bände zählen zu den Hauptwerken der ›Tübinger‹ Platon-Deutung.)

– Platon. Meisterdenker der Antike. München 2021. (Eine umfassende Darstellung von Leben, Werk und Denken Platons aus der Sicht der ›Tübinger Schule‹.)

Vlastos, Gregory: Platonic Studies. Princeton 1973. (Entwicklungsgeschichtliche Deutung des platonischen Werks.)

Wieland, Wolfgang: Platon und die Formen des Wissens. Göttingen [2]1999. (Ein neuer Ansatz in der Platon-Forschung, der die Wissensformen bei Platon als nichtpropositionales Wissen deutet.)

Wippern, Jürgen (Hrsg.): Das Problem der ungeschriebenen Lehre Platons. Darmstadt 1972. (Sammelband mit wichtigen Aufsätzen zur ›ungeschriebenen Lehre‹.)

Zehnpfennig, Barbara: Reflexion und Metareflexion bei Platon und Fichte. Freiburg/München 1987. (Die Untersuchung zeigt den Erkenntnisvollzug in den Tugenddialogen als Bedingung einer widerspruchsfreien Erkenntnistheorie auf.)

Schlüsselbegriffe

Aporie (*aporía*): Weglosigkeit, Ratlosigkeit, ohne Ausweg seiend. Mit ›Aporie‹ bezeichnet Platon einen erkenntnisbezogenen bzw. epistemischen Krisenzustand, der durch das Scheitern von Meinungen und Theorien entsteht und mit Verwirrung, Unruhe und Unsicherheit einhergeht. Aporetische Situationen werden insbesondere in den frühen Dialogen dargestellt.

Aufstieg (*ánhodos*): Erkenntnisbewegung, die von den sinnlichen Erscheinungsweisen der Tugend über das allgemeine Prinzip bis zum Guten als Ursache der menschlichen Bestheit führt. Der Erkenntnisweg ist nach Platon zugleich ein Bildungsweg, der die Tugenden hervorbringt.

Demiurg (*demiourgós*): Meister oder hervorbringender Künstler, der sich durch Sachkenntnis, Können und schöpferische Erzeugung von Werken auszeichnet. Im *Timaios* beschreibt Platon einen göttlichen Demiurgen, der die Urmaterie formt und in eine Ordnung bringt.

Dialektik (*dialektiké*): bezeichnet ein argumentatives Erkenntnisverfahren. Bei Platon kommen verschiedene Arten von Dialektik zur Anwendung: In den frühen Dialogen wird die elenktische Dialektik dargestellt. In den späteren Dialogen führt Platon das dihairetische Verfahren ein, das auf begriffliche Erklärungen von Gegenständen zielt.

Dihairesis (*dìhaíresis*): ›Trennung‹, ›Unterscheidung‹, ›Einteilung‹ – eine wissenschaftliche Methode zur systematischen Ordnung und definitorischen Bestimmung von Gegenständen. Die Systematik wird durch hierarchische Einteilung in Gattungen, Arten und Unterarten hergestellt. Das dihairetische Verfahren zielt auf Erklärungen und Aussagen (*lógos*). Es wird vor allem in den späteren Dialogen (*Sophistes, Politikos*) angewendet.

Elenktik: von ›*elénchein* – ›untersuchen‹, ›prüfen‹, ›überführen‹, ›widerlegen‹ – ein in den Frühdialogen angewendetes philosophisches Untersuchungsverfahren, das durch kritische Prüfung von Meinungen zu Einsichten gelangt. Ziel des Verfahrens ist die Vernunfteinsicht (*noûs, epistéme*), die bei Platon die höchste Erkenntnisform bezeichnet.

Erkenntnis (*epistéme*): Vernunfteinsicht, die Platon vom Verstandesdenken (*diánoia*) sowie von Meinung (*dóxa*) und Glauben (*pístis*) abgrenzt. Die Vernunfteinsicht hat im Unterschied zu anderen Wissensformen keine aussagenförmige Struktur, sondern besteht in einem geistigen Verstehen von Bedeutungsgehalten. Erkenntnis wird durch elenktische Dialektik gewonnen und ist an das Dialogverfahren gebunden.

Eros (*éros*): Grundantrieb des Menschen: das Verlangen nach einem Gut, das Befriedigung und Daseinserfüllung hervorbringt. Der Wahrheitseros ist bei Platon die höchste Form des erotischen Begehrens, die in der Einsicht in das Nichtwissen gründet.

Glück (*eudaimonía*): seelischer Zustand der Daseinserfüllung, der durch Teilhabe an Tugend und Weisheit erzeugt wird.

Gott/Götter (*theós/theoi*): übergeordnete Wirkkräfte, die sich durch vollkommene Vernunft, schöpferische Kraft, Fürsorge sowie die Ausübung von Funktionen der Steuerung und Regierung auszeichnen. Platon entleiht den Ausdruck aus der religiösen Tradition zur Bezeichnung der ersten Ursache. Als ›Gott‹ wird bei Platon sowohl die Idee des Guten als auch der Nous benannt.

Gute, das (*tò agathón*): Ursache von Bestheit, Schönheit und Ordnung im menschlichen Bereich und in der physikalischen Wirklichkeit. Das Gute ist bei Platon zudem Ursache der Erkenntnis und des Erkennbaren und es ist Grund und Ziel des Aufstiegs zur Erkenntnis.

Höhlengleichnis: bildliche Darstellung des Aufstiegs zur Erkenntnis des Guten in der *Politeia*. Das Gleichnis beschreibt einen Aufstieg innerhalb der Höhle, der ohne Wahrheitserkenntnis bleibt, und einen Aufstieg außerhalb der Höhle, der durch eine Umkehr zur Suche nach der Wahrheit ausgezeichnet ist und Vernunfteinsicht erlangt.

Idee (*idéa, eîdos*): Formprinzip der objektiven Wirklichkeit, Erkenntnisprinzip des Vernunftvermögens und Handlungsprinzip der praktischen Vernunft. Die Ideen erschließen sich nur von der Idee des Guten her, die im Aufstieg Gegenstand der Suche ist.

Lust (*hedoné*): Gefühlszustand der Freude, des Genusses, des Vergnügens, der sich bei der Erfüllung eines Strebens oder Verlangens einstellt. Jedes seelische Vermögen – leibnahe Begierden, Wille, Vernunft – hat seine spezifische Form der Lust.

Mäeutik: ›Hebammenkunst‹ – ein Verfahren, das in den sokratischen Dialogen zur Anwendung kommt und der begrifflichen Fixierung und Entfaltung von Meinungen der Gesprächspartner dient. Eine Meinung muss erst ›geboren‹ werden, ehe die Prüfung einsetzen kann.

Materie (*hýle, ápeiron*): bezieht sich auf die Elemente Luft, Feuer, Wasser, Erde als stoffliche Substanz aller physikalischen Körper einschließlich des Weltkörpers. Platon führt die stofflichen Elemente auf mathematisch-geometrische Grundstrukturen zurück. Das Stoffliche basiert auf immateriellen Prinzipien.

Philosophenherrscher: die Regenten im Modell vom besten Staat (*Politeia*), die mit Weisheit und Vernunfteinsicht regieren und entsprechende politische Entscheidungen treffen. Die Philosophenherrscher sind sowohl durch philosophische Erkenntnis als auch durch praktische Führungskompetenz ausgezeichnet.

Schlechte/Übel, das (*tò kakón*): Unordnung, Zerstörung und Disharmonie im menschlichen und physischen Bereich. Die platonische Ethik bestimmt die ›übermäßige Selbstliebe‹ sowie die Wissensanmaßung, die mit unreflektierten Erkenntnisdefiziten einhergeht, als größte Übel.

Seele (*psyché*): lenkt und bewegt das Stoffliche und Körperliche. Die Seele definiert Platon als Bewegung, die sich selbst und anderes bewegen kann. Die menschliche Seele ist eine komplexe Einheit von verschiedenen Kräften und Strebungen. Im Seelenmodell der *Politeia* beschreibt Platon drei Vermögen der Seele: leibnahe Begierden, Wille und Vernunft.

Selbsterkenntnis (*gnôsis heautoû*): Einsicht in den eigenen Mangel, vor allem im Bereich der Wahrheitserkenntnis. Als Selbsterkenntnis bestimmt Platon zudem die Erkenntnis der Tugend und des Guten.

Selbstsorge (*epiméleia heautoû*): bezieht sich auf die Sorge um die beste Verfassung der Seele.

Teilhabe (*méthexis*): bezieht sich auf die Verbindung zwischen sinnlichen Dingen und Formprinzipien. Die Verbindung wird durch die erste Ursache, das Gute, hergestellt, das bei Platon als wirkendes und schöpferisches Prinzip verstanden wird.

Tugend (*areté*): bedeutet allgemein Tauglichkeit oder Brauchbarkeit in Bezug auf eine bestimmte Funktion oder Aufgabe. In der platonischen Ethik bezeichnet Tugend die beste Verfassung der seelischen Vermögen und des Seelenganzen. Tugend ist die Ordnung der Seele.

Unsterblichkeit (*athanasía*): bezieht sich auf die Unvergänglichkeit der Seele. Platon unterscheidet zwischen der postmortalen Fortdauer der aus verschiedenen Kräften zusammengesetzten Seele und der Ewigkeit der einfachen Vernunftseele.

Vernunft (*noûs*): gestaltende und lenkende Kraft im menschlichen und kosmischen Bereich. Die menschliche Vernunft muss ihre spezifische Tugend – die Weisheit – erst ausbilden. Die kosmische Vernunft hingegen wird bei Platon als vollkommene Einsicht und als Inbegriff des Guten gedacht.

Weisheit (*sophía*): zentrale Tugend, die alle Einzeltugenden begründet. Weisheit besteht in der Selbsterkenntnis und der Erkenntnis des Guten sowie in der darin begründeten praktischen Urteilskraft. Zur Weisheit gehören zudem Fürsorge und die Fähigkeit des richtigen Umgangs mit sich selbst und anderen. Als Paradigma des Weisen erscheint in den platonischen Dialogen Sokrates.

Weltseele (*psyché toû pantós*): immaterielles Prinzip, das den physischen Weltkörper bewegt und lenkt und ihm Lebendigkeit verleiht. Die Weltseele ist durch Selbstbewegung und Teilhabe an Vernunft ausgezeichnet. Aufgrund der Ähnlichkeit mit dem vollkommenen Sein bestimmt sie der *Timaios* als das Beste im gesamten Kosmos.

Zeittafel

428/7	Geburt Platons in Athen
408/7	Begegnung mit Sokrates
404	Sieg der Spartaner im Peloponnesischen Krieg
404–403	Terrorherrschaft der ›Dreißig‹ in Athen
403	Wiederherstellung der attischen Demokratie
399	Prozess und Tod des Sokrates
399	Aufenthalt bei Eukleides in Megara
399–389	Abfassung des Frühwerks
um 389–387	Reise nach Unteritalien und Sizilien. Begegnung mit Pythagoreern und Kontakt mit Archytas von Tarent. In Syrakus Begegnung mit Dionysios I. und Bekanntschaft mit Dion
388/7	Gründung der Akademie
388–366	Abfassung der Dialoge des mittleren Werks
367	Tod des Dionysios I. Nachfolge Dionysios II.
367/6 oder 366/5	Zweite Reise nach Sizilien. Begegnung mit Dionysios II. Verbannung des Dion aus Sizilien durch Dionysios II.
365–361	Abfassung des Spätwerks
361/0	Dritte Reise nach Sizilien. Rückkehr nach Athen mit Hilfe von Archytas von Tarent
360–357	Abfassung weiterer Dialoge des Spätwerks
357	Landung von Dion in Syrakus. Vertreibung des Tyrannen
354	Ermordung Dions
um 357–347	Abfassung der *Nomoi* und des *Siebten Briefes*
348/7	Tod Platons in Athen

Register

Personen

Agathon von Athen 170
Alkibiades 75, 151, 172
Anaxagoras 20, 124, 163, 165
Anaximenes 19, 123
Archelaos I. 57
Archytas von Tarent 27 f., 31, 293
Aristoteles 7–12, 14 f., 28, 136, 138
Arkesilaos 18

Badiou, Alain 268
Berkeley, George 80
Boethius 80
Burnet, John 34

Chairephon 174

Descartes, René 268
Diogenes Laertios 25
Dion 28, 30 f., 293
Dionysios I. 28, 293
Dionysios II. 30 f., 293

Einstein, Albert 227
Empedokles 123, 250
Eukleides aus Megara 27, 293

Foucault, Michel 265

Gorgia von Leontinoi 21

Heidegger, Martin 264
Heraklit 243, 250
Homer 92, 250
Hume, David 80

Isokrates 28

Justinian I. 32

Krämer, Hans Joachim 13 f.
Kratylos 254, 256 f.

Leon aus Salamis 26

Nietzsche, Friedrich 184, 263–265

Parmenides von Elea 20, 136, 163, 167, 238, 240, 242 f., 245 f., 248
Penrose, Roger 267
Plotin 10–12, 91
Popper, Karl Raimund 265
Protagoras 21, 57, 198, 250 f., 259
Pythagoras von Samos 27

Schlegel, Friedrich 12–14
Schleiermacher, Friedrich Daniel Ernst 12–14, 33, 35

Speusippos 32
Stephanus, Henricus 35

Thales von Milet 19, 123
Thrasybulos 27

Weizsäcker, Carl Friedrich von 267

Wieland, Wolfgang 16–18
Wittgenstein, Ludwig 264 f.

Xenokrates von Chalkedon 32
Xenophanes von Kolophon 20

Zenon von Elea 242–245

Platons Dialoge

Alkibiades I 33 f., 39
Alkibiades II 33
Anterastai 33
Apologie 34, 36, 39, 65, 152, 163, 174 f.

Brief 26–28, 34, 72, 87, 89, 248

Charmides 34, 36, 38, 56, 68, 69, 94 f., 97–99, 102, 109

Epinomis 33
Euthydemos 34, 36, 39, 148
Euthyphron 34, 36, 38, 56, 63, 68 f., 137

Gorgias 34, 36, 39, 57, 64, 76, 147, 153, 214, 255

Hipparchos 33
Hippias I 33
Hippias II 34, 36, 39

Ion 34, 36, 39

Kleitophon 33
Kratylos 34, 36, 40, 236, 250, 254, 256–258
Kritias 34, 36
Kriton 34, 36, 39, 152

Laches 34, 36, 38, 55, 56, 62, 67–69, 82, 84, 94–96, 98 f., 101
Lysis 34, 36, 39

Menexenos 34, 36, 39
Menon 34, 36, 39, 93, 120, 137, 186
Minos 33

Nomoi 11, 31, 34, 36, 40, 126, 128, 149 f., 184, 187, 190, 217, 293

Parmenides 10 f., 25, 34, 36, 40, 136 f., 163 f., 167–169, 236 f., 242 f., 245, 247 f., 250
Phaidon 9, 30, 34, 36, 39, 43, 118, 133, 135–137, 155, 163–166,

168 f., 171, 173, 175 f., 184, 188, 243
Phaidros 15, 30, 34, 36, 39, 43 f., 87–89, 185
Philebos 31, 34, 36, 40, 126, 128, 140, 151, 161, 236, 259 f.
Politeia 11, 17, 25, 29 f., 34, 36, 38–40, 47, 55, 71, 76–79, 83, 113, 119, 129, 133, 137–139, 141, 143, 148, 150, 155, 177, 181 f., 185, 187, 190, 194, 196–198, 200, 204, 213, 215, 217–219, 242, 253, 258–260, 265, 290 f.
Politikos 34, 36, 40, 44, 289
Protagoras 34, 36, 39, 57, 70, 198, 259
Siebter Brief 15, 25, 87, 293
Sophistes 10, 34, 36, 40, 44, 83, 136 f., 164, 236–238, 240–242, 250, 258, 289
Symposion 30, 34, 36, 39, 75, 137, 151, 163 f., 169–173, 177

Theages 33
Theaitetos 34, 36, 40, 42, 79, 85 f., 236, 249–253
Thrasymachos (Politeia I) 38, 56, 63, 68 f., 71, 73, 94 f., 97–99, 104, 110
Timaios 11, 31, 34, 36, 40, 43, 126, 128, 141, 181, 187, 189 f., 217–220, 222, 224–227, 229–234, 289, 292

Zur Autorin

Bettina Fröhlich ist Privatdozentin für Philosophie an der Humboldt-Universität zu Berlin. Ihre Forschungsschwerpunkte sind Antike Philosophie (bes. Sokrates und Platon), Antike und Gegenwart, Anthropologie sowie Ethik.

Buchveröffentlichungen: *Die sokratische Frage. Platons Laches*, Münster 2007; *Selbsterkenntnis und Lebenspraxis. Zur apollinischen und platonischen Ethik*, Göttingen 2017; (gemeinsam herausgegeben mit Hendrik Hansen und Raul Heimann) *Platonisches Denken heute. Festschrift für Barbara Zehnpfennig*, Baden-Baden 2021.